Skull & Bones

1. Auflage September 2003
2. Auflage April 2005
3. Auflage Januar 2007

Umschlaggestaltung: Angewandte Grafik/Peter Hofstätter
Satz und Layout: Agentur Pegasus, Zella-Mehlis
Druck und Bindung: GGP Media, Pößneck

ISBN 3-930219-70-0

Gerne senden wir Ihnen unser Verlagsverzeichnis
Kopp Verlag
Pfeiferstraße 52
D-72108 Rottenburg
Email: info@kopp-verlag.de
Tel.: (0 74 72) 98 06-0
Fax: (0 74 72) 98 06-11

Unser Buchprogramm finden Sie auch im Internet unter:
www.kopp-verlag.de

ANDREAS VON RÉTYI

Skull & Bones

Amerikas geheime Macht-Elite

JOCHEN KOPP VERLAG

INHALT

De ossibus – quid dicam? Ilium fuit.
Über Knochen – was soll ich sagen? Troja hat einst existiert.

The Order of the File and Claw, 1876

Wenn wir eine Diktatur hätten, wäre alles weiß Gott viel einfacher, solange ich der Diktator bin.

George W. Bush, 43. Präsident der USA – 18. Dezember 2000

Licht ins Dunkel – einige Vor-Worte

Stellen Sie sich vor, jemand kommt eines schön düsteren Tages auf Sie zu, klopft Ihnen auf die Schulter und fragt, ob Sie sich der verborgensten und elitärsten Geheimgesellschaft anschließen wollen, die auf diesem Globus existiert: »*Skull and Bones*, akzeptierst Du, ja oder nein?« – Wie würden Sie entscheiden? Nun, die allerwenigsten können sich dem Reiz dieses Angebots entziehen, sie nehmen die Wahl an. Die Chancen, erwählt zu werden, sind ohnehin winzig. Wer hier aber hinein gelangt, dem stehen die Türen zur Welt offen. Macht und Geld, kaum jemand, der sich nicht danach sehnt! Doch es ist ein Pakt mit dem Teufel.

Seit 1832 existiert jener Bund an der US-Elite-Universität Yale und hat schon US-Präsidenten in ihr hohes Amt gerückt. »Temporary«, der Vorübergehende, dies ist der interne *Skull-and-Bones*-Name des gegenwärtigen Präsidenten George W. Bush, der 1968 in den verschworenen Zirkel gewählt wurde. Der Vorübergehende? – Angeblich, weil Bush Junior seinerzeit lieber auf Parties ging als in der Kultstätte von *Skull and Bones* zu erscheinen! Doch seit jenen wilden Tagen hat er sich gemausert, und vor allem der 11. September machte aus ihm einen »anderen«, gestärkten Präsidenten. An jenem Tag kam es zu einem forcierten, manipulierten, gewaltigen Weltereignis. Es führt die Reihe der großen Manipulation fort. »Verschwörungstheorie«?

Wer nur einmal ein wenig hinter die Kulissen blickt, dem kann es übel werden, doch ihm erhellen sich dabei sehr plötzlich so manche Rätsel der Historie. Daß das offizielle Geschichtsbild so nicht stimmen kann, wie es an Schulen und Universitäten vermittelt wird, das sollte allein schon die Existenz von Geheimdiensten klar belegen. Solange sie notwendig sind, werden Fakten vernebelt und nur einer engen Gruppe unverfälscht zur Verfügung gestellt. Wie kann das Geschichtsbild denn stimmen, wenn beispielsweise in den *National Archives*, Washington, heute noch ein hoher Prozentsatz teils jahrzehntealter Akten weiterhin als »Top Secret« eingestuft und damit unzugänglich ist? Darunter finden sich auch die meisten Unterlagen zum Transfer deutscher Wissenschaftler des NS-Regimes im Rahmen der »Operation Paperclip« – das Ganze liegt rund ein halbes Jahrhundert zurück!

Uns mag zwar viel gesagt werden, nur, wieviel davon ist auch wahr? An einigen Ecken und Enden aber bröckelt es doch ein wenig an der so hellen, sauberen Fassade, wie sie im großen und ganzen vor uns aufgebaut ist, einer Filmkulisse gleich. Darunter erscheint allerdings ein vermodertes Gemäuer, dessen Mörtel mit Blut angerührt und aufgefrischt wurde. Wahrhaft eine Gruft der Geschichte. Die Spur der historischen Verbrechen dringt wie ätzender Salpeter durch die immer wieder neu aufgetragene Tünche. Zuviel Übles geschieht immer noch, als daß alles davon verborgen bleiben könnte. Ab und an kratzen Außenseiter am Verputz. Und wie ein Schattenriß zeichnet sich aus ungezählten Einzelinformationen allmählich ein düsteres Gesamtbild ab, dessen Silhouette sich als Totenschädel über gekreuzten Knochen auf unsere Weltkugel projiziert.

Skull and Bones, wieder und wieder begegneten sie mir in den vergangenen Jahren während meiner Recherchen zu den geheimen Machenschaften der US-Schattenregierung. So schließt sich das vorliegende Buch auch nahtlos an seinen Vorgänger »Die unsichtbare Macht« an.

Mein Dank gilt vielen Menschen, die schon vor Jahren oder noch gegenwärtig ähnliche Wege beschritten und unter großem persönlichem Einsatz zahlreiche Fakten ausgegraben haben. Mein Dank gilt Informanten, Zeugen und stillen Helfern, die mir im Laufe der Jahre wertvolles Material zugetragen haben, mich auf wichtige Quellen aufmerksam machten oder bereits vorhandene Informationen bestätigen konnten. Mein Dank und gleichermaßen meine Entschuldigung gelten meinen geduldigen Familienangehörigen und Freunden, die ich während jener Zeit sträflich vernachlässigt habe wie auch meinen Lesern, die mich genau in den betreffenden Monaten anschrieben und noch keine Antwort erhielten, weil mich das Projekt zu sehr in Anspruch nahm. Mein Dank gilt selbstverständlich auch meinem Verleger Jochen Kopp, ebenso Thomas Mehner, Peter Hofstätter sowie nicht zuletzt André Hoppe, außerdem jenen anderen, die hier nicht mit Namen genannt werden können.

Andreas von Rétyi September 2003

Kapitel 1

Tomb Raider

Heimliche Riten

Der Herbst hatte bereits spürbar Einzug gehalten in die idyllische Landschaft von Connecticut. In jenen Septembertagen des Jahres 1876 zeigte sich das Ostküsten-Wetter unberechenbar, ein schwerer Orkan war erst vor kurzem über die Küstenregionen gefegt und hatte manche Verwüstungen angerichtet. Nun herrschte wieder Ruhe. Nur die vielen abgebrochenen Äste und ein goldener Laubteppich erinnerten noch stumm an Naturgewalt und Vergänglichkeit.

Die Stille nach dem Sturm allerdings war trügerisch. In den letzten Tagen des Monats lag eine knisternde Unruhe in der Luft. Diese Unruhe konzentrierte sich um ein ganz besonderes Mysterium – eine geheimnisvolle Krypta in der 64 High Street von New Haven im US-Bundesstaat Connecticut. Denn Fremde versuchten, sich Eintritt in die unheimliche Stätte zu verschaffen …

Erbaut im Stil eines antiken Tempels und nicht nur von Efeu, sondern auch von zahlreichen Legenden umrankt, zog »The Tomb« – »Das Grabmal« – schon immer die Aufmerksamkeit auf sich. Doch nur wenige Auserwählte erhalten hier auf legale Weise Zugang. Alle anderen stehen vor schalldichten Mauern des Schweigens.

»The Tomb«, das ist Einweihungstätte und zentraler Hort der elitärsten authentischen Geheimgesellschaft unseres Planeten: *The Order of Skull and Bones*. Beheimatet ist dieser extrem verschworene, extrem verschwiegene Zirkel auf der ehrenwerten Elite-Universität Yale. Jedes Jahr werden fünfzehn Yale-Studenten als neue Mitglieder für die *Skulls* bestimmt.

Abb. 1: »The Tomb« in seiner Urform.

Nein, es sind nicht irgendwelche Yale-Studenten, die in diesen höchsten Elite-Bund gewählt werden. Es sind vielmehr die Sprößlinge aus den ohnehin einflußreichsten und ältesten Familien der Neuen Welt. Die Aufnahme in den erlesenen Kreis der *Skulls* öffnet ihnen die Tore zur uneingeschränkten Macht.

Man führt die neuen Adepten in das fast fensterlose Steingemäuer in der High Street, damit sie dort in bizarren Riten ihr bisheriges Leben abstreifen und auf diesem Wege von ehedem ungehobelten Barbaren zu untadeligen Eingeweihten werden, von Unwissenden zu Wissenden. Umgeben von vermummten, schattenhaften Gestalten, schwarzem Samt und den verschiedensten Devotionalien eines menschenverachtenden Totenkultes, muß sich jeder »Neophyt« nackt in einen Sarg legen und masturbierend seine innersten, persönlichsten Geheimnisse preisgeben, er muß sexuelle Obsessionen und intimste Wünsche enthüllen. Kompromißlos öffnet er sich dem Orden und damit auch einem neuen, machtorientierten Leben, das den geheimen Bund fortan über alles andere in der Welt stellt. Denn es geht um nichts Geringeres als die absolute Macht über diesen Globus und seine Bewohner!

Die Mitglieder von *Skull and Bones* – kurz »Bonesmen« genannt – unterstützen sich gegenseitig bedingungslos und gelangen schnell in die bedeutendsten Positionen. Ihre auf geheimen Treffen gefällten Entschlüsse gleichen Urteilen eines Welt-

Abb. 2: Karikierende Darstellung der Yale-Geheimgesellschaft Skull and Bones. *Zeichnung aus dem 19. Jahrhundert.*

gerichts. Sie stellen die Weichen für den künftigen Kurs unserer planetaren Geschichte. Sie sind es, die sich alles erlauben können. Jene, die nicht dazu gehören, und das sind fast alle Menschen dieser Welt, gelten als unwerte Barbaren.

Im Ritus nun selbst vom alten Leben gereinigt, verläßt der Neu-Eingeweihte den Sarg. Sein früheres Ich ist gestorben, nun dient sein Dasein einem einzigen höheren Zweck – dem »Orden«. Der in dieses neue Leben hinein (Wieder-)Geborene wird von den anwesenden Bonesmen in eine dunkle Robe gehüllt, neu getauft und zum Ritter geschlagen. Im Zuge der Einweihung lernt er jetzt auch die fragwürdigen Heiligtümer der gespenstischen Krypta kennen: Kinderskelette und Mumien, geraubte Totenschädel und sogar Teile von Hitlers Tafelsilber. In einem Glaskasten erinnert ein blutiges Messer an das eindeutige Schicksal eines Verräters. Abschreckende Wirkung garantiert! Rebellen sind in diesen heiligen Hallen fehl am Platze, doch wer sich dem Orden unterwirft, wird in der Welt zum König.

Gerüchte über geheimnisvolle, wilde, erschreckende Vorgänge hinter den efeuberankten Mauern waren auch schon in jenem Jahr 1876 in Umlauf. Und der Moment der Wahrheit schien gekommen.

Sakrileg

Der erste Herbstmonat ging seinem Ende entgegen und die Sonne verabschiedete den Tag bereits zu recht früher Stunde. Nachdem sich der Abend über den Campus von Yale gelegt hatte, war es um die Schädelstätte der Bonesmen totenstill, nur ein leichter, nun bereits etwas frischerer Luftzug strich um die Gebäude. Der fast schon volle Mond hatte sich über den Horizont erhoben und ließ sein fahles Silberlicht über dem unheimlichen Gebäude schimmern, das sich wie ein Monument des Schweigens gegen den klaren, bläulichen Himmel abzeichnete. Eine trügerische Friedhofsruhe. Denn in jener Nacht näherten sich einige dunkle Schatten dem kultischen Bau und huschten phantomgleich an dessen fest verschlossenem, drohend wirkenden Eingangstor vorbei.

Als niemand mehr auf den Straßen war, begannen die Eindringlinge mit ihrem heimlichen Tun. Es war eine kleine Gruppe von Yale-Studenten, vorangetrieben von unstillbarer Neugierde. Sie wollten und mußten es nun wissen, was sich hinter der strengen klassizistischen Fassade des Tomb verbarg.

Sie, die Barbaren, legten nun Hand an das Allerheiligste. In einem Pamphlet mit dem Titel »The Fall of *Skull and Bones*« – »Der Niedergang von *Skull and Bones*« – hielten sie ihre verbotene Aktion genau fest und bezeichneten sich selbst sarkastisch als *The Order of the File and Claw*, der »Orden von Feile und Klaue«. Alles war bestens geplant. Und so heißt es in der Einleitung des fesselnden Berichts: »Wir denken, daß eine Beschreibung, wie alles ausgeführt wurde, für die College-Welt von Interesse sein könnte.«

Ihr Sakrileg begannen die Einbrecher an einem der hinteren Kellerfenster des Gebäudes, die mehrfach gesichert waren: Als erstes schottete eine Reihe von zweieinhalb Zentimeter dicken Eisenstangen das mysteriöse Innere gegen die Außenwelt ab. Als nächstes folgte ein starkes Eisennetz, danach noch eine zweite Reihe von Eisenstäben, diesmal fast drei Zentimeter stark. Den Abschluß bildete eine schwere, stabile Holzabdeckung. Doch *File and Claw*, dieser Name war Programm. Gerüstet mit

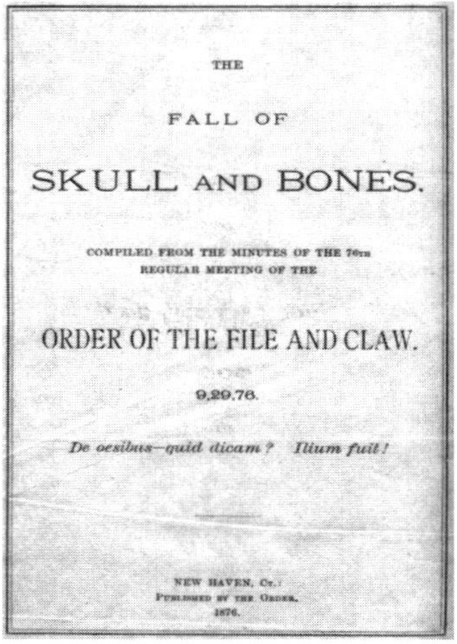
THE

FALL OF

SKULL AND BONES.

COMPILED FROM THE MINUTES OF THE 76TH
REGULAR MEETING OF THE

ORDER OF THE FILE AND CLAW.

9,29.76.

De ossibus—quid dicam? Ilium fuit!

NEW HAVEN, CT.:
PUBLISHED BY THE ORDER.
1876.

Abb. 3: Ein Bericht von File and Claw *über sein geheimes Eindringen in das Grab der Bonesmen.*

kräftigen Feilen, Brecheisen, Dietrichen und anderen wirkungsvollen Werkzeugen, sollte das Unternehmen gelingen.

Die Nacht bot Schutz, doch ihre Stille ließ jedes verursachte Geräusch zur Qual werden. Jeden Moment konnte jemand, der zu später Stunde doch noch durch die verlassenen Straßen lief und dabei am Tomb vorbeikam, etwas Verdächtiges bemerken.

Die Arbeit an den Eisenstangen ging nur sehr langsam voran. Stunde um Stunde verstrich, während sich die Feile allmählich ihren Weg in das harte Material bahnte.

Eine Feuerprobe. Die Nerven der Eindringlinge standen unter Hochspannung, doch die Gruppe setzte ihre Arbeit in aller Geduld und mit höchster Vorsicht fort. Endlich war es soweit. Eine Stange gab nach, war endlich in zwei Hälften getrennt. Da wurde es schon leichter, das nächste Hindernis zu überwinden und die langen Nägel aus dem Holzrahmen zu treiben, in dem die Eisenmaschen befestigt waren. Nun schien es an der Zeit, die erste Phase der geheimen Aktion zu beenden und die Spuren zu verwischen. Die Stange wurde wieder in Position gebracht, ein wenig Kitt kaschierte die Beschädigungen sogar recht wirkungsvoll. Dann verließ die Gruppe den finsteren Ort so verstohlen, wie sie ihn betreten hatte.

Die Stunde für die Vollendung des Werks war auf acht Uhr am Abend des 29. September 1876 bestimmt. An jenem Freitag galt es nun, endlich das Innere der Schädelstätte zu betreten. Die Leute von *File and Claw*, die sich zur vereinbarten Zeit wieder zum Kellerfenster des Tomb geschlichen hatten, arbeiteten zügig, um ans Ziel zu kommen. Schnell waren jetzt Eisen und Gitternetz entfernt. Doch die größte Hürde schien noch bevorzustehen: die kräftigsten Eisenstangen weiter innen. Nach einer genaueren Begutachtung der Situation fand sich allerdings eine überraschend schnelle Lösung für das Problem. Das Mauerwerk am unteren Ende der Stangen ließ sich leicht entfernen und gab eine Eisenplatte frei. Löcher nahmen hier die einzelnen Stangen auf, die nicht zu fest in der Konstruktion lagerten. Nach einigen Schlägen ins Mauerwerk konnte die Platte nach innen geschoben werden, die schweren Rundeisen fielen dabei durch ihr Eigengewicht nach unten. Auch die Holzabdeckung erwies sich als weniger widerstandsfähig als zunächst vermutet – gegen 22.30 Uhr war der Weg in die Gruft der *Skulls* endgültig frei!

Im Heiligtum

Vorsichtig stiegen die Spione in die Grabstätte der Bonesmen. Aus einem Nebenraum im Keller drang schwaches Licht. War dort jemand? Ganz bestimmt nicht, denn jeder innerhalb des Tomb hätte die Einbrecher längst bemerkt. Dennoch vorsichtig, machten sie sich daran, den Raum zu inspizieren. Offenbar brannte das Licht dort ununterbrochen. Es erleuchtete einen verfallenen Totenschädel und einen Grabstein, auf dem der Name »Sperry« stand. Die Bonesmen, waren sie etwa Grabräuber? Bei dem Schädel handelte es sich wohl um das knöcherne Haupt jenes Sperry, wer auch immer dieser Mann gewesen war.

Der Name Sperry taucht in geheimen Mitgliedslisten der *Skulls* immerhin zweimal auf: Es gab einen Watson Robertson Sperry, der 1871 in den elitären Zirkel von *Skull and Bones* aufgenommen wurde, sowie einen Philip Sperry Kemp – ihn nahm man jedoch erst im Jahr 1950 auf. In New Haven finden sich zu jener Zeit mehrere politisch sehr aktive Sperrys, so der Abgeordnete Lewis Sperry, Senatsmitglied Lucien W. Sperry oder auch Minister Nehemia Day Sperry. Sie alle lebten allerdings im Jahr 1876 noch, genau wie Watson Robertson Sperry selbst. Der aus Delaware stammende Politiker wurde 1842 geboren und war kurz vor der Jahrhundertwende US-Gesandter in Persien. Er starb 1926. Wo er beerdigt ist, läßt sich aber leider nicht mehr feststellen. War jener Sperry im *Bones*-Tomb ein Vorfahre von ihm? Möglich. War es am Ende der Verräter? Unwahrscheinlich. Denn weder befinden sich Schädel, Grabstein und Glasvitrine im selben Raum, noch dürfte dann nach jener Schmach noch ein weiterer Sperry später in den Kreis der *Skulls* aufgenommen worden sein. Wer also »Sperry« war, ist bis heute ein Rätsel.

Im Keller des Tomb sind auch eine Küche und ein Anrichtezimmer untergebracht. Das Geschirr dort ließe nirgendwo Zweifel über die Herkunft aufkommen: Jedes einzelne Stück ist mit dem Emblem des Ordens verziert, dem verächtlichen Zeichen des Piratentums – einem Totenschädel über gekreuzten Gebeinen. Besteckteile tragen die Prägung »S. B. T.« für »*Skull and Bones* Tomb«.

Couragiert und wirklich zu allem entschlossen, durchschritten die Eindringlinge den Kellerraum bis zu einem Treppenaufgang, an dessen oberen Ende sie eine Holztüre aufbrechen mußten. Dann standen sie in der Haupthalle des *Skull*-Heiligtums. Von hier ging es in den Raum 324, der allerdings eher enttäuschend ausgestattet war. Farbige Kacheln zierten den Boden, seltsame Fresken die Wände. Ein Tisch und ein paar Sessel, viel mehr stand nicht in diesem Zimmer. »Die einzigen Gegenstände von Interesse in dem Raum waren ein Glaskasten in der südöstlichen Ecke, der eine Menge von vergilbten Baseballs enthielt, jeweils beschriftet mit Datum und Ergebnis eines Universitäts-Spiels, sowie ein ziemlich abgegriffenes Lehrbuch ...«, heißt es im Bericht von *Files and Claw*, und: »Soweit haben wir wenig gefunden, das unseren ganzen Ärger entschädigen würde. Aber als wir in den nächsten Stock hinaufgingen ... wurden unsere Qualen belohnt.« In einem mit »323« bezifferten Raum stieß die Gruppe auf die Bibliothek der *Skulls*, darunter »ein komplettes Set der Yale-Literatur, schön gebundene College-Kataloge und Bücher, die von Bonesmen veröffentlicht worden waren«.

Es gab dort weitere interessante Dinge. Die Verfassung der ehrwürdigen Brüderschaft *Phi Beta Kappa* ebenso wie ein Katalog der geheimen Gesellschaft *Scroll & Key*, die wie *Skull and Bones* ebenfalls an der Yale-Universität ins Leben gerufen worden war. Das in Schwarz gebundene Buch enthüllte Mitgliedsnamen und die geheimen Namen, die jeder einzelne im Geheimbund erhalten hatte – Glaucus, Prisaticus, Arbaces und so weiter. Der Präsident von *Scroll* war als Chilo aufgelistet, der Sekretär als Eumenes. »An der Wand Richtung High Street war ein ansprechend gerahmtes Kissen aus dunklem Samt befestigt, auf dem die Ansteck-Pins aller Gesellschaften befestigt waren, die je auf dem College existiert hatten, einschließlich *Spade and Grave*, *Bull and Stones* und ähnliche.« Oberhalb eines Kaminsimses waren wiederum zwei Totenschädel mit dem Knochenmotiv angebracht, eine allgegenwärtige Symbolik im Tomb, die eine weit subtilere Rolle spielt als diejenige gothischen Grusels für »un«-heimliche Gewitternächte am offenen Kamin. Wie sehr diese Behauptung zutrifft, wird sich später noch deutlich zeigen!

Einer der Schädel war aus Silber gefertigt und nur etwa fünf Zentimeter groß, der zweite bestand aus Bronze und war etwas größer. Weitere Insignien mit Bezug auf *Skull & Bones* tauchten beim Vorbeigehen aus der Dunkelheit auf. Im Lampenschein wirkte jedes Detail noch geheimnisvoller. Ein alter Stich an der Wand zeigt ein interessantes Motiv: eine offene Grabnische, in der vier Totenschädel aufgebahrt sind. Sie erscheinen im Halbbogen um mehrere Gegenstände drapiert und ruhen jeweils auf gekreuzten Knochen. In der Bildmitte ein Globus, an den eine Königskrone gelehnt ist, rechts davon ein aufgeschlagenes Buch und die Tasche eines Bettelmanns, auf der linken Seite ein kleines Teleskop und eine Narrenkappe. Über dem gesamten Arrangement steht ein Spruch in deutscher Sprache: »Wer war der Thor, wer Weiser, wer Bettler oder Kaiser?« Der Betrachter soll also entscheiden und die Gegenstände den toten Personen zuordnen, nur daß deren entfleischte, knöcherne Schädel alle gleich aussehen. »Ob arm, ob reich, im Tode gleich«, heißt es daher auch darunter, wieder auf Deutsch.

Daß Deutschland bei *Skull and Bones* eine wesentliche Rolle spielt und die eigentlichen Wurzeln sogar hier zu finden sind, steht mittlerweile fest. Schon der Einbruch von 1876 bestätigte das – vor allem durch einen weiteren Fund. Auf einer kleinen

Abb. 4: Ein deutscher Spruch in der kultischen Grabstätte von Skull and Bones. *Hinweise auf deutsche Wurzeln sind oft zu finden.*

Karte, die dem Bild beigefügt ist, heißt es nämlich: »Von der deutschen Sektion. Präsentiert von Patriarch D. C. Gilman of D. 50.« Um diesen Patriarchen, also einen schon »gestandenen« *Bones*-Mann, und die Deutschland-Connection wird es noch wiederholt gehen.

Die Eindringlinge des Pseudo-Geheimbundes von *Files and Claw* schauten sich in dem Raum so gründlich um, wie sie nur konnten. Im Gegensatz zu den vorher besichtigten Zimmern erwies er sich als durchaus »gemütlich« eingerichtet, wenn auch unter ständiger Präsenz des Todes. Daß die Bonesmen dem Tabakgenuß frönten, stand fest, denn entsprechende Assecoirs waren reichlich vorhanden. Standesgemäß besaßen sämtliche Pfeifenköpfe die Gestalt von Totenschädeln. Der Stempel »JG« verwies auf den Pfeifenhersteller Gambier aus Paris, der berühmt war für seine figürlichen Darstellungen der Pfeifen und der regelmäßig Goldmedaillen für die Entwürfe erntete. Der »*Skulls*-Beitrag« auf der Pfeife war dann der mit blutroter Tinte aufgetragene Name des Besitzers sowie das Eintrittsdatum in den verschwiegenen Bund.

Raum 322

Noch schöner ausgestattet als »323« präsentierte sich den nächtlichen Besuchern der mittlere Raum dieses Stockwerks – Raum

»322«. Genau wie das andere Gemach, konnte auch er über eine lange Galerie erreicht werden, die mit alten Fotografien geschmückt war. Die Bilder zeigten jeweils fünfzehn frisch gewählte Bonesmen, versammelt um einen echten menschlichen Schädel auf den obligatorischen »Crossbones«. Dieses »Stilleben« ruht auf einem düsteren Samtkissen. Über den Tisch, der es trägt, ist eine entsprechend ornamentierte Decke geworfen, im Hintergrund tickt eine ehrenwerte Standuhr. Jedes neue Mitglied der *Skulls* erhält bei seiner Initiation außer einem Betrag von 15 000 US-Dollar eine solche Uhr. Sie soll ihn wohl an die Stunde des Eintritts in den geheimsten Bund dieser Welt erinnern und daran, daß die Zeit immer begrenzt ist. Die Zeit und der Tod, sie sind ein Paar. Und das unaufhaltsame Verstreichen von Sekunden, Stunden, Tagen und Jahren gemahnt auch an die kurze Spanne, die jeder Bonesman auf Erden hat, um seine Aufgaben zu erfüllen. Die Zeit drängt, sie eilt. »Tempus fugit!« – so eine Inschrift im Tomb. »Die Zeit verfliegt!« Und immer steht dabei nicht das Individuum im Vordergrund, sondern der unbeirrbare Orden der *Skull and Bones*. Vielleicht soll die Standuhr aber auch aufzeigen, daß der Orden selbst ewig weiter bestehen wird, um seine, wie sich zeigen wird, wahrhaft weltverschwörerischen Pläne in die Tat umsetzen zu können.

Die Eindringlinge von 1876 beschreiben den Raum 322 als sehr luxuriös eingerichtet, ausgestattet mit rotem Samt und Marmor. An der Wand abgebildet ist ein Symbol, ein Stern, auf den ein Finger zeigt. Doch laut Beschreibung der ungebetenen Gäste des Tomb enthüllte auch dieser Raum keine wirklich bemerkenswerten Geheimnisse.

Das Ganze ist etwas seltsam, denn der Bericht kommt beim Beschreiben dieses Allerheiligsten im Tomb deutlich ins Stokken, verliert an Detailreichtum und verblaßt in der recht lapidaren Bemerkung: »Abschließend werden wir feststellen: Eine gründliche Überprüfung eines jeden Teils des Tempels führt uns zu der Schlußfolgerung, daß die ›mächtigste aller College-Gesellschaften‹ nicht mehr ist als ein netter Club. Die Küche enthält alles, was benötigt wird, um Erfrischungen für die leiblichen Bedürfnisse zu reichen; es gibt weder Billardtische noch jede Art von Musikinstrumenten in dem Gebäude. Es herrscht völlige Abwesenheit all derjenigen Maschinerie, wie wir sie erwartet hätten; die während der Einweihungsnächte zu hörende Glocke ist nicht ›die alte College-Glocke‹. *Skull and Bones* hat keine Geheimnisse über die wenigen hinaus, wie sie Jahr für Jahr mündlich überliefert werden, und es gibt keine geschriebene Verfassung außer einiger weniger Anweisungen ähnlich denen, die an die Delta-Kappa-Verordnungen angehängt werden.«

Also nichts Außergewöhnliches? Keine Geheimnisse, die über das Übliche anderer Studenten-Verbindungen hinausgehen? Kann das die ganze Wahrheit und nichts als die Wahrheit sein? Nein!

Die Aussage der Leute von *File and Claw* ist sogar in sich widersprüchlich. Wie hieß es eingangs in ihrem Bericht: »Aber als wir in den nächsten Stock hinauf gingen ... wurden unsere Qualen belohnt.« Davon ist anscheinend nichts mehr zu erfahren. Seltsam. Seltsam auch die recht schnelle Schlußfolgerung, wirklich alles, nur kein Geheimnis gesehen zu haben.

Wurde etwa Druck auf den Verfasser des Berichts ausgeübt? Vielleicht. Vielleicht auch waren die Studenten mit ihrer Aktion an sich zufrieden und wähnten sich in der glücklichen Meinung, durch ihr Eindringen in das Allerheiligste des Tomb nun endlich und ein für allemal den Mythos jener sagenumwobenen Stätte und ihrer Geheimgesellschaft beendet zu haben. In dem Bericht steht weiter zu lesen, daß die kleine Gruppe zunächst mit ihren ernüchternden Funden an die Öffentlichkeit gehen wollte. Vor allem erwog sie, die Erkenntnisse über die Bedeutungslosigkeit des ganzen Mummenschanzes von *Skull and Bones* am Yale-College zu verbreiten. Doch »erinnerten wir uns nichtsdestoweniger, daß einige Bonesmen von 1877 unsere warmen persönlichen Freunde waren, und deshalb bevorzugten wir einen weniger radikalen Kurs«. Wieder seltsam – oder zumindest interessant. Da wird das Jahr 1877 genannt. Offenbar schien es vorher keine Kontakte gegeben zu haben. Sicher, in der Zeit vor dem Einbruch waren den studentischen Akteuren die Leute von *Skull and Bones* suspekt. Nachdem sich die Sache dann auf etwas unkonventionelle Weise wahrhaft über Nacht als ganz harmlos aufgeklärt zu haben schien, war offenbar das Eis gebrochen.

Das erscheint logisch. Und: Ob die Bonesmen je erfuhren, wer in ihr Heiligtum eingedrungen war, kann niemand mit hundertprozentiger Sicherheit sagen. Daß sie, die Elitären, aber offenbar recht schnell und plötzlich mit »Barbaren« derart gute Freundschaften pflegten, könnte zunächst verwundern – vor allem nur ein Jahr nach dem Einbruch. Selbst, wenn das durchaus der Fall sein konnte, da die Bonesmen ihre elitäre Philosophie fast ausschließlich im Geheimen leben, dann bleibt immer noch die Frage, wodurch die Mühen der Eindringlinge nach deren eigener Aussage belohnt wurden. Ihr Bericht spart jedenfalls eine akzeptable Erklärung dafür völlig aus. Könnte man dann vielleicht ein abgekartetes Spiel, eine gelungene Täuschungsaktion annehmen?

Wir werden bald sehen, wie raffiniert und subtil die Vorgehensweise des Ordens ist, der damit bereits die gesamte Welt zum Narren gehalten hat. Eine Erklärung wäre, daß der ganze Einbruch inszeniert war, um von da an das blütenreine Bild der Harmlosigkeit verbreiten zu können. Doch ist die Geheimgesellschaft *Skull and Bones* allzusehr auf die Abschottung ihres »Innenlebens« bedacht und gewiß auch darauf, ihren Mythos nicht so einfach und plötzlich enträtseln zu lassen. Dadurch liefe sie lediglich Gefahr, den sicheren Zugriff auf ausgesuchte Adepten zu verlieren, die »mangels interessanter Geheimnisse« auch nicht mehr ambitioniert genug wären, eine Einladung in den geheimen Zirkel anzunehmen.

Der Einbruch war also offenbar eine unabhängig von den *Skulls* geplante und ausgeführte Aktion. Gab es eine Einschüchterung zur Schadensbegrenzung? Fast schon etwas plump klingen die plötzlichen Sympathiebekundungen der Einbrecher: »Gegenüber den *Bones* als Club fröhlicher Zusammenkunft haben wir keine Einwände. Laßt ihn leben, solange Menschen ein gutes Abendessen und geruhsames Kartenspiel genießen. Aber sein Mysterium und seine Geheimhaltung haben einen Endpunkt erreicht, und wir hoffen, daß seine absurden Ansprüche und sein ganzer Mumpitz ebenfalls tot sind.«

Nach einer erfolgreichen Einschüchterung durch die Bonesmen klingt das nicht. Alles in allem scheint der Bericht eine unabhängige Darstellung zu sein, ohne Einflüsse von außen. Immerhin merkt der anonyme Verfasser noch an, Beweise für das Eindringen zu besitzen, falls die *Skulls* den Vorfall abstreiten sollten: »Kurz gesagt, obwohl Raub nicht unser Ziel war, verhalfen wir uns nach dem Prinzip, daß der zweite Dieb der beste Eigner ist, zu einigen Memorabilien, die in eine Ausstellung gebracht werden können, ebenso wie einige Dokumente, die gedruckt werden können, sollte jegliche autoritative Verleugnung zu wesentlichen Punkten der hier vorgebrachten Aussagen erfolgen.«

Bastarde der Weltgeschichte

Was die Eindringlinge von 1876 natürlich niemals auch nur ahnen konnten, das war die Dimension der *Skull-and-Bones*-Verschwörung und die eigentliche Bedeutung der Kult-Räume, die damals im übrigen eher noch bescheiden ausgestattet waren. Die Gruppe von *Files and Claw* war einem fatalen Mißverständnis aufgesessen. Sie hatte die Macht der Bonesmen am Inhalt des Tomb gemessen. Sie war davon ausgegangen, hier auf geheime Schätze rein materieller Natur zu stoßen, während The Tomb lediglich als Einweihungstätte und abgeschotteter Treffpunkt dient – für Menschen, die eine weltbedrohliche Ideologie entwickelten.

Das mächtige und gefährliche Geheimnis der *Skulls* liegt auf einer ganz anderen Ebene als der materiellen Ausstattung ihres rituellen Zentrums. Die hier zelebrierten Einweihungsrituale werden zum Prägestock für ein neues Bewußtsein der frisch erwählten Mitglieder und sind von daher in keinster Weise zu unterschätzen. Um diese Riten wird es bald genauer gehen. Am Ende der Konditionierung steht jedenfalls eine stark materialistische und menschenverachtende Auffassung vom Dasein der Macht-Elite. Die Methoden, derer sich die Bonesmen hierbei schon seit langem bedienen, kennen weder Moral noch Skrupel. Denn so etwas wäre in höchstem Grade hinderlich.

Als der »Orden« von *Skull and Bones* im Jahr 1832 gegründet wurde, bestand zunächst noch überhaupt keine Möglichkeit, sich in einer eigenen »Heiligen Halle« zu treffen. Man versammelte sich vielmehr in diversen Apartments auf dem Yale-Campus, bis man diese Praxis am 13. März 1856 beendete und das Tomb in der High Street bezog. Mit anderen Worten: Zum Zeitpunkt der nächtlichen Visite hatten sich die Bonesmen gerade erst einmal seit 20 Jahren dort etabliert. Der klassizistische Baustil und der alles schnell überwuchernde Efeu vermittelten dem Betrachter jedoch schon damals den Eindruck einer viele Jahrhunderte alten Stätte. Und das war natürlich Absicht.

Abb. 5: 1903 wurde die Größe von »The Tomb« fast verdoppelt.

Im Jahr 1903 wurde das Gebäude dann um genau das Doppelte erweitert und zuletzt im Sommer 1998 renoviert. Dabei hat sich auch im Inneren zwangsläufig einiges verändert. Doch nichts ist nach wie vor wichtiger als die »inneren Geheimnisse«, die in keinem Raum zu finden sind, außer in jenem kaum zugänglichen Raum direkt unter der Schädeldecke der Bonesmen. Hier, in perfiden, kranken (un-)menschlichen Gehirnen entstehen Konzepte, um Ball mit der Welt zu spielen, mit ihr zu jonglieren und die Mitmenschen zu versklaven. Hier, in diesem dimensionslosen Raum schwebt das wahre Geheimnis von *Skull and Bones*, ein großteils unentdeckter Schwelbrand unseres kollektiven Schicksals.

In meinem Buch »Die unsichtbare Macht« bin ich bereits ausführlich auf Belege für eine »Weltverschwörung« eingegangen und habe zahlreiche Zusammenhänge herausgestellt. Immer wieder hat sich dabei gezeigt, daß sie existiert, schwarz auf weiß. Und auch, daß Verschwörungen keine abstrusen Theorien sind, sondern reale Verbrechen. Ich habe versucht, den Schleier über dem globalen Netzwerk ein wenig zu lüften, jenem Netzwerk, mit dem die Mächtigen dieses Planeten versuchen, die absolute Kontrolle zu übernehmen. Das klingt nach Sciencefiction, doch die Fakten sprechen eindeutig für derartige Pläne.

Die etablierte Gesellschaft wähnt sich aufgeklärt, sie vertraut auf die offizielle Darstellung der Geschichte. Wer daran zu rütteln wagt, wird milde belächelt. Man hat's ja schließlich in der Schule oder gar an der Uni gebüffelt, bis alles endlich sonnenklar war! Daß dort aber auch nur die sanktionierte Lehre gepredigt wird, geht im Eifer des Gefechts unter. Jeder Journalist und Autor, der den Mainstream verläßt, wird bei bester Beweislage seinerseits abgekanzelt und zum exotischen Paria – zum Verschwörungstheoretiker, Weltverbesserer, Eigenbrötler, Spinner und Irrläufer, je nachdem. Ein altes und wirksames Prinzip: Lächerlichmachung, Ausgrenzung. Sollte also einer die Suppe nicht auslöffeln wollen, die andere eingebrockt haben, muß er sich als Suppenkaspar beschimpfen lassen. Und selber Koch, nein, das wird er dann ohnehin nicht mehr.

Ob Enthüllungsautor, Fachjournalist oder Universitätsprofessor: Plötzlich zählt nichts mehr, die beste Reputation hilft nicht weiter, man hat sich durch Wahrheitsfindung ins »Aus« manövriert. Wahrheiten sind die ungeliebten Bastarde der Weltgeschichte. Lügen die Königskinder. Wer seine »abweichenden« (oder »abweichlerischen«) Ergebnisse dennoch präsentiert und belegt, kann sich auf einen Spießrutenlauf gefaßt machen. Doch wie heißt es so schön? Ist der Ruf erst ruiniert, lebt es sich recht ungeniert!

Einige Wahrheiten werden leider nie mehr ans Licht gelangen können. In vielen Fällen wurde zu wirkungsvoll vernebelt und verheimlicht, vertuscht und vernichtet. Wer der Wahrheit allzu nahe rückte, egal von welcher Seite, der kam dabei nicht selten auch um, noch bevor er die heilige Fackel entzünden konnte. Ein Menschenleben war in den Augen der Herrscher nie etwas wert, zehn ebenfalls nicht. Hundert, tausend? Hunderttausend? Was ist Krieg! Was Wahrheit!

Lügen, Bomben, *Skull & Bones*

Wo immer man seinen Blick auf die große Geschichte wendet, man wird Skrupellosigkeit und Manipulation ebenso finden wie arme Sündenböcke. Die Regierung der Vereinigten Staaten, diese so offene Weltmacht, lügt, daß sich die Balken in der US-Flagge rotglühend biegen. Das amerikanische Volk selbst wurde wiederholt bis in die jüngste Geschichte hinein zum Opfer verbo(r)gener Aktionen, die auf krummsten Wegen zum angestrebten Machtgewinn führten. Seien es die jahrzehntelangen Drogengeschäfte der CIA, seien es Experimente mit biochemischen oder nuklearen Waffensystemen an ahnungslosen US-Bürgern, seien es Aufklärungsflüge über Sowjet-Terrain, von denen nicht einmal der Präsident etwas wußte, sei es der Kennedy-Mord oder schwerer Betrug im Justizministerium, sei es die Finanzierung Hitlers durch die USA, sei es der Lügenplan, der Kuba zum Kriegstreiber werden ließ, sei es Betrug bei der Präsidentenwahl, seien es die Lügen zum 11. September, sei es der schon seit Mitte 2002 fest geplante Irak-Krieg, was auch immer sonst. Manipulation jedenfalls ist stets Betrug und nur durch ihn möglich. Und wenn es um Welt-Manipulation geht, dann muß es eben auch Welt-Betrug sein.

Daß schon früher gelogen und betrogen und gemordet wurde, lernen wir teils sogar aus Geschichtsbüchern, um so mehr, je weiter die großen Un-Taten zurückliegen. Um gegenwärtige Ereignisse historisch ausgewogen darstellen zu können, müssen sie natürlich erst zur echten Historie werden. Sicher nicht ganz unrichtig, zum Teil aber auch eine reine Schutzbehauptung. Denn klar, wer die aktuelle Gesellschaft der Lügen bezichtigt, hat schlechte Karten. Ein heißes Eisen. Und wer nimmt so etwas schon gerne in die Hand! Tatsache aber ist, daß trotz aufwendiger Medienberichterstattung – nun sogar bereits live von der Front – in unserem beginnenden Zeitalter des 21. Jahrhunderts mehr Geschichtsverfälschung und Manipulation stattfindet denn je. Die *Skulls* stehen im Hintergrund, haben ihre Hände aber bei allen großen Dingen der Welt im Spiel; sie drehen fortwährend und vielerorten am Rad der Geschichte.

Und selbst solche Ereignisse, die über ein halbes Jahrhundert zurückliegen, werden noch vertuscht. Warum beispielsweise geben die *National Archives* in Washington, D. C., Akten aus dem Zweiten Weltkrieg immer noch nicht frei? Warum sind die meisten Dokumente zu *Operation Paperclip* noch als Top Secret eingestuft, zu jener Nachkriegsoperation, durch die unzählige deutsche Wissenschaftler in die USA gebracht wurden, um ihr Wissen zur Verfügung zu stellen und weiterzuforschen? Welche Hintergründe gab es in bezug auf die Atombomben-Abwürfe über Japan – wer hatte die erste Bombe wirklich gebaut?

In einer US-amerikanischen Filmdokumentation, die regelmäßig im *National Atomic Museum* in Albuquerque, New Mexico gezeigt wird, sind vor allem die Vorbereitungen zum Abwurf der Hiroshima-Bombe zu sehen. Historische Momente, minutiös geplant.

Anspannung, ernste Gesichter, die Maschine nähert sich der Stadt. Abwurf. Unmittelbar darauf ein greller Lichtblitz. Der apokalyptische Atompilz steigt auf. Doch wenn man sich nicht bewußt macht, daß in jenen tragischen Momenten, die hier festgehalten sind, Hunderttausende Leiber unschuldiger Menschen verkochen, lebendes Fleisch über Knochen schmilzt, eine Großstadt hoffnungslos verstrahlt wird und innerhalb von Sekunden eine Hölle losgebrochen ist, in der ungezählte Menschen einem entsetzlichen Tod ausgeliefert sind – oder aber einem erbarmungswürdigen Leben nach der künstlich bewirkten Katastrophe –, wenn man sich das alles wirklich nicht bewußt macht, dann ähneln die Aufnahmen jener Doku im Atom-Museum »lediglich« den Bildern von Nuklear-Tests.

Nichts außer der Explosion ist zu sehen, dann ein kurzer Blick auf die verbrannte Landschaft, von der ohnehin kaum etwas erkennbar ist … Cut. Hiroshima heute. Eine blühende japanische Metropole. Menschenmassen strömen geschäftig durch die City. Alles sieht sauber und gepflegt aus … Cut. Eine Grafik, hübsch anzusehen. Die Wohltaten des Atomzeitalters auf einen Blick. Hier ein sauberes Kernkraftwerk, da die Segnungen der Nuklearmedizin. Und mitten drin: die neue Stadt Hiroshima.

Wer diese Bilder unbedarft in sich aufnimmt, könnte auf den

Gedanken kommen, daß die Aufräumaktion jener Stadt doch nicht so sehr geschadet hat.

Und Nagasaki? Das war doch ohnehin nur ein »psychologisches Druckmittel«, um Japan zur Kapitulation zu bewegen und noch Schlimmeres zu vermeiden! Denn eine US-Invasion hätte schließlich viel mehr Leid mit sich gebracht. Dies alles vernimmt der interessierte Zuhörer, vielleicht mit gewisser Verwunderung.

Den Abwurf der Bomben hatte übrigens US-Kriegsminister Henry Lewis Stimson empfohlen. Geboren im Jahr 1867, graduierte er 1888 an der Yale-Universität. Damals schaute er noch drein, als könne er keiner Fliege etwas zuleide tun, doch hatte er es bereits faustdick hinter den abstehenden Ohren.

Stimson wurde in jenem Jahr nach alter Sitte »getapped«, also per Schulterschlag in den Bund der *Skulls* aufgenommen. Insgesamt stand er während seines langen Lebens im Dienst von fünf US-Präsidenten und war bereits unter William Howard Taft Kriegsminister. Taft seinerseits war zehn Jahre vor Stimson in den Orden eingetreten.

Abb. 6: Kriegsminister Henry Stimson. Er wurde 1888 in den »Orden« gewählt.

Nach seiner Tätigkeit als Emissär auf den Philippinen und Generalgouverneur der Philippinen wurde Stimson unter Roosevelt und Truman wieder Kriegsminister. Der Job lag ihm – ganz offensichtlich.

Nach dem Abwurf der Hiroshima-Bombe gab Stimson eine Presseerklärung heraus: »Große Ereignisse sind geschehen. Die Welt ist verändert und es ist Zeit für nüchterne Gedanken. Es ist ganz natürlich, daß wir bei der Schaffung der Atombombe aus den Errungenschaften unserer Wissenschaft, unserer Industrie und unserer Armee Genugtuung entnehmen sollten, doch jede Genugtuung, die wir dabei verspüren mögen, muß von tieferen Emotionen überschattet sein. Der Effekt der Bombe ist so gewaltig, daß die Verantwortung für ihren Besitz und Einsatz mit schwerem Druck auf unserem Geist und unseren Herzen lasten muß. Wir glauben, daß ihre Anwendung das Leben amerikanischer Soldaten retten wird und schneller zu einem Ende der Schrecken dieses Krieges führen wird, den die japanischen Führer absichtlich begonnen haben. Daher ist die Bombe eingesetzt worden.« – Eine in schöne Worte verpackte Hiobsbotschaft also, geradezu zynisch! Nach dem Motto: Lieber ein Ende mit Schrekken als ein Schrecken ohne Ende.

Die Meldung von Stimson ging genau an jenem Tag in die Medien, an dem bereits die zweite, doppelt so starke Bombe über Japan detonierte. Bereits am 31. Juli 1945 legte er Truman noch eiligst eine überarbeitete Rede vor, wie er sie für den Präsidenten ausgearbeitet hatte. Denn der Bombenabwurf war, günstiges Wetter vorausgesetzt, schon für den 1. August 1945 vorgesehen. Hier heißt es dann: »Die Japaner begannen den Luftkrieg in Pearl Harbor. Das wurde ihnen vielfach zurückgezahlt. Und das Ende ist damit noch nicht erreicht. Mit dieser Bombe haben wir nun ein neues und revolutionäres Wachstum an Zerstörungsgewalt hinzugefügt, um die zunehmende Stärke unserer bewaffneten Streitkräfte zu ergänzen. In ihrer gegenwärtigen Form sind diese Bomben nun in die Produktion gegangen, und sogar noch kräftigere Formen befinden sich in der Entwicklung. Es ist eine Atombombe. Es ist eine Nutzung der Urkraft des Universums. Die Kraft, von der die Sonne ihre Energie bezieht, ist nun gegen all jene entfesselt worden, die dem Fernen Osten Krieg gebracht haben.«

Bombenstarke Worte! Markig, knochig, skull-mäßig eben! Stimson ist fasziniert von der Macht der Bombe, noch mehr aber davon, auch Herr dieser Macht zu sein. Jene Formulierungen, die er Truman mundgerecht vorlegt, haben geradezu den Anspruch eines biblischen Gottesurteils, selbst wenn sie aus dem Schlund einer atomaren Hölle stammen. In ihnen spiegelt sich ganz deutlich die menschenverachtende Philosophie von

Skull and Bones. Sie wird uns auf dieser Reise in die moralischen Abgründe, auf deren fruchtbarem – oder besser: furchtbarem – Boden sie die Welt manipuliert haben, fortwährend begegnen. Bis in jüngste Zeit! Nicht zu vergessen, der gegenwärtige Präsident der Vereinigten Staaten von Amerika, George Walker Bush. Auch er ist Mitglied des *Skull*-Ordens. Sein Vater, Ex-Präsident George Herbert Walker Bush ebenfalls. Und dessen Vater, Prescott Sheldon Bush, auch er war es! Dieser unseligen »Trinität« werden wir uns später noch ausführlicher widmen.

Am Anfang war das Wort

Eigentlich – und das war auch der Trugschluß der Eindringlinge von 1876 – könnte die Gesellschaft der *Skull and Bones* recht harmlos auf Außenstehende wirken. Natürlich ist sie von einem Mythos umgeben, beinahe jeder Yalie blickt ehrfurchtsvoll auf, wenn von den *Skulls* die Rede ist, kaum einer, der sich nicht wünschte, selbst einmal getapped zu werden. Denn was ist schöner, als einem mächtigen und sehr engen, verschworenen Insider-Kreis anzugehören!

Die *Skulls* sind in ein komplexes System verschiedenster Brüderschaften (Fraternities) und Verbindungen eingebettet.

Die Tradition solcher Gruppierungen besteht schon lange, abgeschlossene Zirkel gibt es seit altersher.

Vor allem Priester bildeten eine eigene, von Eingeweihtenwissen geprägte und dadurch elitäre Gesellschaft. Die Ägypter kannten geheime religiöse Kulte, und allgemein waren es religiöse Wurzeln, die zur Gründung von Brüderschaften führten. Mit der Zeit bildeten sich Gruppierungen, deren Zweck keine religiösen Inhalte mehr besaß. Immer ging es darum, die Besten eines speziellen Gebietes zu versammeln, sich elitär hervorzuheben und abzugrenzen sowie Wissen und Traditionen von Generation zu Generation weiterzugeben und die Macht möglichst zu mehren.

Die erste amerikanische Brüderschaft bildete sich im Jahr 1776 in dem kleinen Städtchen Williamsburg, Virginia. Hier befand sich das *Collegium von William und Mary*, ein Ort universaler Studien, ein beständiges College der Theologie, Philosophie, Sprachen, der schönen Künste und Wissenschaften. Nach Prüfungen in Latein und Griechisch wurde der Student an die *Philosophy School* zugelassen, in der viel debattiert wurde. Seit 1758 wurde die Methode der Vorlesungen an *Willam & Mary* praktiziert, ein fortschrittliches College, an dem die Studenten gut vorbereitet wurden. Man traf sich oft in der *Raleigh Tavern*, um dort lange und ausgiebig zu diskutieren. Häufig kamen die Studenten mit Diplomaten und Politikern zusammen.

Am 5. Dezember 1776, einem Donnerstagabend, trafen sich fünf junge Studenten im Apollo-Zimmer der Raleigh-Taverne, allesamt Angehörige achtbarer literarischer Societies von *William & Mary*. Sie entschlossen sich, eine geheime Organisation zu gründen, die sich deutlich von den übrigen unterscheiden sollte. Ihr sollte auch ein längeres Dasein beschieden sein als anderen wie dem *Fat Hat Club*, der ein Vierteljahrhundert zuvor für eine vernachlässigbare Zeitspanne am College existiert hatte. Die Gruppe wünschte sich nun eine elitäre und geheime Organisation. Sie wurde von John Heath ins Leben gerufen, dem besten Griechischschüler am College. So benannte er sie auch mit drei griechischen Buchstaben als *Phi Beta Kappa*. Dahinter sollte eine Brüderschaft mit »ehrbaren Absichten« stehen, rein inländisch geprägt und ohne jeden Bezug zu Europa, sofern das überhaupt möglich war. Man begrüßte und erkannte sich mit einem geheimen Handschlag, war in ebenso geheime Rituale mit einer besonderen Verpflichtung der Mitglieder eingeweiht, hatte einen eigenen Anstecker zur Identifikation und verfolgte bei allem das Motto »Philosophie ist der Führer des Lebens«.

Drei große Themen wurden zum Gegenstand der geheimen Gesellschaft erklärt: Brüderschaft, Moral und Literatur.

1778 wurden andere Sektionen von PBK an verschiedenen Colleges gegründet. Zwei Jahre später entstand das *Chapter Alpha of Connecticut* an der Yale-Universität. Allein die Organisationen an diesem Elite-College sind nicht leicht zu überblikken, für den Außenstehenden nichts als ein verwirrendes Knäuel verschiedenster Gesellschaften, bezeichnet mit drei griechischen

Buchstaben oder aber mit ungewöhnlichen, geheimnisvoll klingenden Namen – wie dem *Hexahedron Club* oder der *Philagorian Society*. Die meisten von ihnen waren literarische Gesellschaften, in denen Dichterlesungen stattfanden oder die rhetorischen Fähigkeiten der Mitglieder verbessert wurden.

Jeder Club vermittelte seinen Angehörigen das Gefühl von Exklusivität, zusätzlich zu dem Privileg, an einer – wenn nicht *der* – bedeutendsten Uni der Vereinigten Staaten zu studieren. Yale zählt zu jener Gruppe von acht amerikanischen Prestige-Universitäten, die zusammen als die *Ivy League* bekannt wurden, die *Efeu-Liga* im Nordosten der USA. Die Bezeichnung geht auf die sehr ehrwürdig aussehenden, mit Efeu überrankten Bauten zurück, die an wirklich historische und bereits jahrhundertelang bestehende Lehrstätten der Alten Welt erinnern. Die *Ivy League*, das sind die Universitäten Brown, Columbia, Cornell, Dartmouth, Harvard, Princeton, Pennsylvania – und Yale.

Die Yale-Elite

Die literarischen Gesellschaften verloren bereits in den 1830ern ihre Attraktivität. Und das aus gutem Grund. Damals nämlich entwickelten sich weit bedeutsamer und geheimnisvoller wirkende Bündnisse, noch elitärer und in eine verlockende Atmosphäre absoluter Verschwiegenheit gebettet. Keine Frage, jeder »Yalie« wollte in einen dieser Zirkel aufgenommen werden. Dabei machte sich auch hier, wie überall an dieser Elite-Uni, eine recht ungewöhnliche Kategorisierung bemerkbar. Die Studenten wurden nämlich weniger nach ihren persönlichen Leistungen denn nach ihrer sozialen Stellung bewertet. So entstand eine hierarchische Schichtung, eine Klassengesellschaft. Söhne hoher Regierungsbeamter hatten die besten Karten in diesem System.

Interessanterweise änderte sich auch während der Jahre, die ein Student an Yale zubrachte, in den wenigsten Fällen sonderlich viel an seiner Positionierung. Höchstens, er zeigte sich nicht konform mit den Idealen der Schule. Das schadete den Aufstiegschancen doch spürbar. Sicher, man hatte auch zu bestehen in einer Welt des Wettbewerbs. Das wichtigste Ziel war absoluter Erfolg, wobei jeder Erfolg an Yale als ein Erfolg von Yale galt. Das Individuum zählt nichts, das College ist alles. So die herrschende Lehre. Schon Mitte des 18. Jahrhunderts stellte Yale-Präsident Thomas Clap lapidar fest: »Die Gesetze Gottes und diejenigen des Colleges sind eins.« Man opfert sich, seine Person und seinen gesamten individuellen Charakter einer höheren Aufgabe. Man zählt zu einer Elite, der sich jeder über alle persönlichen Anforderungen hinaus verpflichtet zu fühlen hat. Gehirnwäsche nach Yale-Manier! Diese Gehirnwäsche dient dem Zweck, künftige Lenker der Welt zu schaffen. Und das um jeden Preis, wie sich bald zeigen wird. Denn die arglosen literarischen Gesellschaften verschwanden mehr und mehr, es bildeten sich nun neben weiteren, harmlosen und offenen Gruppen auch absolut verschworene Kreise, die ihre magische Anziehung fortgesetzt ausübten.

Das System war mehr denn je gespalten in Außenstehende und Eingeweihte. Und die Kraft, die alles wieder eint, besteht tragischerweise noch heute in dem Ringen um eine Aufnahme in genau diese Elite. Widerstreit für ein höheres Endziel! Dieses Konzept beherrscht das Denken der Bonesmen bis zum Exzeß. Für viele Yale-Studenten wurde die Wahl in einen universitären Zirkel das oberste Ziel, war aber verbunden mit einem enormen seelischen Druck – vor allem, wenn ihr Bemühen scheitern sollte. Manche Eltern, die selbst an Yale studiert hatten und das Prinzip bestens kannten, schickten daher ihre Zöglinge lieber gar nicht erst auf diese »Sonder-Schule«, denn sie befürchteten, das erbarmungslose System, das Räderwerk dieser unerbittlichen Erfolgs-Fabrik könne sie zermalmen. Tatsächlich sprachen manche schon von einer »Maschine« oder »Fabrik«, wenn sie Yale meinten. Unsichtbar für die Außenwelt entwickelte sich hinter den strengen, hohen Mauern von Yale seit den 1830ern dann aus all den elitären Bestrebungen und schicksalshaften Verflechtungen ein echtes Monstrum. Es wuchs und wuchs, raffte aus seinen düsteren, verborgenen Nischen und mit heimtückischen Winkelzügen agierend alle Macht an sich, um den Globus in eherne Ketten zu legen.

Skull and Bones, das ist eine der echten großen Geißeln unserer Welt! Kaum jemand weiß von deren realer Existenz, selbst nach dem Kinostreifen »The *Skulls*«, der leider den richtigen Ton nicht traf – ob beabsichtigt, sei dahingestellt – und beim Publikum wegen des plump wirkenden Plots eher mitleidiges Lächeln oder aber Mißfallen erntete. Nicht wenige Zuschauer hielten alles für pure Erfindung, inklusive der Geheimgesellschaft selbst. Bücher, die in den USA bisher zu der Thematik erschienen, allen voran eine Sammlung von Berichten des 2002 verstorbenen Ökonomie-Professors Anthony C. Sutton, wurden als Randliteratur abgekanzelt und von den großen Medien des Landes weitgehend regelrecht totgeschwiegen. So haben auch heute noch nur entsprechend wenige die sehr reale Gefahr erfaßt, die von *Skull and Bones* ausgeht. Ein fataler Trugschluß zu deren Gunsten!

Kapitel 2

Das Mysterium von Yale

P2

Der italienische Journalist Carmine »Mino« Pecorelli pflegte gute Kontakte zu den Geheimdiensten seines Landes. Für ihn als Enthüllungsautor und Herausgeber eines Nachrichtenmagazins, des »Osservatore politico«, von existentieller Bedeutung. Das allerdings auch in einem weniger vorteilhaften Sinn. Am 20. März 1979 verließ Pecorelli sein Büro in der Innenstadt von Rom – und wurde kurz darauf kaltblütig ermordet. Pecorelli war schon länger einer interessanten Story auf der Spur, journalistischer Sprengstoff: Er befand sich im Besitz einiger für den Regierungschef Giulio Andreotti sehr unangenehmer Informationen. Dem Autor waren Unterlagen in die Hände gefallen, die bewiesen, daß der Premier am Mordkomplott des christdemokratischen Parteiführers Aldo Moro beteiligt gewesen war. Und es gab noch andere düstere Enthüllungen. Die Stunde der Wahrheit stand nun kurz bevor.

An jenem Märztag setzte sich Mino Pecorelli nach getaner Redaktionsarbeit in seinen Wagen und fuhr nach Hause. Seine Wohnung allerdings betrat er nicht mehr. Mafia-Killer ermordeten ihn in seinem Auto. Insgesamt vier Schüsse durchbohrten den Körper des Journalisten, einer davon wurde gezielt in den Mund abgegeben.

Pecorelli wußte zuviel. Er war selbst Mitglied in der geheimnisvollen italienischen Freimaurerloge P2, der *Propaganda Masonica Due*, und hatte in Erfahrung gebracht, daß der amerikanische Auslandsgeheimdienst CIA diese geheime Gesellschaft finanzierte und Andreotti auch hier seine Finger tief im Spiel hatte. Erst Jahre später aber sollte sich herauskristallisieren, daß

Pecorelli begonnen hatte, durch seine Nachforschungen in einem riesigen Ameisenhaufen zu stochern.

Die Geschichte von P2 hatte im Jahr 1877 begonnen. Die Loge war zunächst unbedeutend. Sie sollte Freimaurern dienen, die Rom besuchten. 1963 kam dann der Malteserritter Licio Gelli ins Spiel. Er wurde Großmeister der P2-Loge und schaffte es, daß die Zahl ihrer Mitglieder in relativ kurzer Zeit enorm anstieg. Anfangs waren es nur vierzehn gewesen, nach nur drei Jahren dann beinahe tausend. Pecorelli wußte, wie diese Erfolgsstory zu erklären war. Gelli arbeitete nicht ohne mächtige Unterstützung. Sehr mächtige Unterstützung sogar, so behauptete der römische Journalist und erklärte, daß die CIA hinter allem stecke. Genau das bestätigte elf Jahre nach Pecorellis Tod auch der CIA-Agent Richard Brenneke, der zwischen 1969 und dem Beginn der achtziger Jahre in die Vorgänge von P2 verwikkelt war. Seine Enthüllungen erwiesen sich als mehr denn verblüffend. Sie waren schlichtweg beunruhigend.

Wie Brenneke behauptet, unterstützte die US-amerikanische Regierung die P2-Loge mit Summen von monatlich bis zu zehn Millionen Dollar. Sie habe als Werkzeug der CIA gedient, um damals eine »Explosion des Terrorismus« in Italien zu begünstigen. Die Aktivitäten würden weiter fortgesetzt, völlig geheim natürlich, völlig anonym natürlich. Gelli sicherte seinen Logenbrüdern zu, ihre Identitäten bis auf eine Ausnahme nirgends bekannt zu geben. Die Ausnahme: das Pentagon in Washington. Laut Brenneke liegt dort eine komplette Namensliste vor. Wie sollte es auch anders sein?

Der ehemalige Parlamentarische Staatsekretär des Bundesministeriums für Verteidigung, Andreas von Bülow, schreibt zu P2: »Sie hatte sich zum Ziel gesetzt, in Italien mit der Zusammenführung von Spitzenpolitikern, Großindustriellen, Militär- und Polizeiführern sowie den Chefs von Geheimdiensten zu gemeinsamem politischen Handeln verdeckt einen autoritären Staat zu schaffen. Die Loge war nach dem Bericht des italienischen Parlaments aus dem Jahre 1984 als neutrales Instrument für Operationen gedacht, die das italienische politische Leben beeinflussen und kontrollieren sollten ... Das Schöffengericht

Bologna kam in einem Strafverfahren zu dem Ergebnis, daß die Loge P2 Kriminelle angestiftet, bewaffnet und finanziert habe, ›um mit Mitteln der Subversion und des Rechtsterrorismus im Rahmen einer ‚Strategie der Spannung' die Vorbedingungen für einen Staatsstreich zu schaffen‹.«

Laut den Erkenntnissen des Gerichtes schuf Gelli eine »geheime Struktur« mit der unglaublichen Kapazität, die Staatsinstitutionen bis zu dem Punkt zu kontrollieren, an dem sie scheinbar selbst zu einem »Staat im Staat« wurde. Das Jahr 1981 brachte die Enthüllung, was da vor sich ging. Bei einer Hausdurchsuchung im Anwesen des »Puppenspielers« – so nannte die italienische Presse Gelli bald – fand sich eine Liste mit den Namen der Verschwörer. Dabei stellte sich heraus, daß jener P2-Loge nunmehr drei Minister, fast 40 Parlamentarier, 43 Militärgeneräle, acht Admiräle, die Polizeichefs der vier größten Städte Italiens und zahlreiche andere bedeutende Personen aus Wirtschaft, Presse und unter anderem den Bereichen Gesundheit, Kultur, Erziehung, Forschung angehörten.

Erben der Templer

Wer in dem P2-Sumpf zu stochern begann, stieß auf eine Verschwörung gigantischen, weltweiten Ausmaßes – ein kaum mehr wirklich entwirrbares Netz im tiefen Untergrund. Wichtig in diesem verschworenen Spiel auf höchster Ebene sind auch die Malteser-Ritter. Dabei gilt hier wie in den meisten anderen Fällen auch das »Zwiebelschalenprinzip« der Einweihung. Fast immer gibt es eher harmlose Hüllen um die alles kontrollierenden Kerne, die in sinistre Machenschaften verwickelt sind, Aktionen, von denen längst nicht alle Angehörigen einer Gruppierung etwas wissen.

Malteser Ritterschaften werden hochrangigen Persönlichkeiten angetragen, nicht zuletzt, um damit die eigene Reputation nach außen zu stärken. Bei weitem nicht jeder ist auch ein Verschwörer oder Mitwisser. Man kann ebensowenig eine ganze Familie verurteilen, wenn ein einziges Mitglied dieser Familie sich als Verbrecher herausstellt. Keine andere Situation bei den Maltesern, die ihrerseits als die Erben der Templer gelten.

Der *Souveräne Militärische Orden* von Malta »war historisch gesehen der militärische Arm des Vatikan und wird als ein eigener ›Staat‹ betrachtet, ausgestattet mit allen Regierungsmächten und eigenen diplomatischen Pässen«, so schreibt der Londoner Banker und investigative Journalist David Guyatt. Um das zu ergänzen: Im Kern findet sich ein militärischer *und geheimdienstlicher* Arm des Vatikan.

Als einer der »Insider« gilt der Detektiv des *New York Police Department* Albert »Al« Carone, ein Name, der schnell Assoziationen weckt. Al Carone führte ein Doppel-, ja sogar Mehrfachleben und war mit der Mafia bestens vertraut, deren wichtigste Köpfe er teils gut kannte. Als Armeeoberst und Mitglied der Gegenspionage war er auch verdeckter CIA-Mann und »Grand Knight of the *Sovereign Military Order of Malta*, SMOM.

Daß es dem Malta-Orden nicht ganz schlecht zu gehen scheint, zeigt sich gelegentlich auch Außenstehenden. Dann fahren lange Kolonnen durch die extra für das Ereignis gesperrten Straßen, ein Rolls Royce nach dem anderen. Die modernen Ritter steigen aus den blitzenden Nobel-Limousinen und schreiten ehrfurchtgebietend, mit über die Schulter geworfenem Mantel voran. Es riecht förmlich nach Geld! Und ebenso nach Verschwörung – danach, daß alles wohl nicht ganz mit rechten Dingen zugehen kann. »Mit ehrlicher Arbeit ist noch niemand reich geworden«, heißt es. An dem Spruch ist was dran …

Im SMOM ging es unter den langen Deckmänteln wahrhaft wild zu. Die Organisation diente als Schwarzmarkt für Gold und als Geldwaschanlage der CIA. 1991, als die Ära Gorbatschow zu Ende ging, »verschwand« ein unermeßlicher Schatz an russischen Goldreserven. Die Rede ist von 2000 metrischen Tonnen. Vermutungen gehen dahin, daß SMOM mit dem Verschwinden dieses gigantischen Vermögens zu tun hatte.

Nun, die internen Drahtzieher und Puppenspieler sind es, die als Vermittler zwischen diversen Organisationen auftreten und wie unermüdliche Spinnen ihre riesigen Netze der Macht weben. Die »Strategie der Spannung« legte es darauf an, zahlreiche terroristische Aktivitäten in Italien zu entfachen, um die Stimmung zur Kreation einer autoritären Regierung anzuheizen. Der Plan basierte auf der CIA-Operation »Gladio«. Sie sollte ein kommunistisches Regime in Italien verhindern. Gladio, das Schwert, zielte auf mächtige Verbindungen, Verbindungen, die paradox, irreal und daher unglaublich wirkten. Und doch funktionierten. Hier kamen wieder einmal CIA und Malteser zusammen, Vatikan und Mafia. Die ganze Geschichte ausgeheckt hatte der Geheimdienstler James Jesus Angleton bereits kurz nach dem Zweiten Weltkrieg. Angleton wurde später Chef der CIA-Gegenspionage und Ritter des Souveränen Malteserordens. Ebenso sein Kollege und Kriegsveteran »Wild« Bill Donovan, ehedem Chef des CIA-Vorläufers OSS, des *Office of Strategic Services.*

Im Netz der Schattenmacht

Interessanterweise gibt es einen amerikanischen Ableger der Malteser Ritter, gegründet von dreizehn hochrangigen Personen. Eine von ihnen war der Verschwörer John J. Raskob aus dem mächtigen DuPont-Konzern. Nachdem Präsident Roosevelt die Gelder von reich nach arm umverteilen wollte, finanzierten DuPont und das J.-P.-Morgan-Imperium eine geheime Aktion, die von General Smedley Butler ausgeführt werden sollte. Der aber ließ die Sache auffliegen.

Unter den CIA-Leu(ch)ten findet sich noch eine ganze Reihe an Maltesern. So waren auch die CIA-Chefs John McCone, William Casey und William Colby Angehörige des Souveränen Ordens. Casey wie auch Reagans Minister Alexander Haig standen in Verbindung zu Licio Gelli, der seinerseits als Geschäftpartner übelster Zeitgenossen in Erscheinung trat, darunter des Diktators Juan Perón oder des Kriegsverbrechers Klaus Barbie, der zusammen mit Hitlers Top-Spion Reinhard Gehlen in den USA eine zweite Karriere machte – innerhalb eines geheimen deutschen Geheimdienst-Zweiges der USA. Gelli schleuste unter Nutzung von Vatikan-Kanälen unzählige Ex-Nazis auf sicheren Boden. Er arbeitete auch eng mit Ronald R. Rewald zusammen, dem Gründer der hawaiianischen Gesellschaft *Bishop, Baldwin, Rewald, Dillingham & Wong*.

Dahinter verbarg sich eine Privatfirma der CIA und eine »Vorstufe« zur berüchtigten, ebenfalls CIA-kontrollierten *Nugan-Hand-Bank*. William Colby, der 1996 unter mysteriösen Umständen den Tod fand, war deren Berater sowie Generaldirektor der *Household-Bank* – die ihrerseits wiederum in Vatikan-Hand liegt. Das CIA-Bankenwirrwar führt in eine komplexe Welt wildester Geschäftsbeziehungen, in einen Abgrund von Waffen- und Drogenhandel, Geldwäsche und Mord. Hier ist alles miteinander verbunden und alles möglich.

Interessant, auch der ehemalige CIA-Direktor, Bonesman und spätere US-Präsident George Herbert Walker Bush soll zu Licio Gellis Bekanntenkreis gezählt haben und als Ehrenmitglied in der P2-Loge zu finden gewesen sein.

P2 wird mit einer ganzen Zahl terroristischer Akte in Verbindung gebracht, darunter das Attentat auf den Bahnhof Bologna 1980, bei dem 85 Menschen ums Leben kamen, sowie wohl auch der Anschlag auf den Pan-Am-Flug 103 über dem schottischen Lockerbie 1988. An Bord befand sich nicht zuletzt eine Gruppe von CIA-Angehörigen, die auf illegale Aktionen eines Kerns innerhalb der CIA gestoßen war. Wieder das Zwiebelmuster der Verschwörung!

Die Agenten wollten in Washington über CIA-Drogenschmuggel und -Waffengeschäfte im Mittleren Osten im Kontext mit P2 berichten. Doch die Macht hinter der Macht, eine unheimliche Schattenregierung, ließ die Enthüllungen nicht zu. Die Agenten wurden zum Schweigen gebracht. Ebenso wie unter vielen anderen Rechercheuren auch der amerikanische Journalist Danny Casolaro, der zahlreichen Querverbindungen nachging, darunter auch Lockerbie – bis er 1991 angeblich in einem Hotel Selbstmord beging.

P2, der Staat im Staat, hat viele Gesichter. Es sind jene Pokerfaces, welche so manch düstere Seitenstraße der Geschichte bevölkern. Sei es die Involvierung des eng mit US-Geheimgesellschaften und den Bonesmen verbundenen Henry Kissinger im Fall des italienischen Premiers Aldo Moro und dessen gewaltsamen Todes, seien es die verbotenen Geschäfte des amerikanischen Bishofs und Vatikan-Bankers Paul Marcincus oder der mysteriöse Tod von »Gottes Bankier« Roberto Calvi, der im Juni 1982 erhängt unter der Dominikaner-Brücke in London aufgefunden wurde.

P2 hatte Italien infiltriert und verfügte über beste Verbindungen nach Übersee. »Hinzu kamen die P2-Kontakte zur *Banca Nazionale del Lavoro*«, so ergänzt Andreas von Bülow, »einer Bank, über deren Filiale in den USA später subventionierte Kredite des amerikanischen Landwirtschaftsministeriums, die für die Förderung der Ausfuhr amerikanischen Weizens bestimmt waren, rechtswidrig in Kredite für Waffenlieferungen an den Irak Saddam Husseins in der Größenordnung von rund fünf Milliarden US-Dollar umgewandelt wurden.« Der deutsche Geheimdienstkenner von Bülow bezieht sich noch einmal auf die Aussagen von Brenneke, wenn er schließlich bemerkt: »Im Ergebnis habe es sich um eine Art Schattenregierung gehandelt, in der die P2, ein Teil der Geheimdienste, die organisierte Kriminalität und der Terrorismus unmittelbar miteinander verknüpft gewesen seien. Der förmliche Antrag eines amerikanischen Journalisten auf Freigabe der CIA-Akte Gelli nach dem ›Freedom of Information Act‹ wurde mit Hinweis auf die Schutzwürdigkeit nationaler Interessen der Verteidigung und der Auswärtigen Politik, aber auch der Methoden und Quellen der CIA abgewiesen.«

Das Netzwerk funktioniert eben sehr gut! Und wer versucht, sich in den Weg zu stellen, wird ohne Zögern beseitigt.

P2 hatte sich zu einer unkontrollierbaren Schattenmacht entwickelt, doch erweist sie sich nur als winziger Teil einer viel umfassenderen Verschwörung. Die Infiltration besitzt eine weitaus bedrohlichere Dimension, wobei der Mechanismus allerdings auch im größeren Maßstab ähnlich ist. P2 ist die Facette einer globalen Verschwörung, P2 ist eine Facette der CIA und von *Skull and Bones*.

Wer die Wurzeln dieses elitären Yale-Bundes sucht und seine Entwicklung verfolgt, wird immer wieder auf die Art der Infiltration stoßen, wie sie von P2 praktiziert wurde.

The Order

Die Gruftspionage der Tomb-Eindringlinge von 1876 enthüllte bereits interessante Andeutungen über die eigentlichen Wurzeln der *Skulls*. Immer wieder taucht Deutschland auf. Deutsche Sprüche gemahnen die Bonesmen der Vergänglichkeit, eine kleine Karte neben dem Bild der vier Totenschädel weist auf die deutsche Sektion des Geheimbundes hin. Tatsächlich gilt der »Orden« als *Sektion 322* (*Chapter 322*) einer nie mit Namen genannten deutschen Geheimgesellschaft. »Raum 322« ist das Allerheiligste im Tomb von New Haven. Hinter dieser Zahl verbirgt sich die Kombination 32-2. Die Sektion wurde 1832 gegründet, als zweiter, amerikanischer Arm einer jedoch ursprünglich in Deutschland ansässigen Geheimgesellschaft.

Tatsächlich reiste der aus einer sehr reichen Familie stammende Yale-Student William Huntington Russell irgendwann zu Beginn der 1830er Jahre nach Deutschland, um dort für ein Jahr zu studieren. Als er wieder in die USA zurückkehrte, versammelte er die »Elite der studentischen Elite« um sich, darunter Alphonso Taft, den späteren Vater von US-Präsident William Howard Taft. Vielleicht waren es nicht die Besten der Besten, aber die Vielversprechendsten der Mächtigsten.

Abb. 7: William Huntington Russel und Alphonso Taft (rechts) gründeten **The Order** *im Jahr 1832 an der Yale-Universität.*

Russell und Taft gründeten mit ihnen *The Order*, wie das Bündnis unter den Insidern genannt wird, während Außenstehende gerne von den *Skulls*, *Skull and Bones* oder auch den Bonesmen sprechen, je nachdem. Außenstehend, das ist der ziemlich ahnungslose Rest der Welt, das sind andere Yalies, das sind Filmemacher und Menschen, die versuchen, die Sache mit einem Augenzwinkern zu sehen, oder aber Leute, die sich darum bemühen, Licht in das Dunkel zu bringen, das den »Orden« umgibt.

Fünfzehn Personen waren es, die das Fundament für diese verschworene Gruppe legten. Fünfzehn Personen werden seit 1833 jedes Jahr neu bestimmt, um wieder in den höchsten Zirkel gewählt zu werden. So sind es seit dem Gründungsjahr bald 2600 Personen, die für ein Jahr zunächst zu »Rittern« werden, um nach Ablauf von 365 Tagen dann in den Kreis der »Patriarchen« aufgenommen zu werden und die Nachfolge zu bestimmen. Zu jeder beliebigen Zeit leben ungefähr 500 bis 600 *Skull*-Mitglieder, die an verschiedenen Schaltstellen der Macht aktiv sind.

Im Jahr 1856 wurde der Orden dann von dem Mitglied Daniel Coit Gilman als legale Körperschaft unter dem Namen *The Russell Trust* eingetragen. Gilman wurde Schatzmeister, als Präsident fungierte William H. Russell. Mit dem Orden der *Skulls* hatten sie nicht einfach eine neue studentische Verbindung geschaffen, nicht einfach eine »Fraternity«, eine Brüderschaft, wie sie schon mehrfach an der Yale-Uni und anderen amerikanischen Hochschulen gegründet worden waren.

Die *Skulls* zogen sich in die absolute, strikteste Geheimhaltung zurück, eine Tatsache, die noch heute zutrifft. Jedes Mitglied schwört, nie und unter keinen Umständen zuzugeben, diesem Bund anzugehören. Wenn der Orden in Gegenwart eines Mitglieds im Kreise von »Barbaren« angesprochen wird, so muß der Bonesman die Gruppe verlassen.

Die Geschichte zeigt, daß wirklich nichts, was unter dem Siegel der strengen Geheimhaltung durchgeführt wurde, wohltätigen Zwecken diente. Wer Gutes »im Schilde führt«, muß das zwar nicht in alle Welt hinausposaunen, doch wird er sich nicht unbedingt und unter allen Bedingungen damit verstecken. Nur das, wovor Menschen Furcht haben, was ihnen Sorge und Unbehagen bereitet, was Existenz-Ängste heraufbeschwört und Krisen auslösen kann, das muß verborgen werden: Pläne, wie man Menschen kontrolliert und steuert, wie man sie fehlinformiert und verdummt, wie man sie verroht und mißbraucht. Pläne, wie man Kriege entfesselt und die Massen in seinem Sinne bewegt. Pläne, wie man gezielt Zwietracht sät und Gefühle beeinflußt, wie man Geheimdienste lenkt und die Wirtschaft steuert. Pläne, wie man Erziehung, Presse und Gesundheitssystem an sich reißt, um alles, was unser Dasein bestimmt, in den festen Griff der eigenen, skrupellosen Elite zu stellen. All das muß geheim gehalten werden. Und das wird es schon lange und immer noch sehr erfolgreich.

Die eigentlichen Wurzeln der *Skull and Bones* aber liegen, wie schon öfters angedeutet, deutlich weiter zurück, als es zunächst den Anschein hat. Die Spur führt über Umwege in der Tat nach Deutschland.

Geheime Lehren

Eng verbunden mit den Anfängen jener ungenannten deutschen Geheimgesellschaft, über die so einige Hinweise im Tomb zu finden sind, ist eine von geradezu mystischem Nebel umgebene Gestalt: der Kaufmann Franz Kolmer. Ihm wurde schon nachgesagt, er sei der geheimnisvollste aller geheimnisvollen Männer und offenbar dieselbe Person, die von dem italienischen Magier Alessandro Graf Cagliostro als Altotas beschrieben und bewundert wurde. Nun war Cagliostro bekanntlich eine recht zweifelhafte Persönlichkeit. Sein echter Name lautete Giuseppe Balsamo, er stammte aus einer armen Familie in Palermo, floh nach einigen kleineren Betrügereien wie auch handfesteren Verbrechen und begann, sich fortan als Alchemist und Magier auszugeben. Mit Erfolg. Über die Jahre gelang ihm die Anhäufung eines großen Vermögens. Immerhin aber wurde er auch in den Kreis der Ritter von Malta aufgenommen. Auf Malta traf er mit Kolmer zusammen, der manchmal auch als Kölmer angesprochen wird. Der Kaufmann hatte viele Jahre im Osten, vor allem in Ägypten zugebracht. Nun wollte er nach Europa zurückkehren, um dort Jünger für seine Geheimlehre zu finden – den Manichäismus, den er auf seiner Orientreise kennengelernt hatte. Sein Heimweg führte Kölmer über Malta, wo er mit seinen Aktionen beinahe einen Volksaufstand entfesselte. Daher kümmerten sich die Malteser Ritter darum, ihn möglichst schnell wieder außer Landes zu schaffen.

Um 1770/71 war es, als der rätselhafte Händler über Avignon und Lyon nach Deutschland kam. Hier schließlich traf er auf Adam Weishaupt, Professor für kanonisches Recht an der Universität von Ingolstadt in Bayern. Kölmer begann, ihn fortan in seine Geheimnisse einzuweihen, und Weishaupt saugte alles regelrecht in sich auf. Er entwickelte Pläne für eine eigene geheime Gesellschaft, um die gesamte menschliche Rasse »umzuformen«. Selbst Jesuit, stand er im ständigen Widerstreit mit seinen Ordensbrüdern und brach schließlich mit der Kirche. Sein intimes Wissen führte ihn aber zu einigen mystischen Bewegungen im kirchlichen Umfeld.

Abb. 8: Adam Weishaupt schuf 1776 seine Geheimgesellschaft, die Illuminaten.

Die Wurzeln der spanischen *Alumbrados* – der Erleuchteten – verlieren sich selbst im Dunkel der Geschichte. Erwähnt werden sie erstmals von Menendez Pelavo um das Jahr der offiziellen Entdeckung Amerikas, 1492. Die Lehren der *Alumbrados* gingen von folgender Idee aus: Wer das Licht gefunden hatte, der benötigte die üblichen Mittel und Wege der Religion nicht mehr, sondern besaß im Grunde den direkten Draht zu Gott.

Ignatius von Loyola, der Begründer des Jesuitenordens, wurde von einer Kommission in Spanien überprüft, ob er dem möglicherweise ketzerischen Gedankengut der *Alumbrados* anhing, wurde aber von jedem Verdacht befreit.

Nach Frankreich kamen die *Alumbrados* im Jahr 1623, trugen hier den Namen *Illuminés* oder wurden auch als *Guérinets* bezeichnet.

Allein in Frankreich gab es noch eine ganze Reihe von verschiedenen anderen Gruppierungen in diesem Umfeld, doch vor allem wohl die *Alumbrados* gerieten unter heftigen Beschuß. Sie wurden im 16. Jahrhundert gleich mit mehreren Edikten belegt. Weishaupt soll auch die sektenartige Gemeinschaft der *Muslim Ismaili* studiert haben. Ganz nach deren Manier, durch Haschisch-Konsum zur Erleuchtung zu gelangen, soll er Marihuana zu sich genommen haben, um fortan erleuchtet zu werden. Vor allem dürfte ihn der Genuß des Rauschmittels geistig verwirrt haben.

Wie auch immer, nachdem Weishaupt mit Kölmer und vielleicht auch mit Marihuana in Kontakt gekommen war, brütete er fünf Jahre lang intensiv über verschiedensten okkulten Lehren und besaß einen untrüglichen Blick für die Aspekte, die seinem eigenen Weltplan jeweils am zuträglichsten waren. Tatsächlich leuchtete sein weises Haupt im Licht der Erkenntnis, wie man ein teuflisches System der Weltbeherrschung ersinnen kann.

Schon vor langer Zeit schrieb die englische Autorin Nesta H. Webster, wie Weishaupt ein Arbeitssystem »schrecklicher Wirksamkeit« schuf und sein gefährliches Gedankengebäude aus den verschiedensten Lehren errichtete, »den zerstörerischen Doktrinen der Gnostiker und Manichäer, der modernen Philosophen und Enzyklopädisten, den Methoden der Ismailis und Assassinen, der Disziplin der Jesuiten und Templer, der Organisation und Geheimhaltung der Freimaurer, der Philosophie von Machiavelli, dem Mysterium der Rosenkreuzer – er verstand darüber hinaus, wie die richtigen Elemente aller existierenden Verbindungen und ebenso davon isolierte Einzelpersonen anzuordnen waren, um sie für seine Zwecke umzuformen«.

Die Pyramide der *Illuminaten*

Die Leute, die Weishaupt um sich versammelte, waren echte Jünger. Es waren junge Menschen, die mental noch nicht fest verankert waren. Die allgemeinen Qualitäten, auf die es ihm ankam, waren Fleiß, Wendigkeit, Formbarkeit und Kontaktfähigkeit. Sollte auch noch Reichtum und Adel mit im Spiel sein, um so besser!

Von diesem Umfeld her entstand in einer Konkurrenzbewegung zu den sich ebenfalls in Ingolstadt formierenden Rosenkreuzern dort eine Art »Studenten-Orden«. Als Geburtsstunde gilt der 1. Mai 1776. Damals – am späteren »Tag der Arbeit« – entstand der *Bund der Perfectibilisten*. Die Universität erhielt einen Ordenscode – Ephesus oder Eleusis –, ebenso wurden die Ordensbrüder mit Codenamen angesprochen. Adam Weishaupt, der »Chef« des noch harmlos wirkenden Unternehmens, firmierte hier unter »Spartacus«.

Nicht lange nach ihrer Gründung wählten die *Perfectibilisten* einen neuen Namen für ihren verschworenen Club, einen Namen, unter dem sie noch bis heute berühmt-berüchtigt sind: die *Illuminaten*.

Abb. 9: Diese Darstellung ist mit geheimen Symbolen geradezu überfrachtet. Im Vordergrund ein Sarg mit den Zeichen der Skull and Bones.

Nur zwei Jahre nach ihrer Gründung nahmen sie ihr expansionistisches Streben auf. Nun begann der alte »Spartacus«, nicht unbedingt Eulen, so doch seine weisen Behauptungen nach »Athen« zu tragen. »Athen« allerdings lag für ihn nicht weit – es war der Codename für München. Hier arbeitete Weishaupt seit 1778 daran, die Freimaurer-Logen zu unterwandern.

Die Infiltration hatte begonnen. Die Lehren des Ingolstädter Professors besaßen für einige eine durchaus magische, geradezu diabolische Anziehungskraft – das belegt die spätere Übernahme der *Illuminaten*-Regeln in die »Brüderschaft des Todes«, wie der Orden der *Skull and Bones* auch genannt wird. Mit weltweiter Wirkung. Doch wir wollen nicht vorgreifen.

Weishaupt erinnerte seine Leser daran, daß der Zweck die Mittel heilige. »Der Weise sollte alle Mittel verwenden, um Gutes zu tun, welche die Verrufenen benutzen, um Schlechtes zu tun.« Nur die Unterscheidung zwischen Gut und Böse, sie schien Weishaupt nicht so recht gelingen zu wollen. Aber das blieb Definitionssache, und der Professor wußte zumindest genau, was für ihn selbst und seine Ziele gut war. Ob es für andere und deren Bestreben so angenehm war, das spielte ohnehin eine sekundäre Rolle – um nicht zu sagen: tat überhaupt nichts zur Sache. Wenn der Zweck die Mittel heiligt, dann bestehen diese Weihen meist aus den vergifteten Wassern jeglicher Skrupellosigkeit. Von Lug und Trug, Hinterlist, Diebstahl, bis hin zu Mord, Massenmord, Krieg ist das gesamte Spektrum geboten. »Outsider« durften von alledem selbstredend nichts erfahren, bald schon im buchstäblichen Sinne durfte kein Sterbenswörtchen über die Lippen der Eingeweihten wandern. Denn: »Die große Stärke unseres Ordens liegt in seiner Verschwiegenheit. Laßt ihn niemals, an keinem Ort, unter seinem eigenen Namen in Erscheinung treten, sondern nur gedeckt durch einen anderen«, so predigte Weishaupt mündlich und schriftlich. Er selbst stand an der Spitze einer Informations-Pyramide. Direkt unter ihm operierten zwei Eingeweihte, die notgedrungen eine Menge wußten, aber eben auch nicht alles. Ihnen unterstanden je wiederum zwei Personen, und so weiter. Und Gottvater Weishaupt thronte allwissend und erleuchtet über allem.

So war es schön, so lebte man gerne!

Weishaupt hatte also eine Heilige Ordnung aufgebaut, eine Hierarchie, die auch innerhalb des Ordens um so stärker selektierte, je tiefer es zur Pyramidenbasis ging. Nebenbei bemerkt: die Große Pyramide von Giseh in Ägypten faszinierte Weishaupt aufs äußerste. Ein gigantisches Geheimnis! Und ein gigantisches Geheimnis sollte auch sein Orden sein.

So wies der illuminierte Professor seine hochstehenden Stellvertreter an, ihre wahren Absichten gegenüber den untergeordneten Personen des Ordens zu verbergen. Auch sie waren nichts weiter als Werkzeuge.

Illuminat war eben nicht gleich Illuminat, nicht jeden hatte der Lichtstrahl wohl gleichermaßen in ganzer Pracht erfaßt. Demnach sollten die Hochrangigen doppelzüngig reden, »manchmal auf die eine Weise, manchmal auf die andere, so daß der wahre Zweck für alle, die einem untergeordnet sind, unergründlich bleibt«.

Wer in den Orden hineinkam, durfte sich geehrt fühlen, es war eine Auszeichnung.

Man durfte Zielen dienen, die man gar nicht kannte! Vielleicht durfte man darauf hoffen, sie einmal zu erfahren. Aber diese Hoffnung war nur dadurch begründet, daß man die Philosophie des Meisters eben nicht wirklich kannte. Immerhin zählte man aber zu einem auserwählten Zirkel. In den oberen Sphären verfügte die Anhängerschaft natürlich schon über genügend Ahnung, wohin der Kurs führen sollte.

Weishaupt und seine *Illuminaten* strebten eine Weltregierung an, »der Orden wird die Welt regieren. Jedes Mitglied wird daher ein Regent werden!«

Innerhalb von wenigen Jahren hatten sich die *Illuminaten* bereits wie ein unsichtbares, unter dem Boden wucherndes Pilzgeflecht in den bayerischen Institutionen ausgebreitet. Die Unterwanderung verlief in alle bedeutenden Zentren der Gesellschaft hinein. Mitglieder des Geheimbundes hatten sich in die staatliche Verwaltung manövriert, sie machten sich in der Erziehung, der Presse und dem Militär breit. Auch in kirchlichen Institutionen strahlten sie scheinheilig vor sich hin. Denn der Zweck heiligt die Mittel!

Der Illuminat Klemens von Neumayer schrieb später: »Der *Illuminaten*-Orden verlangte blinden Gehorsam der Untergebenen gegen ihre Obern. Jedes Mitglied mußte bei seiner Aufnahme alle seine persönlichen, Familien-, oeconomischen und politischen Verhältnisse in besonders vorgeschriebenen Tabellen zur Anzeige bringen und sogar eine ausführlichce Geschichte seines bisherigen Lebens übergeben: eine Art fortgesetzter Beichte war in den monatlichen Quibus Licet verordnet; jedes Mitglied war zur Beobachtung der übrigen Mitglieder, selbst zu Denunciation ihrer nächsten Obern … aufgefordert; jedem Mitgliede ward es zur Pflicht gemacht, Männer von Einfluß für den Orden zu gewinnen, und seinen eigenen Einfluß überall zum Besten des Ordens zu verwenden, u. s. w. … Die Minervalen sollen Zöglinge, Schüler; die Freymaurer gebildete Weltleute, Geschäftsmänner; die Priester Gelehrte, Lehrer; die Regenten Vorsteher, Directoren, und endlich die Mitglieder der höhern Mysterien-Grade speculative Seher seyn, die, nachdem sie lange genug der Welt thätig genützt gehabt, nun sich in eine philosophische Ruhe zurückgezogen hätten.«

Im Prinzip stand hinter den hehren Worten eine glatte Rochade; die gesamte Gesellschaft sollte in die Hände einer einzigen Macht fallen. Wie bei der »Invasion der Körperfresser« fand eine fortwährende Inbesitznahme statt.

Ein Staat im Staat

Auch der Adel stand im Fadenkreuz des Illuminatentums. Die Macht der »Blaublütigen« sollte gegen eine intellektuell orientierte *Illuminaten*-Regentschaft getauscht werden. Eine Elite gegen eine andere, neue. Gegen eine unbekannte Größe mit esoterisch-mystischen Wurzeln und einem unbändigen Weltmachts-Anspruch. Die *Illuminaten* waren in kurzer Zeit schon zum Staat innerhalb des Staates geworden.

Ende 1783 begann es allerdings bereits, mitten in den eigenen Reihen zu brodeln und zu bröckeln. Man spürte, daß etwas massiv nicht stimmte. Im Sommer 1785 verbot die bayerische Regierung jede geheime Gesellschaft.

Weishaupt hatte sich zu der Zeit bereits ahnungsvoll nach Regensburg abgesetzt, um dort erst einmal zwei Jahre lang abwartend auszuharren. Die Aktion der Regierung gegen die *Illuminaten* schien überfällig, sie führte allerdings zu einem paradoxen Ergebnis.

Wer Unkraut jätet, muß darauf achten, die Samen nicht zu verbreiten. Wer eine bösartige Geschwulst aus gesundem Gewebe trennt, muß dafür Sorge tragen, daß keine massive Streuung befallener Zellen über das Blutsystem in den Körper erfolgt. Genau dieser Effekt trat aber bei den bayerischen *Illuminaten* ein. Viele Mitglieder des Ordens flohen aus Deutschland. Die verschworene Philosophie verbreitete sich damit nunmehr schleichend über Europa. Oder sollte man besser sagen: *unter* Europa? Jedenfalls blieb Weishaupt als lachender Dritter zurück. In jener Zeit mehrten sich die wahrhaft glühenden Verfechter der Geheimlehre nicht nur in England, Schottland, Frankreich und Italien, sie schafften auch den Sprung über den großen Teich, hinüber in die Neue Welt. Die USA bestanden gerade einmal wenige Jahre, interessanterweise fiel ihr Gründungsjahr in dasjenige des *Illuminaten*-Ordens.

Professor John Robison von der Universität Edinburgh war Freimaurer. Als er eingeladen wurde, sich den *Illuminaten* anzuschließen, begann er zunächst, die Hintergründe zu erforschen und Näheres über den Orden in Erfahrung zu bringen. Er war entsetzt und verfaßte eine Schrift mit dem eindeutigen Titel: »Beweise für eine Verschwörung gegen alle Religionen und Regierungen Europas, ausgeführt in den geheimen Treffen der Freimaurer, *Illuminaten* und Lese-Gemeinschaften«. Wie Robison sagt, galt der Plan einer »Entwurzelung aller religiösen Fundamente und einem Umsturz aller existierenden europäischen Regierungen«.

Andere sahen das lockerer. Vor allem in den USA. Der dritte Präsident der Vereinigten Staaten, Thomas Jefferson, bezeichnete den aus Jesuitenkreisen stammenden Abbé Augustin Barruel, der eine Anti-Illuminatenschrift verfaßt hatte, unter anderem als einen »verrückten Hund«, Weishaupt hingegen als »enthusiastischen Menschenfreund«. So schrieb er in einem Brief an den »Vater der US-Verfassung«, seinen späteren Amtsnachfolger James Madison, mit ziemlich wohlwollendem Blick auf Adam Weishaupt: »Er ist einer derjenigen …, die an die unendliche Perfektionierung des Menschen glauben. Er meint, daß er im Lauf der Zeit so vervollkommnet wird, um schließlich sich selbst unter jeglichen Umständen regieren zu können, ohne dabei anderen zu schaden, und alles nur mögliche Gute zu tun. So wird er der Regierung keine Gelegenheit mehr lassen, ihre Gewalt über ihn auszuüben, wird damit natürlich also politisches Regieren nutzlos werden lassen. Wie Sie wissen, ist das [William] Godwins Doktrin und das, was dann Robison, Barruel und Morse eine Verschwörung gegen alle Regierungen bezeichnen ... Da Weishaupt unter der Tyrannei eines Despoten und von Despoten lebte, wußte er, daß Vorsicht nötig war, sogar bei der Verbreitung von Informationen und den Prinzipien reiner Moral.« Und abschließend folgt noch die Bemerkung: »Ich glaube, Sie werden mit mir einer Ansicht sein, daß Weishaupt, hätte er hier geschrieben, wo unser Streben, Menschen weise und tugendvoll werden zu lassen, keinerlei Geheimhaltung bedarf, er dann zu diesem Zweck auch nicht an jegliche geheime Maschinerie gedacht hätte. Genauso wie Godwin, hätte er in Deutschland geschrieben, dann wahrscheinlich wohl ebenfalls Geheimhaltung und Mystizismus für weise erachtet hätte.«

Was stimmte mit Jefferson nicht?

Offenbar wußte er nichts über die eigentlichen Bestrebungen der *Illuminaten* oder er war – wie manche vermuten – selbst schon »infiziert« worden. Anfang 1810 schrieb er seinem jungen Verwandten John Garland Jefferson einige Zeilen, die vielleicht Aufschluß geben: »In einem Regierungssystem wie dem unsrigen ist der Inhaber des höchsten Amtes verpflichtet, alle ehrbaren Mittel einzusetzen, um in seiner Person das Vertrauen des ganzen Volkes zu vereinen, damit er alle guten Zwecke erfüllen kann, wie sein Amt es von ihm verlangt. Insbesondere in Fällen, welche die Tatkraft der gesamten Nation erfordern, können nur auf diese Weise die Kräfte des Gemeinwesens gebündelt und auf ein Ziel gerichtet werden, als ob alle ein Körper und ein Geist seien. Dies allein kann eine Nation so stark machen, daß eine stärkere Nation sie nicht erobern kann.«

Jefferson befand sich demnach wohl wirklich im guten Glauben einer ehrlich menschenfreundlichen Gesinnung von Weishaupts Illuminatentum. Weishaupt selbst hingegen predigte von seiner unsichtbaren Kanzel herab ganz andere Gedanken, gefaßt in eine große rhetorische Frage: »Können Sie sich wirklich ausreichend vorstellen, was es bedeutet zu herrschen – in einer geheimen Gesellschaft zu herrschen?« so fragt er hier sehr nachdrücklich und fährt fort: »Nicht allein über die mehr oder weniger Wichtigen der Bevölkerung, sondern über die besten Männer, über Männer aller Ränge, Nationen und Religionen, um ohne eine äußere Kraft zu herrschen, sie unauflösbar zu vereinen, einen Geist und eine Seele in sie hineinzuatmen, in Männer, die über alle Teile der Welt verteilt sind!«

Deutlicher geht's wohl kaum noch! Weishaupt war vom Herrschen besessen. Er war süchtig danach, er wollte über alles und alle herrschen! Er wollte offenbar der letzte freie Mensch dieser Welt sein, die »übrige« Menschheit wäre dann nicht um eine Weishauptsche Gehirnwäsche herumgekommen. »... alle Nationen ...« – das Stichwort! Menschen als Zombis einer *Illuminaten*-Ideologie, angepaßte Sklaven. Grenzen und nationale Eigenheiten durfte es nicht mehr geben, eine wundervolle Einheit wäre der Lohn für den Pakt mit Weishaupt gewesen. Doch Individualität? Nein! Selbstbestimmung? Nein! Alternativen? Nein! Freiheit? Ganz klar nein! Das einzige Ziel: ein globaler Superstaat mit gehorsamen Individuen und gleichgeschalteten Meinungen.

Unglaublich, aber wahr

So sollte es eine kleine erleuchtete Elite geben, mit Weishaupt an der Spitze, die alles kontrolliert. Nach dem Motto »Die Welt ist nicht genug«, ging der Plan zu einer Infiltration bis an die Grenzen des Möglichen. Die Wege, die Weltherrschaft an sich zu reißen, spielten dabei keine Rolle – der Zweck heiligt die Mittel. Ein Modus, der jedem Verbrechen in menschenverachtender Weise Tür und Tor weit aufstößt. Schlüssel der *Illuminaten*-Kontrolle ist ihre absolute, unerschütterliche Geheimhaltung: Nie unter dem selben, eigenen Namen in Erscheinung treten, immer unter dem »Cover« anderer Namen und Berufe agieren. Eine Taktik der Verwirrung betreiben, mit doppelter Zunge sprechen. Alles tun, um im Verdeckten zu bleiben.

Jedes Mitglied dieser machtbessesenen Riege, dieser geheimen Elite, wird zum Herrscher.

Was geschah mit Adam Weishaupt? Seine Weltmacht-Stellung hatte er nie erreicht, immerhin aber ein hohes Alter von 82 Jahren. Am 18. November 1830 starb er im sächsischen Gotha. War er vielleicht nicht mehr als ein größenwahnsinniger Professor? Ein »verrückter Hund«? Trotz der ganzen Geheimniskrämerei war das Konstrukt, das er »den Orden« nannte und das auch Jefferson in seinem Brief an Madison als »the order« ansprach, schließlich mit einigen Pauken und manchen Trompeten aufgeflogen. War um die Sache mehr Wirbel gemacht worden, als vielleicht erforderlich? Sicherlich nicht, denn ganz Bayern hatte sich innerhalb einer sehr kurzen Zeitspanne von nicht einmal einem Jahrzehnt bald schon komplett in der Hand der Verschwörer befunden, die sich nach der Zerschlagung des Ordens auch schnell über den Kontinent verbreiteten und sogar in die USA gelangten.

Weishaupt ist seit über 170 Jahren tot. Doch seine Erben, fasziniert von den Gedanken ihres Meisters, waren alles andere als untätig.

Existieren die *Illuminaten* heute noch? In Kreisen der sogenannten Verschwörungstheoretiker ist der Fall sonnenklar. Nur gelten Menschen, die sich Sorgen um den Einfluß von geheimen Gesellschaften machen, vor allem eben der *Illuminaten*, als esoterisch geprägte, weltfremde Gestalten, die völlig grundlos irgendwelchen Phantomen nachjagen und überall nur das Böse, Unterschwellige, Mystische und Verborgene wittern.

Wenn es auf das Thema *Illuminaten* kommt, schaltet man schnell ab. Die ganze Geschichte erscheint irgendwie anrüchig, abgegriffen und aus den Fingern gesogen. Dafür hat natürlich auch eine Gerüchteküche gesorgt, die jene *Illuminaten* und ihre modernen Erben in wahrhaft höchste esoterische Verstrickungen und Phantasmen einbindet. Jeder Zeitgenosse, der noch etwas auf seine Vernunft hält, klinkt sich spätestens dann aus. Und hinter dieser Einbindung in wirklich Unglaubliches könnte man, so paradox das scheint, schon eine eigene *Illuminaten*-Verschwörung wähnen. Denn eine Wahrheit verpackt man am besten zwischen zwei Lügen, um sie unglaubwürdig werden zu lassen.

Allein schon das Wort Illuminat verleitet zu einem leicht ungläubigen Blick. Da ist er nämlich wieder, jener undefinierbare, penetrante Geruch nach nebulösem esoterischem Brimborium. Nur, das Problem ändert sich dadurch bei nüchterner Betrachtung überhaupt nicht. Denn leider gab es die *Illuminaten* wirklich. Ihr Fall und ihre Dokumente sind aktenkundig. Und leider gibt es sie auch heute noch. Denn nur zwei Jahre nach dem Tod von Adam Weishaupt begannen sie, sich mit den gleichen Zielen und Idealen wieder zu formieren. Noch verschworener, noch elitärer, noch machtbesessener – und ausgerüstet mit einer unfaßbaren Maschinerie, bis heute aktiv: *Skull and Bones*.

KAPITEL 3

WO SIE SIND, IST OBEN!

Eine Katastrophe vor Irland

Im Jahr 1920 schwamm ein undefinierbares helles Etwas in den Gewässern des Delaware River im Ostküstenstaat Philadelphia. Als die Finder das Treibgut aus dem Wasser fischten und an Land ausbreiteten, sahen sie, daß es sich um eine alte Schwimmweste handelte. Auf der Höhe der Taille war der Name des Schiffes aufgetragen. Er löste ehrfurchtsvollen Schauder in der Runde aus. Noch deutlich zu lesen stand in Großbuchstaben auf dem verrotteten Gewebe: LUSITANIA! Fünf Jahre waren seit dieser tragischen und mysteriösen Schiffskatastrophe verstrichen, einem Desaster, das sich am 7. Mai 1915 ereignet hatte. Allerdings nicht in den USA, sondern vor Irland! Die Weste war in den ganzen Jahren über Tausende von Meilen durch die Gewässer getrieben, mit dem Golfstrom zunächst nach Afrika, dann nach Westen zur US-Küste!

Abb. 9: Trauriges Memento. Diese Schwimmweste der Lusitania *trieb durch den gesamten Atlantik, um 1920 aus dem Delaware River, USA, geborgen zu werden.*

Nur 18 Kilometer südlich des Old Head of Kinsale, einer Landzunge im Süden Irlands, wurde der britische Luxusliner *Lusitania* auf dem Rückweg von New York nach Liverpool von einem Torpedo beschossen und sank. Von 1959 Passagieren fanden damals 1195 den Tod, darunter über hundert Amerikaner. Das Ende der *Lusitania* ist auch heute noch rätselhaft. Ihr Schicksal steht in Verbindung mit einer echten Verschwörung. Und sie wiederum mit Personen aus dem Umfeld der *Skull and Bones*, das alles typischerweise sehr unterschwellig, schattenhaft, wie eben viele Ereignisse der ziemlich »knochigen« Geschichte.

Mitglieder einer Familie, die sich an jenem sonnigen und warmen Maitag entschlossen hatte, auf den Klippen zu picknikken, wurden Zeugen des historischen Unglücks. Zunächst noch genossen die Ausflügler den Blick auf das weite Meer und entdeckten begeistert, wie das riesige Schiff langsam am Horizont auftauchte. Wenige Minuten nach 14 Uhr, als der Ozeandampfer schließlich schon die nahen Küstengewässer erreicht hatte, konnten die Zeugen sehen, wie ganz offenbar ein Unterwasserangriff stattfand und ein Torpedo in die rechte Flanke des Riesen einschlug. Unmittelbar darauf folgte eine zweite, größere Detonation. Über dem Schiff erhob sich eine mächtige Wolke. Ein Gemisch aus Wasser und Trümmern schoß fauchend in die Höhe, vom Ort der Katastrophe rollte ein erschreckender Donner gegen die Küste. Innerhalb von kaum mehr als einer Viertelstunde sank die *Lusitania*.

Was war geschehen?

Am 6. Mai 1915, also einen Tag vor dem Untergang des britischen Superschiffs, des Stolzes der *Cunard-Schiff-Fahrtslinie*, hatte sich vom Nordseehafen Emden aus ein U-Boot unter Führung von Kapitänleutnant Walther Schwieger auf die Reise in nördliche Gewässer begeben, um die britischen Inseln zu umschiffen. Nur nachts tauchte die U-20 auf; die Entwicklung des Krieges erforderte höchste Vorsichtsmaßnahmen. Nach geltendem Kriegsrecht mußten britische wie deutsche Kriegsschiffe vom jeweiligen Gegner vor der Versenkung gewarnt werden. So bestand für U-Boote die Verpflichtung, aufzutauchen und somit offen zu drohen. Winston Churchill allerdings gab 1914 den Befehl, daß britische Handelsschiffe solche Herausforderungen ignorieren und, sofern sie bewaffnet waren, den Gegner unmittelbar angreifen sollten. Die dadurch massiv verschärfte Situation führte zu Unterwasserangriffen. Dadurch, daß die Briten nun auch dazu übergingen, unter neutraler Flagge zu fahren, konnte es durchaus zu Verwechslungen kommen.

Die U-20 steuerte auf die *Lusitania* zu, unzweifelhaft ein ziviles Linienschiff, mit fast 2000 Menschen an Bord, unschuldig und ahnungslos. Ein einziger Torpedo, abgefeuert von dem deutschen U-Boot unter Kommando von Kapitän Schwieger, versenkte den Ozeankreuzer. Die kalten Wasser verschlangen das Schiff und einen Großteil der Reisenden. Eine Verwechslung? Daran glaubte kaum jemand. Der mörderische Anschlag auf die *Lusitania* sorgte für dementsprechende Entrüstung über jenes barbarisches Verbrechen. Die Katastrophe schürte die antideutsche Stimmung.

Rätsel um die *Lusitania*

Trotz des verbalen Feuersturms, der nun gegen Deutschland durch die Presse ging, warf die Versenkung der *Lusitania* selbst für den oberflächlichen Betrachter immer wieder Fragen auf. Denn schließlich gab es da einen anderen Feuersturm, der noch erklärt werden mußte: Was hatte es mit der rätselhaften zweiten Explosion auf sich, die größer als die erste war? Die Zeugen hatten sie von den Klippen aus deutlich gesehen.

In jenen Tagen bezog England eine Menge an Kriegsmaterial aus den USA, und obwohl immer wieder davon die Rede war, daß die *Lusitania* keinerlei Waffen an Bord trug, gab es eine Menge Hinweise eben genau darauf, daß das doch der Fall war. Denn Großbritannien setzte sowohl diesen Luxusliner als auch sein Schwesterschiff *Mauretania* auf die Liste der Marine-Hilfskreuzer. – Handelsschiffe waren zudem, wie schon erwähnt, teilweise bewaffnet worden! Aus diesem Grund konnte Schwieger das Risiko nicht eingehen, sich mit seiner U-20 offen zu zeigen. Als der amerikanische Taucher John Light Mitte des 20. Jahrhunderts eine Expedition zum Wrack der *Lusitania* unternahm, fand er ein riesiges Loch in der Backbordseite und war überzeugt, daß seinerzeit eine Detonation von innen heraus stattgefunden hatte.

War das der Beweis? Befand sich illegaler Sprengstoff an Bord, von dessen Existenz die deutsche Spionage etwas erfahren hatte? Die Rede war von 600 Fässern mit Schießbaumwolle, Muniton für sechs Millionen Schuß und einer große Zahl weiteren Waffenmaterials.

Der amerikanische Autor G. Edward Griffin nannte die *Lusitania* ein »schwimmendes Munitionslager«. Als die Firma *Oceaneering International* in den 1980er Jahren eine Tauch-Aktion zur *Lusitania* unternehmen wollte, sprach die britische Regierung interessanterweise eine Warnung aus:

In einer nicht unbedingt stimmigen Formulierung äußerte das Verteidigungsministerium, es sei – so wörtlich – »unklug, nicht auf die einleuchtende, real bestehende Gefahr hinzuweisen, die gegeben wäre, sofern wirklich Sprengstoff vorhanden war … Dem Ministerium ist keinerlei Beleg bekannt, der das Gerücht, Sprengstoff sei mit im Spiel gewesen, stützen würde.« Der berühmte Unterwasserforscher Robert D. Ballard kommentierte diesen Absatz mit folgender Bemerkung: »Kurz gesagt, hütet euch vor Sprengstoff, aber wenn ihr welchen findet, stammt er nicht von uns.«

Auch Ballard versuchte, den Grund für die rätselhafte zweite Explosion zu ermitteln. Denn daß der Torpedo nicht der Hauptgrund für die Versenkung gewesen sein konnte, erschien ihm unbestreitbar. Torpedos waren damals ziemlich unzuverlässige Geschosse. Nach einem einzigen Treffer hätte die *Lusitania* sicherlich noch die schützende Küste erreichen können. Das Schiff war weit besser gesichert und stabiler gebaut als die *Titanic*. Nur eine wirklich große Zerstörung konnte ihr schnelles Sinken erklären.

Leicht widersprüchlich erscheinen auch Ballards Gedanken, da er einerseits die Regierungswarnung erwähnt und sich selbst darüber wundert, andererseits aber nicht an die Existenz von Sprengstoff auf der *Lusitania* glaubt: »Deutsche Agenten hatten schon vor Wochen das Gerücht in Umlauf gesetzt, daß die *Lusitania* Konterbande an Bord haben würde: Tonnen mit Sprengstoff für die Kriegsfronten. Das Gerücht war falsch. Zur Ladung gehörten zwar auch 4200 Kisten mit Gewehrmunition vom Kaliber .303 der Firma *Remington*, aber es war eine völlig legale Fracht ... Im übrigen hatte die *Lusitania* keinen Platz, um große Mengen Sprengstoff aufzunehmen. Sie gehörte zwar zu den größten Schiffen auf der Atlantikroute, aber sie war nicht als Frachter entworfen worden, sondern um Passagiere und ihr Gepäck zu befördern.«

Ob man die 4200 Kisten auf ihren Inhalt überprüft hat? Die Unterwasser-Expedition Ballards ergab jedenfalls, daß Sprengstoff niemals die Ursache für das Desaster gewesen sein kann, da die Einschlagstelle des Torpedos viel zu weit von den Laderäumen entfernt lag.

Ballard und sein Team stellten fest: Die Laderäume sind unbeschädigt. Der Torpedo raste nach den Ergebnissen der Ballard-Expedition auf Höhe der Kohlebunker in den Rumpf des Liners. Zusammen mit einem Sprengstoffexperten rekonstruierte der Forscher die Katastrophe. In den Bunkern befand sich nach der langen Reise nur noch wenig Kohle, dafür eine riesige Menge Kohlestaub. Der Torpedo erschütterte das Schiff vor allem in der Nähe der Kohle-Reservoirs und wirbelte den feinen Staub überall hoch auf. Zusammen mit der Luft bildete er nun ein hochexplosives Gemisch. Auslöser muß laut Ballard nun ein Funke oder eine Flamme gewesen sein. Dadurch kam es zu einer gewaltigen Detonation, zu einer Feuerwelle, die durch die Unterdecks raste und die Bordwand zerriß. Damit war das Schicksal der *Lusitania* sofort besiegelt.

Die Erklärung scheint logisch. Dennoch bleiben immer noch Fragen offen. Schon länger wurden nämlich Warnungen verbreitet, daß die Deutschen einen Anschlag auf das Schiff vorhätten, abgesehen von der allgemein gefährlichen Kriegssituation in den betreffenden Gewässern. Vor ihr hatten sogar die Deutschen selbst gewarnt.

Die kaiserliche deutsche Botschaft in Washington verbreitete Warnungen an fünfzig US-Tageszeitungen, daß aufgrund des Kriegszustandes zwischen Deutschland und Großbritannien eine erhöhte Gefahr bestehe. Interessanterweise erreichte die Warnung ihre Leser kaum. Die einzige Zeitung, die diese Meldung abdruckte, war das »Des Moines Register« in Iowa. Doch dort

ADVERTISEMENT.

NOTICE!

TRAVELLERS intending to embark on the Atlantic voyage are reminded that a state of war exists between Germany and her allies and Great Britain and her allies; that the zone of war includes the waters adjacent to the British Isles; that, in accordance with formal notice given by the Imperial German Government, vessels flying the flag of Great Britain, or of any of her allies, are liable to destruction in those waters and that travellers sailing in the war zone on ships of Great Britain or her allies do so at their own risk.

IMPERIAL GERMAN EMBASSY

WASHINGTON, D. C., APRIL 22, 1915.

Abb. 11: Deutschland warnte vor der Gefahr in den Gewässern vor Großbritannien. Doch von den informierten 50 Zeitungen veröffentlichte nur eine diese Meldung: das »Des Moines Register« in Iowa.

nützte sie den New Yorkern nichts. Sie erfuhren nicht ein Wort und gingen an Bord des Luxusliners.

Um den Untergang der *Lusitania* rankten sich so manche Gerüchte. Nicht wenige glaubten, daß die Briten eine Verschwörung angezettelt hatten, um Amerika gegen Deutschland aufzubringen und zum Kriegseintritt zu bewegen. Kopf des geheimen Unternehmens sei Winston Churchill gewesen. Das Schiff soll in der gefährlichen Region besonders langsam unterwegs gewesen sein, um es zum leichten Ziel für deutsche U-Boote werden zu lassen. Das erklärte auch Commander Joseph Kenworthy, der damals im Britischen Marine-Geheimdienst tätig war. »Die *Lusitania* wurde absichtlich mit deutlich verringertem Tempo in ein Gebiet geleitet, von dem man wußte, daß dort ein U-Boot lauert.« Die Briten kannten die Marine-Codes der Deutschen und daher auch die ungefähren Positionen der U-Boote.

Die Engländer erhielten im Krieg gegen Deutschland, wie schon angedeutet, umfangreiche Waffenlieferungen aus den USA. Autoren wie Ballard meinen daher, daß Großbritannien keinesfalls an einer Kriegsbeteiligung der USA interessiert gewesen sein könne. Denn Amerika hätte in einem solchen Falle sämtliches Material für sich beansprucht. England wäre leer ausgegangen. Andererseits wäre eine Macht ins Spiel gekommen, die England entlastet hätte. Nur, der Zeitrahmen war nicht klar. Und für England hätte es waffentechnisch durchaus eine gefährliche Durststrecke geben können. Überaus seltsam bleibt es allerdings

Abb. 12: Die Alliierten stellten den deutschen Kaiser als Piraten dar, der die Lusitania *versenkte und mit ihr Hunderte von Unschuldigen. Die Tatsachen sahen anders aus. Das Zeichen von* Skull and Bones *hatte auch hier eine tiefgreifende Bedeutung.*

doch, daß Churchill als Chef der Admiralität einen Bericht anforderte, der vorhersagen sollte, wie sich das Versenken eines Passagierschiffs mit Amerikanern an Bord politisch auswirken würde. So entstand auch ein merkwürdiger Wortwechsel zwischen dem damaligen britischen Außenminister Sir Edward Grey und »Colonel« Edward M. House, dem ewigen schattenhaften Begleiter von US-Präsident Woodrow Wilson:

Grey: »Was wird Amerika unternehmen, wenn die Deutschen einen Ozean-Liner mit amerikanischen Passagieren an Bord versenken?«

House: »Ich glaube, daß ein Feuer der Entrüstung die Vereinigten Staaten erfassen würde und das dieser Vorfall dazu ausreichen würde, uns in den Krieg hineinzutragen.«

Die Engländer dachten also zumindest über das Szenario nach und sprachen mit ihrem mächtigen Freund darüber. Wir werden noch sehen, was sich wohl aus all dem ergab.

Falls andererseits wirklich die Deutschen als Hauptakteure hinter dem Anschlag gestanden hätten und die *Lusitania* versenken wollten, dann hätten sie den Liner bestimmt nicht mit einem einzigen U-Boot angegriffen. Ballard selbst meint: »Aber wenn die Verschwörer erwarteten, die Weltgeschichte durch den erfolgreichen Abschuß eines einzigen Torpedos in andere Bahnen lenken zu können, hatten sie sich viel vorgenommen. Damals waren Torpedos notorisch unzuverlässige Waffen, und es gab jeden Grund anzunehmen, daß Schwiegers Projektil steckenbleiben oder fehlgehen würde ... Die Wahrscheinlichkeit, daß [das Schiff] nach einem einzigen Torpedotreffer sinken würde, war verschwindend gering.«

Schwieger befand sich mit seiner U-20 auf Patrouillenfahrt, um Truppentransporter der Alliierten abzufangen und Frachtschiffe zu kontrollieren. Der Feind konnte sich überall verbergen, viele Schiffe fuhren unter falscher Flagge, die Gefahr lauerte ständig. Schwieger selbst war auf der Fahrt bisher noch kein Coup gelungen, einzig einen alten Schoner hatte er versenkt. Schließlich gelang ihm, ein größeres Dampfschiff und bald darauf einen Frachter zu versenken. Langsam konnte der U-Boot-Kapitän auf Erfolge zurückblicken.

Als am Horizont ein Schiff mit vier Schornsteinen auftauchte, schlug Schwiegers Herz schneller – dieses potentielle Ziel mußte einer der größten und wichtigsten Ozeandampfer sein. Bis heute ist nicht klar, ob Schwieger wußte, um welches Schiff es sich handelte. Diesen Umstand stellt auch Ballard fest.

Das Schwesterschiff der *Lusitania*, die *Mauretania*, wurde als Truppentransporter eingesetzt, ein legales Kriegsziel also. Und die *Lusitania* selbst? Gerüchte über Waffentransporte waren im Umlauf. Was wußte Schwieger genau? Niemand kann es sagen.

Viel Zeit blieb nun nicht mehr. Schwieger gab den Befehl zum Abtauchen, der Torpedo wurde schußbereit gemacht, Geschwindigkeit und Position berechnet.

Der Rest ist Geschichte.

So grausam und unentschuldbar der Tod zahlloser Menschen ist, die Aktion war zu Kriegszeiten legalisiert. Das erwähnt auch die amerikanische Autorin Diane Preston in ihrem Buch über die *Lusitania*-Katastrophe. Deutschlands Zivilbevölkerung sollte durch eine britische Blockade ausgehungert werden, und so erklärte das Kaiserreich darauf eine unbegrenzte U-Boot-Kriegsführung in den meisten englischen Gewässern. Alle feindlichen Schiffe würden zerstört, »sogar unter den Umständen, daß es dabei nicht möglich wäre, eine Gefahr zu vermeiden, die Besatzung und Passagiere bedroht«. Warnungen an die internationale Schiff-Fahrt waren verbreitet worden. Es ging also nicht um die

Lusitania im Speziellen. Die (Gefahren-)Situation war allgemein bekannt.

War es allein ein gigantischer Unglücksfall, daß jener eine Torpedo die katastrophale Explosion des Kohlestaubs auslöste?

Nein. Denn immer noch bleiben Fragen offen.

Deutschland hatte sich durch die Versenkung der *Lusitania* ins diplomatische Aus manövriert. Von daher bestand mit Sicherheit kein gezielter Plan, dieses Schiff zu zerstören. Damit zeigt sich, daß offenbar weder England noch Deutschland ein tiefes Interesse an einer derartigen Aktion haben konnten. Wer dann?

Bei der Suche nach einer Antwort auf diese Frage, jener alten Frage, wer am meisten von einem Geschehnis hat, führen wie öfters auch im Fall der *Lusitania* einige verdächtige Spuren nach Amerika und in den Kreis der Bonesmen.

Bonesman an Bord

Einer der berühmtesten Passagiere an Bord der *Lusitania* war der amerikanische Millionen-Erbe Alfred Gwynne Vanderbilt. Den vielgereisten Sportsmann zog es diesmal nach Europa, denn er wollte an einem Treffen des Internationalen Pferdezüchterverbands teilnehmen. Da dieses Treffen im vorangegangenen Jahr wegen des Kriegsausbruchs nicht stattgefunden hatte, durfte nun nichts dazwischenkommen.

Der 38-jährige Alfred Vanderbilt war ein echtes Glückskind. Geboren in New York 1877 als Sohn von Alice Claypole Gwynne und Cornelius Vanderbilt, zählte er zu den Erben eines riesigen Vermögens. Alfreds Urgroßvater, Commodore Cornelius Vanderbilt, war es in den USA gelungen, ein gigantisches Eisenbahn- und Schiffs-Imperium zu errichten. Nachdem er im Alter von nur 56 Jahren überraschend an den Folgen eines Schlaganfalls gestorben war, ging mit 72 Millionen Dollar ein Großteil des Familienvermögens an Alfred, während sein älterer Bruder Cornelius Jr., der nicht im Sinne des Vaters geheiratet hatte, mit einer läppischen Million abgespeist wurde. Die übrigen Geschwister erhielten immerhin je sieben Millionen Dollar. Alfred hatte die Ungerechtigkeit zumindest dadurch ausgleichen wollen, indem er seinem Bruder sechs Millionen Dollar überschrieb, doch die Streitigkeiten um das ungleiche Erbe nahmen auch dadurch kein Ende.

Alfred Gwynne Vanderbilt kam genau wie alle seine Brüder an die Yale-Universität und graduierte dort 1899. Sein Vater hatte auf dem Campus fünf Jahre zuvor die »Vanderbilt Hall« bauen lassen, die dem Gedenken an William Henry Vanderbilt dienen sollte, einen während der Studienzeit verstorbenen Sohn. Alfred Vanderbilt stammte aus einer der mächtigsten Familien des Landes, neureich zwar, aber reich. Und er hatte an der Yale-Universität studiert, an der die Herkunft ein Schlüssel zum Erfolg war. Dieser Schlüssel öffnete dem Millionärssohn auch die geheimnisvolle Pforte zum Tomb. Er wurde in den verschworenen Bund von *Skull and Bones* aufgenommen. Vanderbilt war ein Bonesman.

Nun, am 1. Mai 1915 ging er an Bord des üppig ausgestatteten, schnellen *Cunard*-Luxusliners *Lusitania*, um hier die »Regal Suite B-65, B-67« zu beziehen und die Atlantik-Passage zu genießen. Er sah einigen entspannten, angenehmen Tagen entgegen und freute sich, in diesem Jahr nun wieder der internationalen Versammlung der Pferdezüchter beiwohnen zu können.

Am 6. Mai nahm Vanderbilt zusammen mit dem Stabs-Kapitän John Anderson einen noblen Lunch ein. Es sollte die letzte Mahlzeit seines Lebens sein, geradezu die Henkersmahlzeit.

Als Schwiegers Torpedo aus der Tiefe in die Backbordseite des Schiffes einschlug, verursachte er kein auffälliges Geräusch. Die wenigsten Passagiere nahmen es wahr, allerdings hatten andere an Deck ihn sogar dicht unter der Wasseroberfläche heranrasen gesehen. Die zweite, große Explosion hingegen war unüberhörbar. Ungewöhnlich schnell kippte der Ozeanriese nach dem Treffer zur Seite, und beinahe jeder wußte oder spürte wahrhaft schlagartig, daß die Reise nun auf eine jähe, grauenhafte Weise zu Ende gehen würde, unweit eines sicheren englischen Hafens.

Berichten von Überlebenden zufolge begann Vanderbilt unverzüglich, sich mit absoluter Ruhe und soweit möglich vor allem um die Kinder an Bord zu kümmern. Dann half er den Frauen, in relative Sicherheit zu gelangen. »Beeilen Sie sich, Mr. Vanderbilt!« rief ihm der zweite Steward Robert Chisholm auf Deck B zu, während der Millionenerbe sich »vergeblich darum bemühte, eine hysterische Frau zu retten«, so Chisholm. Vanderbilt hörte nicht auf ihn und legte einer anderen Frau eine Schwimmweste über. Dann ging er wortlos weiter. Fast unglaublich: der weltgewandte, vielgereiste und sportliche Alfred Vanderbilt hatte nie Schwimmen gelernt! Doch versuchte er nun auch nicht, sich in eines der Beiboote zu retten. So wird berichtet. Die *Lusitania* wurde zu Vanderbilts Grab. Sein Leichnam konnte nie identifiziert werden, allerdings fand man bei einem der geborgenen Toten bündelweise Geld in den Taschen. Manche vermuten daher, daß dieser Mann Vanderbilt war.

Als seine zweite Frau Margaret im familieneigenen Hotel die Nachricht vom Tod ihres Gatten entgegennahm, sperrte sie sich ein und erklärte: »Ich werde nicht glauben, daß Alfred tot ist, solange ich nicht unanfechtbare Beweise erhalte.« Doch obwohl sie eine Belohnung von 5000 Dollar aussetzte, konnte ihr niemand Beweise liefern. Alfred Gwynne Vanderbilt kam jedenfalls nie wieder zurück.

Eine deutliche Warnung

Was aber könnte diese Geschichte über verschwörerische Hintergründe der *Lusitania*-Katastrophe verraten? Sollte sie rein durch einen tragischen Zufall – die Kohlestaub-Explosion – ausgelöst worden sein und sollte niemand einen tiefergehenden Plan verfolgt haben, so wäre noch einigermaßen verständlich, daß Vanderbilt die Reise antrat. Er ignorierte die Berichte über eine erhöhte Gefahr in englischen Gewässern, denn er wollte in jenem Jahr unbedingt am besagten Pferdezüchter-Treffen teilnehmen. Pferde waren wirklich sein Leben, bis zum Schluß.

Wenn die Versenkung des Ozeanriesen aber zu einem festen Plan gehörte, hätte Vanderbilt dann nicht über seinen hochelitären Geheimbund der *Skull and Bones* über diese Verschwörung informiert sein müssen? Wer wirklich an den Schaltstellen der Macht sitzt und die Geschichte lenkt, hätte wohl auch darüber Bescheid gewußt. Oder ist diese Elite gar nicht so mächtig, wie oft behauptet wird?

Tatsache ist: Vanderbilt erhielt eine deutliche Warnung! Am Vorabend der Reise traf ein mysteriöses Telegramm im Hotel ein, direkt an ihn gerichtet: »LUSITANIA DEM UNTERGANG GEWEIHT. REISEN SIE NICHT MIT IHR. TOD« – Diese Meldung ist kein Produkt naiver Verschwörungsgläubiger. Sie zählt nicht zum Legendenschatz um ein legendäres Schiff. Sie ist Fakt. Natürlich enthielt sie keinen direkten Hinweis auf die *Skull-and-Bones*-Society, doch lag in dem Wort »Tod« vielleicht eine gewisse Doppeldeutigkeit. Es schien wie ein Hinweis und wirkt auch wie eine Unterschrift. *The Order*, in dessen Tomb und dessen Riten sich so vieles um den Tod dreht, wies damit unterschwellig wohl auf sich selbst als Urheber der Nachricht hin wie auch auf das Schicksal der *Lusitania*-Passagiere. Niemand von ihnen erhielt eine persönliche Warnung, niemand sonst gehörte den *Skulls* an – außer Vanderbilt. Und der schaltete nicht, sondern ignorierte die Warnung. Damit warf er das Glück weg, das sein Leben bis dahin in so erstaunlichem Maße begleitet hatte.

Auf amerikanischer Seite und im Umfeld der *Skulls* gab es noch einige Merkwürdigkeiten in Verbindung mit dem Schiffs-Unglück vor Irland. Es hatte allein schon damit angefangen, daß die Presse die von Deutschland aus kommenden Warnungen erstickte. Nur eine einzige Zeitung, das erwähnte »Des Moines Register«, brachte die Meldung am 22. April 1915, rund drei Wochen vor der Katastrophe.

Die Presse! Längst war sie unterwandert, unterwandert von den Imperien der Rockefellers und Morgans. Genau wie die Vanderbilts entstammten jene beiden superreichen Clans den Familien, die innerhalb relativ kurzer Zeit zu gigantischen Vermögen gekommen waren. Und beide hatten sich ihren unermeßlichen Wohlstand mehr durch Betrug und Sabotage erworben denn durch ehrbare Tätigkeit.

Der Gründer des Rockefeller-Reichs, William Rockefeller, verkaufte Öltinkturen als Allheilmittel und zog als Quacksalber durchs Land, sein Sohn John D., ebenfalls aufs äußerste skrupellos, erkannte Öl als Energie- und Geldquelle der Zukunft und gründete die *Standard Oil*. Konkurrenz stach er durch schlimmsten Betrug aus und schreckte vor keiner Schandtat zurück.

John Pierpont Morgan war nicht besser, auch er gründete seinen Konzern auf Lug und Trug. Schon als 24-Jähriger wußte er, wie man unehrlich an Geld gelangen konnte. Er verkaufte der US-Armee 5000 alte, schadhafte Gewehre aus deren eigenen Beständen – zum über Sechsfachen des Einkaufspreises. Von einem anderen Armeelager konnte er sie selbst erst erwerben, nachdem er die Kaufsumme erhalten hatte – von einem Armee-Commander! Mit dem so erworbenen Startkapitel gründete er schließlich ein Bankhaus, das sich nach der Rothschildbank zum mächtigsten Geldinstitut der Welt entwickeln sollte. Morgan wurde im übrigen auch amerikanischer Rothschild-Agent.

Diese Familien kontrollierten bald die verschiedensten Bereiche – Wirtschaft, Bildung oder auch Presse.

Hier hatte sich eine Geld-Elite entwickelt, die auch darum bemüht war, durch zahlreiche Heiraten untereinander enge Verbindungen zu schaffen und die Vermögen damit für den eigenen Kreis zu sichern.

Aus diesen Familien werden viele Mitglieder für *Skull and Bones* rekrutiert. Sie sitzen in den Aufsichtsräten und an zahlreichen führenden Positionen. Immer wieder wechseln sie von der Wirtschaft hinein in die Politik und zurück.

Auch wenn die Morgans nie selbst im geheimen Yale-Bund zu finden waren, so doch Mitarbeiter und viele ihrer Partner im engsten Umfeld. Von den Rockefellers war damals Percy Avery Rockefeller bei den *Skulls*. Er wurde im Jahr 1900 in ihre Reihen aufgenommen.

Es ist ein interessanter Umstand, daß die von Morgan und Rockefeller kontrollierten Medien die Warnungsmeldung unterdrückten. Dahinter steckte nicht einfach Nachlässigkeit, Fehleinschätzung oder Gleichgültigkeit. Man wußte, was geplant war, und die Katastrophe sollte geschehen. Sie sollte auch schokkieren und etwas bewegen. Noch heute gilt das Ende der *Lusitania* als »die Versenkung, die Amerika in den Krieg hineinzog«. Wie sich immer wieder zeigen wird, liegt es im starken Interesse der *Skull*-Philosophie, ständig neue Kriegs- und Krisenherde zu schüren, ständig künstliche Fronten aufzubauen – vor allem solche, die für »Amerika« eine Bedrohung darstellen und gegen die »Amerika« folglich massiv vorzugehen hat. Davon weiß auch die jüngste Historie bekanntlich wieder dicke Bände zu erzählen.

Größere Interessen im Spiel?

Fest steht, daß der »Fall ›Lusitania‹« in einem weit größeren Rahmen betrachtet werden muß. Bemerkenswert ist auch folgendes Detail: J. P. Morgan hatte kurz vor dem tragischen Ereignis die britische *White Star Line* aufgekauft – den größten Konkurrenten der *Cunard Line*, die als engster Mitbewerber von Morgans-Schiffs-Treuhand gilt. 1902 schon hatte Morgan sich darum bemüht, *Cunard* zu übernehmen, allerdings stellte sich die Britische Admiralität quer. Denn für Notfälle sollte auch diese Linie zum Zweck der Kriegsführung verfügbar sein. Das wäre dann aber nicht mehr möglich gewesen. Entsprechend waren die Briten auch besorgt, als Morgan die *White Star Line* übernahm. Für ihn, den amerikanischen Magnaten, kam der Untergang der Lusitania sehr gelegen. Denn ungeachtet all der verlorenen Menschenleben war er damit den Star der *Cunard*-Linie los. Doch ging es noch um weit mehr. Politisch kam nun ebenfalls einiges in Bewegung, was dem Imperium nur recht sein konnte.

Im Ersten Weltkrieg spielte Morgans Bankhaus eine Schlüsselrolle bei Kriegsanleihen der Engländer und Franzosen. Um weiter gegen die Deutschen bestehen zu können, die eine bis dahin ungekannte, wirkungsvolle Waffe – das U-Boot – zum Einsatz brachten, mußte schnell für finanziellen Nachschub gesorgt werden. Der kam von J. P. Morgan. Die Anleihen gingen in Milliardenhöhe, dennoch war die Situation weiterhin kritisch. Robert D. Ballard erklärte, daß Großbritannien kein Interesse an einem Kriegseintritt der Amerikaner besaß, denn damit würde der Waffennachschub ausgeblieben sein. Andere argumentieren, daß die US-Beteiligung die einzig übrige Möglichkeit war, überhaupt noch gegen Deutschland zu bestehen.

Vor allem aber Morgan mußte sich nun um geeignete Schritte bemühen, die gigantischen Geldsummen, die er über den Atlantik hatte fließen lassen, noch irgendwie zu sichern. Sonst blieb er am Ende auf einem Berg Schulden sitzen. Bei einer Niederlage von England und Frankreich wäre das wohl über längere Frist der Fall gewesen. So mußten noch größere Summen aus anderen Quellen fließen, um damit die Kredite abzufangen und die Krise zu überwinden.

Walter Page war Treuhänder in Rockerfellers *General Education Board* und bestimmte über diese Funktion das US-Bildungssystem wesentlich. Page war auch US-Botschafter in England. In einem Telegramm an das US-Außenministerium schrieb er, um dort die Dringlichkeit der Lage klar herauszustellen: »Ich denke, daß der Druck der herannahenden Krise nun die Fähigkeiten von Morgans finanzieller Unterstützung für die britische und französische Regierung übersteigt. Die größte Hilfe, die wir den Alliierten nun zukommen lassen könnten, wäre solch ein Kredit. Allerdings kann unsere Regierung natürlich eine derlei direkte Gewährleistung nicht ausführen, ohne daß wir in den Krieg mit Deutschland eintreten.«

US-Präsident Woodrow Wilson galt als der Mann, der Amerika aus dem Krieg heraushielt. Doch sein »Schatten«, Colonel Edward Mandell House, der den Obersten-Titel nur ehrenhalber trug, jedoch nie beim Militär war, befand sich unermüdlich auf einer Gegenmission. Er reiste fortwährend zwischen USA und England hin und her, um an verschiedenen geheimen Treffen teilzunehmen. Der Krieg würde auch die amerikanische Wirtschaft ankurbeln, die Wall Street übte Druck aus, und House wirkte als ihr Agent.

Als Staatssekretär im US-Marine-Ministerium wirkte seit 1913 kein anderer als der spätere Präsident Franklin Delano Roosevelt, kurz FDR. Auch er wollte den Kriegseintritt der USA. Interessanterweise waren Roosevelt und Churchill entfernt miteinander verwandt: Cousins achten Grades. Interessant ist auch, daß ihr politisches Miteinander rund ein Vierteljahrhundert später wiederum mit Absichten verbunden war, die USA in den Konflikt zu ziehen. Diesmal war es der Zweite Weltkrieg.

Colonel House seinerseits bewirkte geheime Abmachungen mit Woodrow Wilson, die USA in den Krieg zu führen.

Der schon erwähnte amerikanische Autor und Filmemacher G. Edward Griffin ist von einer großangelegten Verschwörung überzeugt: »Wie haben sie es gemacht? Wie haben diese Kollektivisten die Vereinigten Staaten in den Krieg manövriert? Es war nicht leicht. Und es gelang nur nach einer extensiven Planung.

Der erste Plan bestand darin, die Vereinigten Staaten als Vermittler zwischen den beiden Konfliktparteien anzubieten. Sie würden die USA als den großen Friedensstifter positionieren. Doch das Ziel war das glatte Gegenteil von Frieden. Sie würden beiden Seiten ein Angebot machen, von dem sie wußten, daß es für Deutschland nicht akzeptabel sein würde. Dann, sobald die Deutschen das Angebot zurückwiesen, würde man diese in der Presse als die bösen Jungs darstellen, als die einzigen, die den Krieg fortsetzen wollten. Dies ist der Plan, wie ihn Botschafter Page in seinen Memoiren schildert.« Die Deutschen sollten laut Griffin förmlich zu einer Attacke hingezogen werden. »Vieles davon wurde von britischer Seite in die Wege geleitet. Beispielsweise führte Churchill die Taktik ein, deutsche U-Boote zu rammen ... Als Lord der Admiralität befahl Churchill allen Handelsschiffen, ungeachtet der Umstände, in voller Fahrt auf die U-Boote loszufahren und den Versuch zu unternehmen, sie zu rammen und zu versenken. Das eliminierte den Unterschied zwischen Handels- und Kriegsschiffen. So war es kaum überraschend, daß Deutschland sehr schnell dazu überging, keine Warnschüsse abzugeben.«

Und schon hatte man das gewünschte Bild.

Die Deutschen wurden zu Barbaren, die angeblich unbewaffnete Schiffe versenkten, ohne der Besatzung eine Chance zu geben, sich zu retten. Der Tenor: »Es ist unsere moralische Pflicht, gegen solches Übel zu kämpfen!« Während die Medien bis auf jenes einsame Blatt in Iowa noch schwiegen, als Deutschland seine Warnung verteilte, ging nach der Versenkung der *Lusitania* die Propaganda los. Sämtliche Medien aus dem von Bonesmen geprägten Morgan- und Rockefeller-Imperium entrüsteten sich über den Anschlag. Am Rande bemerkt: Später wurde der 1913 in den Orden gewählte Alfred Cowles zum Präsidenten des »Des Moines Register«, das die deutsche Meldung gebracht hatte. Von da an befand sich auch dieses Blatt unter Kontrolle der Bonesmen.

Am 6. April 1917 schließlich traten die USA in den Ersten Weltkrieg ein. Nur eine Woche später waren bereits große Geldsummen für England und Frankreich bereitgestellt, die auch J. P. Morgans Anleihen sicherten und den Großunternehmer wieder auf sicheren Boden stellten.

Der Jahrestag der *Lusitania* näherte sich zum zweiten Mal, ohne daß die Öffentlichkeit einen Hauch von der damit verbundenen Verschwörung witterte. Präsident Woodrow Wilson ahnte noch vor seiner Wahl zum »mächtigsten Mann der Welt«, daß es im Hintergrund eine viel mächtigere Gruppe gibt, die sämtliche Fäden in der Hand hält. Der Präsident war nicht mehr als eine Marionette. Er, der Kriegsgegner, war das erste US-Staatsoberhaupt, das die Vereinigten Staaten in einen ausländischen Konflikt zog. Wilson übrigens war es auch, der befahl, sämtliche Originaldokumente zur Waffenladung der *Lusitania* sicher verschließen zu lassen …

Ob der deutsche Torpedo den Ozeandampfer wirklich so stark in Erschütterungen versetzte, daß Kohlestaub hoch aufwirbelte und ein explosives Gemisch erzeugte, ob die zweite Detonation wirklich davon herrührte und ob nicht außerhalb des Ladebereichs an ursprünglich für andere Zwecke vorgesehenen Orten unter Deck doch Explosivstoffe vorhanden waren, läßt sich nicht mehr beweisen. Recht unwahrscheinlich ist aber, daß man sich in Anbetracht eines derart ausgeklügelten Planes, Deutschland zum Kriegsverbrecher Nummer Eins werden zu lassen und die USA definitiv in den Krieg hineinzuziehen, auf

Zufälle verließ. Man wußte zwar, wo sich deutsche U-Boote aufhielten, doch: Hätte man sich auf einen, dazu noch recht »unzuverlässigen« Torpedo-Angriff verlassen? Wohl kaum. Ballards Untersuchung lüftet leider dieses Geheimnis um die *Lusitania* auch nicht mehr. Doch spricht sehr viel dafür, daß hier ein weitaus subtilerer Plan bestand und die zweite Explosion forciert wurde.

Abb. 13: Eine zur Propaganda gestellte Szene der Bergung von Lusitania*-Opfern. Der Namenszug auf dem Rettungsboot stimmt nicht mit dem Original überein.*
Abb. 14 (rechts): Spielende Kinder auf einem echten Rettungsboot der Lusitania.

Oswald Flamm, Schiffsingenieur an der Königlichen Technischen Hochschule zu Berlin, sprach seinerzeit sogar davon, die Verschwörer hätten jemanden beauftragt, unmittelbar nach dem Torpedobeschuß eine Bombe an Bord zu zünden, um die *Lusitania* auch ganz sicher zu versenken. Konnte er diese Behauptung beweisen? Leider ist darüber nichts bekannt. Irgendeine Geheim-Aktion muß allerdings in Anbetracht der Fakten und Vorgänge wohl noch stattgefunden haben.

Daß das Schicksal des Schiffes ein für allemal besiegelt war und einige wenige Menschen genau darüber Bescheid wußten, ohne jedoch die Öffentlichkeit zu verständigen und damit den Tod von fast 1200 Menschen zu verhindern, das steht fest.

Der Bonesmann Vanderbilt war als einziger persönlich gewarnt worden. Es war »seine« Gruppe, welche die Warnung per

Telegramm aussprach und mit »Tod« unterzeichnete. Die übrigen Passagiere hingegen sollten einer teuflischen Propaganda geopfert werden – in der menschenverachtenden Tradition von *The Order*, der schon als *Der Orden* in Deutschland sein Unwesen getrieben hatte.

In der mysteriösen Nachricht, wie sie Alfred Gwynne Vanderbilt erhalten hatte, spiegelte sich auch für den »*Bones*-Experten« Anthony C. Sutton deutlich die Macht des Ordens wieder. Als Welt-Elite kennen die Bonesmen die Zukunft der Weltgeschichte, denn sie selbst sind es, die sie auf verbrecherische Weise bestimmen. Sie entstammen nämlich den Familien, die ihren Führungsanspruch in Amerika auf die Welt auszuweiten bestrebt sind – um jeden Preis.

Der »erste« Bonesman

Wenn man die Herkunft der Bonesmen verfolgt, kann man zwei Arten von Familien unterscheiden. Die erste Gruppe ist die elitärste. Sie bildet gewissermaßen den amerikanischen »Adel«, zumindest nach amerikanischen Begriffen und Gesichtspunkten. Es sind die alten Familien, die bereits in der ersten Hälfte des 17. Jahrhunderts nach Nordamerika kamen, die »old line families«. Die zweite Gruppe wird von Familien gebildet, welche recht spät, erst im Verlauf des 19. Jahrhunderts zu Reichtum und Ansehen kamen. Nur durch ihren immensen Aufstieg in sehr kurzer Zeit konnten sie sich in der höchsten Elite etablieren, sie, die doch eigentlich Emporkömmlinge waren. »Geldadel« eben. Bis in die 1990er Jahre hinein waren sämtliche *Skull-and-Bones*-Leute Männer weißer Hautfarbe, vorwiegend von der Ostküste stammend und Protestanten. In Kurzform werden sie WASPs genannt, also White Anglo Saxon Protestants. Bis 1950 lebten nur drei *Order*-Angehörige in Los Angeles, Kalifornien, hingegen 28 in New Haven, Connecticut.

Dieses Schema entwickelte sich allerdings erst mit der Zeit. Einige Familien, deren Mitglieder in den Orden gewählt wurden, begannen, das gesamte Gebilde zu beherrschen und sich zu *dem* Machtfaktor in unserer Welt zu entwickeln. Zu diesem inneren Zirkel kann man etwa 20 bis 30 Familien rechnen. Unter den Bonesmen in der ersten Mitgliedsliste finden sich noch durchaus einige, die ganz gewiß nicht zu einer mächtigen Welt-Elite gezählt werden konnten.

Gleich der allererste in jener ersten Liste war ein einfacher Soldat in der US-Armee, Samuel Henshaw Bates. Nach seiner Militärzeit, die ebenfalls nicht gerade als Karriere zu bezeichnen war, begab er sich gen Westen. Dort ließ er sich im kalifornischen Santa Rosa nieder, heute eine Stadt mit über 120 000 Einwohnern, damals ein kleines Kaff in »the middle of nowhere«. Unweit davon liegen die phantastischen Redwood-Wälder mit ihren riesigen Sequoia-Mammutbäumen.

Bates lebte fortan ein ziemlich eintöniges, ereignisloses Leben als einfacher Farmer und starb 1879. Das vielleicht einzig bemerkenswerte an seiner Geschichte ist, daß er sich in genau jener Gegend der Redwoods niederließ, einem Gebiet, das für geheime Treffen der Welt-Elite und ein besonders finsteres Kapitel ihrer Geschichte noch eine besondere Rolle spielen sollte. Ob die Bonesmen mit jener Ortswahl an ihr zumindest der Liste nach erstes Mitglied erinnern wollten? Gleich wie, auf dieses weitflächige Waldgebiet und seine erschreckenden Geheimnisse werden wir noch zurückkommen.

Andere Mitglieder jener allerersten Klasse des Orders erreichten Ämter, wie sie sich für ausgezeichnete Yale-Studenten anscheinend geziemten. Sie gingen in die Politik, wurden Kongreßabgeordnete und Senatoren. Der Gründer William Huntington Russell erreichte viel. Er wurde General der Nationalgarde von Connecticut und gründete das *Collegiate and Commercial Institute* von New Haven. Alphonso Taft kam sogar noch weiter. 1876, im Jahr des Einbruchs von *Claw and File* ins Tomb schien er in bester Zornesstimmung – und wurde Kriegsminister. Er war damit der erste, jedoch bei weitem nicht der letzte *Skull*, der diesen Posten bekleidete.

US-Adel

Wie in jedem der folgenden Jahre, wurden auch im ersten Jahr von *Skull and Bones* fünfzehn Mitglieder in den verschworenen Bund gewählt. Die erst viel später bekannt gewordene Liste aber enthält an ihrer elften Stelle lediglich eine gestrichelte Linie. Es gab hier zwischen den Namen »Miller« und »Robertson« jemanden, der nicht genannt werden wollte oder durfte. Jemanden, dessen Name offenbar mit einem beliebigen Buchstaben zwischen inklusive »M« und »R« begann und der bis heute unbekannt ist. Für Anthony Sutton ist dies ein eindeutiger Hinweis auf *Chapter 1*, die deutsche Sektion des Ordens. Die anonyme Person wurde nicht direkt aufgelistet, da sie nicht eigentlich zu Yale und dem amerikanischen Chapter 32-2 zählte, jener zweiten Sektion von 1832. Man rechnete sie aber zu den Fünfzehn, da sie an deren Gründung mitbeteiligt war. Zwingend scheint die Erklärung nicht zu sein, doch sie liegt nahe.

Zu den alten Familien, die *Skulls* dominieren, rechnen die Adams, Bundys, Davisons, Gilmans, Harrimans, Lords, Paynes, Perkins, Phelps, Pillsburys, Rockefellers, Sloanes, Stimsons, Tafts, Wadsworths, Weyershaeusers und Whitneys. Allesamt amerikanische Gründerfamilien.

Die Whitneys kamen im Jahr 1635 an die Ostküste Nordamerikas, um dort in Watertown, Massachussetts heimisch zu werden. Sie stammten von englischen Puritanern ab und sollten wiederholt eine wichtige Rolle im Orden spielen. Acht Familienmitglieder wurden in den Bund gewählt! Einige starben allerdings früh. Nur wenige Monate nach der Einweihung verschied Emerson Cogswell Whitney am 1. Dezember 1851, und sieben Jahre später verschwand ein anderes Familienmitglied spurlos: Edward Payson Whitney. Doch drei Angehörige des Clans bildeten eine wichtige Komponente der *Skulls*. William Collins Whitney machte wirklich Karriere, wenn auch mit leichter Verzögerung. Ab 1872 häufte er als Chef der *Whitney Group* ein sagenhaftes Vermögen an, wobei seine Methodik sich nicht sehr von der Vorgehensweise der Morgans und Rockefellers unterschied.

Mit anderen Worten, jedes Mittel war recht. Wie lehrte doch Weishaupt? Der Zweck heiligt die Mittel! Innerhalb von drei Jahrzehnten hatten die Whitneys erreicht, was andere Familien in Jahrhunderten nicht schafften. William Whitney residierte in New York, besaß einen Palast im venezianischen Stil, mehrere Ländereien und dazugehörige Landhäuser. Nach dem Motto »reich und reich gesellt sich gern« heiratete Whitney die Tochter von Oliver Payne, dem Schatzmeister von John D. Rockefellers Gründungsgesellschaft *Standard Oil*. Schon die nächste Generation der Paynes ging zur Yale-Uni und gelangte dort in den Orden. Und wieder heiratete man in reiche Familien. Dabei war es dann doch eher zweitrangig, ob es sich um »old line families« handelte oder nicht.

Der Stafettenlauf führte von den Paynes und Whitneys wieder zu den Vanderbilts, denn Harry Payne vermählte sich 1896 mit Gertrude Vanderbilt. Noch mehr Geld im Haus also! Eine Finanzkraft, die zusammen mit anderen in den *Guaranty Trust* floß, der wiederum mit Morgan und Guggenheim verkoppelt war. Die Namen der *Skull*-Mitglieder und der großen amerikanischen Familien schießen durcheinander wie in einem Feuergefecht. Dabei kommen einige anscheinend immer wieder aus dem Repetiergewehr sippschaftlicher Komplexität. Harry Payne Whitneys Sohn, der den Namen Cornelius Vanderbilt Whitney trug, heiratete eine Marie Norton, die nun zu Marie Norton Whitney wurde. Als es zwischen den beiden wieder zur Scheidung kam, trennten sich zwar ihre Wege, nicht aber die des Geldes und familiärer Bande. Denn schon stand der nächste Millionär vor ihrer Tür: William Averell Harriman. 1891 geboren, wurde er 1913 Mitglied der *Skulls*, schloß sich 1915 der *Union Pacific Company* seines Vater E. H. Harriman an und übernahm 1932 deren Vorsitz. Typischerweise war auch der Reichtum dieser Familie auf nicht ganz lauteren Aktionen gegründet, doch das interessierte keinen mehr, sobald der Reichtum erst einmal da war.

Nicht nur W. Averell, sondern auch sein jüngerer Bruder Edward Roland Noel Harriman studierte an der Yale-Universität. Edward wurde 1917 in den Orden aufgenommen. In den

1930ern war es soweit, das Familienvermögen der Harrimans zu erweitern. Diesmal geschah das nicht durch Heirat zwischen *Skull*-Familien, sondern durch Verschmelzung von *Skull*-Konzernen. In dem Falle nun reichten sich die beiden Unternehmen *W. A. Harriman & Company* sowie *Brown Brothers* die Ringe. Zu jener Zeit war von den Browns noch niemand bei den Bonesmen vertreten, doch einmal gab es da zahlreiche *Skull*-Partner, und außerdem sollte spätestens 1945 auch ein Brown zum Bonesman werden, nämlich als Walter H. Brown initiiert wurde. Und schließlich fanden sich unter den insgesamt 26 Einzelpartnern sage und schreibe neun Mitglieder des Ordens. Ein wirklich »ordentliches« Unternehmen also!

Brown Brothers Harriman erweist sich in vielerlei Hinsicht als hochinteressant. Die Firma unterhielt Beziehungen zu Fritz Thyssen, zu Zeiten, als der deutsche Stahlmagnat noch an Hitlers Finanzierung beteiligt war – bis es dann zum Bruch kam. In Thyssens New Yorker Bankhaus waren seinerzeit von acht Direktoren sechs entweder Nazis oder aber Mitglieder der *Skulls*. Richtig spannend wird es, wenn man bedenkt, daß Prescott Sheldon Bush, ebenfalls bedeutsames *Skull*-Mitglied, Vater des 41. US-Präsidenten George H. W. Bush und Großvater des 43. US-Präsidenten George W. Bush, 40 Jahre lang Partner in der Firma *Harriman* war. Prescott S. Bush gehörte zur selben Bonesmen-Klasse wie Averells Bruder Edward. Beide wurden 1917 initiiert.

William Averell Harriman stieg zu hohen politischen Ämtern auf und war ganz wesentlich an zahlreichen Entscheidungen

*Abb. 15: Bonesman William Averell Harrimann (*The Order, 1913*), hier mit Außenminister Dean Acheson (*Scroll and Key*), dessen Familie einige ihrer Mitglieder in den Reihen von* Skull and Bones *hatte.*

beteiligt. Ihn umgeben viele Rätsel. Und seine teilweise absolut paradoxe Vorgehensweise läßt sich nur verstehen, wenn man die Denkweise und den Plan des Ordens kennt. Dann verbinden sich zahlreiche widersprüchliche Ereignisse der Weltgeschichte zu einem logischen Ganzen.

Die Grundidee findet sich schon bei antiken Gelehrten und später vor allem bei deutschen Philosophen. Sie ist im Prinzip sehr einfach: Konflikte treiben die Welt an. Harriman war daran sein ganzes Leben lang beteiligt, ein sehr ereignisreiches Leben, das 1986 im hohen Alter von 95 Jahren endete.

Schleichende Infiltration

Zu den familiären »Keimzellen« des Ordens zählt die Stadt Hartford in Connecticut. Einer der Gründungsväter dieser Stadt war Reverend Thomas Hooker, und mehr als eine spätere *Bones*-Familie geht auf seine Wurzeln zurück. So auch die von Thomas Hopkins Gallaudet. Anthony Sutton stellte fest, daß dieser bemerkenswerte Mann ein funktionierendes Lernsystem für Taubstumme entwickelte, das von Horace Mann, einem Mitglied des Ordens, modifiziert wurde und als Methode des Look-Say-Reading (»Lesen durch Sehen und Aussprechen«) nun auch für gesunde Kinder an die Schulen kam. Die tradionelle Lernmethode bestand darin, ein Wort zunächst aus einzelnen Buchstaben zusammenzusetzen und seinen Sinn zu erkennen, um dann ganze Sätze verstehen zu können. Dieser analytische Prozeß sollte umgangen werden, die Kinder sollten die Wörter als komplette Einheiten erkennen.

Durch die Vereinfachung kommt es dabei zu Problemen. So meint Sutton: »Aber die Genauigkeit in der Wahrnehmung des Ganzen basiert auf dem Grad an Verständnis und Wissen zu den Einzelkomponenten.« Sutton sieht in diesem neuen System und überhaupt im gesamten Erziehungssystem einen sinsistren Beweggrund: »Der Hauptzweck ist nicht, ein Thema zu vermitteln, sondern Kinder so zu konditionieren, daß sie als sozial integrierte Bürger-Einheiten in einer organischen Gesellschaft leben.«

Gallaudets Werk wurde 1835 von einem Drucker namens Lord wieder hergestellt.

Die Familie Lord ging ebenfalls auf Hooker zurück sowie auch auf die mütterliche Seite von Gallaudet – auf die Hopkins. Genau wie die alteingesessenen und reichen Whitneys gelangten auch die Lords im Jahr 1635 an die Ostküste von Nordamerika. Hier spaltete sich die Familie in zwei große Äste auf: den von Thomas und den von Nathan. Thomas Lord gilt zusammen mit Thomas Hooker und anderen als Mitbegründer von Hartford. Nach den Lords ist ein ganzer Stadtteil benannt.

Nicht anders als bei den Whitneys, den Harrimans oder auch den neureichen Vanderbilts fanden ganz nach Art des alten europäischen Adels auch zwischen den anderen hohen US-Familien fortwährend standesgemäße Heiraten statt. Eben innerhalb einer recht engen Elite. Natürlich kam auch »frisches Blut« hinzu, vor allem von den erfolgreichen, sehr schnell aufgestiegenen Familien. Doch der Kreis blieb nach wie vor auf eine kleine »Auswahl« begrenzt.

Die Lords verheirateten sich gerne mit den Lockwoods und DeForests, was sich in nachfolgenden Doppelnamen haufenweise bemerkbar macht. Immer wieder studierten Lords an der Yale-Uni und wurden in den Orden gewählt – als erstes George DeForest Lord im Jahr 1854, also noch zwei Jahre bevor die geheime Gesellschaft in den *Russell Trust* übergegangen war.

Die Nachfahren waren ebenfalls hochaktive Mitglieder. Sie gelangten an wichtige Schaltstellen. So wurde Charles Edwin Lord im Jahr 1981 zum US-Währungs-Kontrolleur und Winston Lord zum Vorsitzenden des *Council on Foreign Relations*. Diese Anfang der 1920er Jahre gegründete Organisation zeigt sich offen und besitzt eine große Zahl renommierter Mitglieder. Doch in ihrem Kern wird sie von den *Skulls* bestimmt. Sie stellt ein wesentliches Verbindungsglied zwischen den verborgenen Mächten der Schattenregierung und den bekannten US-Regierungsbehörden, die intern in weiten Teilen infiltriert sind. Die Infiltration gleicht dem Vorgehen der *Illuminaten* Weishaupts ebenso wie den Aktionen der italienischen P2-Loge. Nur findet sie in einem viel größeren Stil als P2 statt und ist natürlich akuter als die der bayerischen *Illuminaten*. Als Fortsetzung von deren Zielen stellt sie die größte Gefahr der Gegenwart dar. Vor allem, weil bisher jeder, der auf diese Gefahr aufmerksam gemacht hat, als weltfremder Verschwörungstheoretiker abgetan wurde.

Das Denken des Mainstream wird von Schulen und Medien bestimmt. Da diese sich vor allem in den USA bereits weitgehend in den Händen der »Ordensleute« befinden, werden alle Gegenstimmen mundtot oder lächerlich gemacht. Was nicht im Mainstream schwimmen will, geht unter. Die Situation steht gefährlich an der Kippe, vielleicht ist aber noch etwas zu retten. Lernen wir denn nie aus der Geschichte? Das Beispiel der *Illuminaten* des 18. Jahrhunderts sollte doch eigentlich auf bedrohliche Weise gezeigt haben, wie schnell eine Unterwanderung möglich ist und freies Denken demgegenüber zum Ding der Unmöglichkeit wird.

Im Orden der *Skull and Bones* sind die *Illuminaten*, die sich ihrerseits als »der Orden« bezeichneten, in der Neuen Welt wieder auferstanden.

Kapitel 4

Einweihung

»Captain Ahab«

Samstag, der 14. April 2001, war ein besonderer Tag. Es war der Tag der Einweihung. Um Mitternacht sollten, wie jedes Jahr, wieder fünfzehn neue Mitglieder in den Bund der *Skull and Bones* aufgenommen werden. Nur fünfzehn Studenten von rund 1300 jedes Yale-Jahrgangs gelangen zu dieser höchsten Ehre, auch wenn es von diesen fünfzehn immer welche gibt, denen jene Geheimgesellschaften suspekt sind und die die eine Einladung in den verschworenen Zirkel ausschlagen. Wenn das geschieht, gibt es für die Bonesmen immer genügend Alternativen. Die magische Fünfzehn jedenfalls wurde bisher noch immer erreicht!

Jener 14. April war nicht nur wegen des geheimnisvollen Initiationsritus der *Skulls* ein besonderer Tag. Er war es auch deshalb, weil jene Momente das erste Mal von Außenstehenden beobachtet und sogar gefilmt wurden. Das Ergebnis: düstere Bilder und ungewöhnliche Dialoge, Hohn, Spott, Anspielungen und Vulgärsprache.

Wiederholt gab es Versuche, in das verborgene Innere des Tomb zu gelangen. Und die Bonesmen selbst drangen in die Tombs anderer, wenn auch nicht gleichermaßen geheimer Gesellschaften von Yale ein, um ihrer Mysterien und Ritualgegenstände habhaft zu werden. Immerhin gibt es auf dem Yale-Campus zehn kaum einsehbare »Grabstätten«, von denen »The Tomb« die geheimnisvollste ist. Mit den beiden um die Mitte des 19. Jahrhunderts gegründeten Geheimgesellschaften *Scroll and Key* (»Schriftrolle und Schlüssel«, offiziell *Kingsley Trust Association*) sowie *Wolf's Head* (»Wolfskopf«, ursprünglich die

Abb. 16: Zusammenkunft der Bonesmen: hier das Deckblatt der Schrift für 1870.

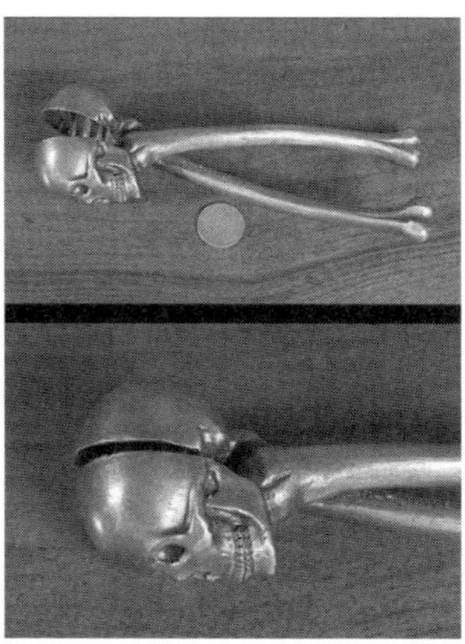

Abb. 17: Nußknacker im Crossbones-Stil. Solche Gegenstände gibt es im Tomb massenhaft.

Grey Friars, offiziell *Phelps Association*!) bildet die älteste und verschlossenste Gesellschaft der *Skulls* den Kern dieser Gruppierungen.

Weitere geheime Zirkel auf dem Campus sind *Book and Snake*, *Berzelius*, *Elihu Club*, *Elizabethan Club* oder *Saint Anthony Hall*. Einige der Gesellschaften lebten nur kurz. *Spade and Grave* (»Spaten und Grab«) wurde 1866 in feindschaftlicher Stimmung gegen *Skull and Bones* gegründet, doch überdauerte diese Gesellschaft nicht lange. 1870 verschwand sie wieder von der Bildoberfläche. Ein ähnliches Schicksal hatte zuvor schon *Star and Dart* (»Stern und Pfeil«) ereilt. Von einer rustikal satirischen Seite her ging es *Bull and Stones* (»Bulle und Steine«) an. Ihre Mitglieder waren nie in eine der geheimen Gesellschaften gewählt worden und machten sich so oft es ging Luft, vor allem gegen die Bonesmen. Sie sangen Spottlieder oder blockierten die Wege. 1867 rissen sie die Kette vor dem Tomb-Eingang ab und schleuderten Flaschen mit Tinte an die Gebäudefront, genau wie einst Luther sein Tintenfaß nach dem Teufel warf.

Die extreme Verschlossenheit der *Skull and Bones* erregte auf der anderen Seite immer wieder Mißfallen und Protest – oder weckte äußerste Neugierde. In den 1970er Jahren gelang es einer Gruppe von Frauen, in das »Grab« einzudringen und hierzu Fotos des Inneren zu publizieren. Doch hatte noch kein Außenstehender das unheimliche Zeremonial der Bonesman miterlebt.

Ron Rosenbaum, dessen Team dieser Coup im besagten April 2001 gelang, hatte an der Yale-Universität studiert und gewissermaßen Seite an Seite mit den Bonesmen gelebt, unweit des Tomb. Seit weit mehr als einem Vierteljahrhundert spürt er deren gefährlichen Geheimnis nach und bezeichnet sich selbst als der »Captain Ahab« der *Skull and Bones*. So wie Ahab den Weißen Wal Leviathan bis in die tiefsten Abgründe jagte, so versucht Rosenbaum die Tiefen des *Order* zu ergründen.

Was, so fragte sich Rosenbaum ständig, konnte es sein, das jene Menschen so entscheidend formte, die nun die Vereinigten Staaten und damit die gesamte Welt formen – oder zu formen versuchen! Was war es, was Bonesman Henry Stimson, der als mehrmaliger Kriegsminister den Abwurf der Atombomben empfahl, mit Blick auf die Einweihung im Tomb als die tiefgreifendste Erfahrung seiner gesamten Ausbildung beschrieb?

Aus dem Mund der Bonesmen selbst wird es keiner zu hören bekommen. Sie haben einen Eid auf Lebenszeit geschworen, nie zu enthüllen, was sich im Inneren des Tomb abspielt und worin ihre Geheimnisse bestehen. Kommt die Rede in ihrer Anwesenheit auf diese Mysterien, so wissen sie, eine »peinliche Befragung« zu vermeiden und sich aller Neugierde zu entziehen.

Rosenbaums erste direktere Erfahrung mit den Bonesmen reicht in das Jahr 1966 zurück. Damals war er ein »Sophomore«, ein Student im zweiten Jahr, als er in »Jonathan Edwards« untergebracht war, dem Studentenwohnheim in unmittelbarer Nachbarschaft des Tomb. Wenigstens ein paar Dinge bekamen die Yalies dort regelmäßig mit, wenn sie im April nicht lange

Abb. 18: Das Yale-Studentenwohnheim »Jonathan Edwards« in einer alten Aufnahme. Von hier vernahm Ron Rosenbaum schon in seiner Studienzeit unheimliche Laute aus dem Tomb.

nach der »Tap Night« aufmerksam waren. Denn bald auf diese Nacht der Wahl aller fünfzehn neuen Mitglieder hallten aus dem Tomb unheimliche Laute. Man konnte sie hören, wenn man auf den Turm von Weir Hall hinaufstieg, der einen guten Blick auf das *Bones*-Gelände zuläßt. Von dort aus drang befremdliches Schreien und Stöhnen aus dem Tomb durch die Nacht. Das Ganze schien einem schlechten Gruselfilm zu entstammen, zeigte aber Wirkung.

Nächtlicher Spuk

»Wenn ich des Nachts allein auf dem Rückweg zu meinem Zimmer war« so erinnert sich Ron Rosenbaum, »ging ich lieber auf die andere Straßenseite, als daß ich auf dem Gehsteig lief, der direkt vor dem *Bones*-Grab vorbeiführte. Selbst aus dieser sicheren Distanz ließ mich etwas daran erschaudern. Doch in jener Aprilnacht [1966] war ich nicht alleine. Ein Student aus meiner Gruppe kam mit mir von einem die ganze Nacht währenden Dinner zurück. Es war ungefähr zwei Uhr morgens. Damals wußte ich nur wenig über die Mysterien der *Bones* oder irgendeins der anderen, großen, fensterlosen Tombs der Geheimgesellschaften, die mit ihrer düsteren Autorität gewisse Ecken des Campus dominierten.«

Abb. 19: Diese Aufnahme zeigt das ursprüngliche Tomb.

Niemand lebte dort, es waren keine üblichen studentischen »Fraternities«, sondern wirklich geheime Zirkel.

»Nicht einmal die mächtige, dreifach mit Vorhängeschlössern gesicherte Tür durfte je in Anwesenheit eines Outsiders geöffnet werden«, so erinnert sich Rosenbaum. Als sein Freund Mike und er in jener Nacht auf das Tomb zugingen, erstarrten sie schlagartig. Auf der obersten Treppenstufe lag etwas, im fahlen Licht zeichnete sich der Umriß eines länglichen weißen Gegenstands ab. Er sah aus wie der Oberschenkelknochen eines großen Säugetiers.

Mike wagte sich bis zum Absatz vor und nahm den Knochen in die Hand, während Ron schon die ganze Zeit damit rechnete, daß man sie beide aus einem versiegelten Fenster beobachtete. Sein Freund wußte nicht recht, was er nun mit dem Knochen anfangen sollte, und ging damit zur Eingangstür des Tomb hinauf.

Plötzlich schreckte die beiden Neugierigen der laute Schlag eines Türbolzens auf, die schwere Pforte öffnete sich und »irgend etwas« griff von innen heraus nach Mike. Er stürzte zurück, nicht ohne daß jenes »Etwas« den Knochen umklammerte und ins Innere des Tomb riß. Die Tür fiel krachend ins Schloß, »ein Geräusch, das uns noch in den Ohren klang, als wir fortliefen«. Geheimnisvoll, schaurig, ein »gothic moment«, wie Rosenbaum es ausdrückt.

Das alles erscheint wie studentischer Mummenschanz, makabres Spiel einer jungen Elite, um andere Yalies zu beeindrukken und sich selbst noch stärker hervorzuheben.

Einschüchtern und abschrecken, sicherlich, das gehört zu allen geheimen Kreisen. Wir haben allerdings schon mehrfach gesehen, welche Ansprüche die *Skull*-Brüder mit ihrer Geheimgesellschaft verbinden. Das mit ihnen verkoppelte mächtige Netzwerk und dessen bedrohliche, verbrecherische Einflußnahme auf die Welt wird uns noch mehrfach beschäftigen. Vor diesem Hintergrund genügt es auch nicht, die Rituale der Bonesmen als ein harmloses studentisches Gruseltheater zu interpretieren. Denn genau das wäre eine zu oberflächliche Betrachtungsweise.

Für Rosenbaum als Yale-Studenten hob jene nächtliche Erfahrung am Tomb einen Unterschied ganz deutlich hervor: »Als ich alles in einem ruhigeren Moment überdachte, schien mir dieser traumartige gothische Moment ein Symbol für die Ungewöhnlichkeit, wie ich sie verspürte, während ich auf Yale war und während ich einen kurzen Hauch der mysteriösen Vorgänge in den inneren Tempeln der Privilegien erfuhr. Doch fühlte ich mich nachdrücklich aus den geheimen Zeremonien dort drinnen ausgeschlossen. Ich fühlte mich gegenüber dem wirklichen Zweck der Institution bedeutungslos, die von ihren missionarischen Anfängen an dem Ziel gewidmet war, die träge Nachkommenschaft der herrschenden Klasse in moralisch ernstzunehmende Führer des Establishment umzuformen. Häufig finden diese Umwandlungen in den Tombs statt.« – Moralisch ernstzunehmend? Ernstzunehmend, sicherlich in mancher Hinsicht. Moralisch? Eher kaum.

In den folgenden Jahren ließ Rosenbaum das Thema *Skull and Bones* nicht mehr los. Neun Jahre nach dem unheimlichen Erlebnis begab er sich mit seinem alten Freund Mike wieder zur Yale-Universität, auf den Campus, auf das Gelände des Tomb, diesmal zusammen in Begleitung zweier eher skeptisch eingestellter Freundinnen.

Als Ron an den Steinpylonen des Eingangs steht und Mike wieder die Treppen betreten hat, hält ein kleines rotes ausländisches Fahrzeug am gegenüberliegenden Gehsteig. Ein ziemlich junger, athletisch aussehender Mann steigt aus, schließt die Wagentüre und lehnt sich lässig an das Auto. Er beobachtet die Besucher eine Weile lang, überquert dann die Straße und fragt: »Habt Ihr Miles gesehen?« Überrascht schauen sich die beiden Freunde an und erwidern, nein, sie hätten Miles nicht gesehen. Der Mann nickt nur stumm, bleibt an seinem Platz.

Wer war Miles? Sie überlegen, ob der andere sie vielleicht tatsächlich für Bonesmen gehalten haben könnte. Oder ob sich hinter dem Namen möglicherweise ein Code verbarg. Da eine längere Anwesenheit an dem besonderen Ort doch ziemlich verdächtig wäre, genügt der Austausch einiger Blicke zwischen den Freunden, um zu wissen, daß es nun Zeit ist, lieber wieder aufzubrechen. Sie sind schon ein Stück gegangen, als sich eine der Bekannten umdreht und noch eine aufschlußreiche Beobachtung macht: »Schaut mal, er ist gerade die Seitentreppen hinuntergegangen, um die Verriegelung der Kellertür zu überprüfen. Er dachte wahrscheinlich, uns dabei erwischt zu haben, wie wir einen Einbruch planten!«

The Tomb schien offenbar immer von jemanden überwacht

oder bewacht zu werden. Rosenbaum schrieb zu der Zeit gerade an einem Roman, in dem auch die Bonesmen eine Rolle spielen sollten, und so entschloß er sich, im April für eine bestimmte Zeit wieder nach New Haven zu fahren. Die bestimmte Zeit, das war natürlich die Woche um die Tap Night und die Initiation. Was ihn schon damals vor allem interessierte und noch heute beschäftigt, das war die verschlüsselte Bedeutung der *Bones*-Rituale. Mit der Zeit konnte er auch Kontakte zu einzelnen Bonesmen aufnehmen, die bereit waren, die eine oder andere Information preiszugeben. Als Journalist, der die Regeln kennt und – auch im eigenen Interesse – nicht bricht, hielt er sich daran, seine Quellen nicht offenzulegen. Man verrät die Menschen nicht, die Zugang zu einer Geheimgruppe haben und offenbar aus Zweifel an deren Intentionen ein Interesse haben, Außenseitern gewisse Einblicke zu gewähren.

Abgesehen davon wird jeder, der davon ausgeht, über diese Quellen vielleicht doch noch an weitere wichtige Informationen zu gelangen, sich schon allein aus diesem Grund nach den Bedingungen der Informanten richten. Und nicht jeder, der zu einem Gespräch bereit ist, muß auf der Seite stehen, auf der man selbst steht. Auch für Repräsentanten von Geheimgesellschaften gibt es mehrere Gründe, mit Journalisten zu sprechen. Dazu kann auch die explizite Warnung gehören.

So berichtet Rosenbaum über seine Kontakte zu Bonesmen: »Einer von ihnen betonte, und es schien tödlicher Ernst zu sein, daß man Repressalien gegen mich erheben würde.« Mitten im Gespräch über bestimmte Aspekte der *Bones*-Rituale fragte der Mann den Journalisten: »Auf welcher Bank haben Sie ihr Konto?« und meinte dann auf Rosenbaums Antwort hin: »Aha, nun, in der Leitung sind drei Bonesmen. Nun, Sie werden nie wieder auch nur den kleinsten Kredit bekommen. Man wird Ihr Telefon anzapfen. Und Sie werden ...« – bevor Rosenbaum noch einhaken konnte, meinte sein Gegenüber: »Sie machen sich immer noch Gedanken. Lachen Sie nicht, sie mögen Leute nicht, die sich an allem zu schaffen machen und zu neugierig sind. Die Macht der Bonesmen ist unfaßbar groß. Sie haben ihre Hände auf jedem Macht-Level in diesem Land. Sie sehen, es ist, als ob man versuchen wollte, die Mafia zu ergründen. Erinnern Sie sich, sie sind auch eine geheime Gesellschaft.«

Das waren durchaus interessante Aussagen. Die Bonesmen und die Mafia, ein schöner Vergleich. Manche sprechen in Anbetracht der weltweiten Geheimoperationen, wie sie unter Kontrolle der Bonesmen durchgeführt werden, eher noch von einer »globalen Mafia«.

Geheime Riten, geheime Wurzeln

Rosenbaum ahnte ohnehin schon länger, worauf er sich eingelassen hatte. Doch nur wenig konnte ihn davon abhalten, seine Recherchen weiter auszuführen. Mittlerweile befand er sich auch im Besitz von einigen Grundrissen des Tomb sowie einer Beschreibung der *Bones*-Riten, wie sie im Archiv einer anderen Geheimgesellschaft aufbewahrt wurden. Da heißt es dann zu der Initiation von 1940:

»Der neue Mann wurde in einem Sarg plaziert, der in den zentralen Teil des Gebäudes getragen wurde. Der neue Mann wurde mit Gesängen in die Gesellschaft wiedergeboren. Er wurde aus dem Sarg geholt und man gab ihm mit Symbolen verzierte Roben. Ein Knochen mit seinem Namen darauf wird zu Beginn eines jeden Treffens in einen Knochenhaufen geworfen. Die Initiierten springen in Schlamm.«

Noch einige Tage vor dem eigentlichen Einweihungsritus findet die Tap Night statt. Die Bonesmen des vorherigen Jahrgangs, die »seniors«, bestimmen dann, wie schon erwähnt, die nächsten fünfzehn jungen Männer, die in den Orden aufgenommen werden sollen. Sie suchen sie meistens in ihren Zimmern auf, klopfen laut und vernehmlich an die Tür. Wenn der »junior« die Tür öffnet, schlägt ihm der Bonesman auf die Schulter und schmettert ihm entgegen: »*Skull and Bones*: Akzeptierst Du?«

Nicht immer verläuft das Tapping nach diesem Muster. Aus dem Jahr 1975 sind zwei effektvolle Beispiele bekannt geworden. Ein ahnungsloser *Skull*-Neuling wurde in ein privates Flugzeug gedrängt, als ob es sich um eine Entführung handelte. Der

Kurs verlief über den Long-Island-Sund an der Ostküste hinweg, und mitten im Flug ging die Maschine urplötzlich in einen steilen, sturzartigen Sinkflug über. Im selben Moment schlug jemand dem Kandidaten auf die Schulter und fragte: »*Skull and Bones*: Akzeptierst Du oder lehnst Du ab?«

Im zweiten Fall wurde der Ausgewählte von der Polizei verhaftet, um dann einigermaßen verwirrt unter Schein-Arrest plötzlich die entscheidende Frage gestellt zu bekommen. Solche Tappings sind gewiß von unbeschreiblicher Wirkung auf den Neophyten.

Die Handschrift der Bonesmen weist nicht selten ein bemerkenswertes Detail auf. Man versucht nämlich, die Prozedur auf den betreffenden Studenten und sein Umfeld auszurichten. Sie soll seine Wesenszüge berücksichtigen und wiederspiegeln. So kann jemand, dessen Studien sich im Justizbereich bewegen, eine Scheinverhaftung erleben, jemand, der in einem Theater tätig ist, sein Tapping im Umfeld der Bühne erfahren und so weiter.

Das Prinzip ist selbstverständlich nicht einmalig, aber bei den Bonesmen eben doch recht deutlich ausgeprägt. Interessant könnte auch folgende Beobachtung sein: Das komplexe Netzwerk der Bonesmen, in dem einige wenige, extrem einflußreiche und miteinander verwandte Familien alle wesentlichen Regierungsinstitutionen sowie Erziehung, Presse und Industrie kontrollieren, dieses Netz erweist sich bei genauem Hinsehen als ein Hort globaler Verbrechen auf verschiedenster Ebene. Hinter der sichtbaren Regierung der USA steht eben dieses finstere Gebilde als Schattenregierung, die auf die Weltmacht abzielt. Zentralster Kern dieser verborgenen Gruppierung sind die Bonesmen. Und als deren ausführende Undercover-Exekutive wirkt vor allem die CIA.

Zahlreiche ungeklärte, vermeintliche »Selbstmorde« von Menschen, die genau im »richtigen Moment« aus dem Leben schieden, gehen de facto auf das hier äußerst großzügige Konto von *Skull and Bones*.

Stichwort: Menschenverachtung!

Und auch bei der »Gestaltung« der Morde läßt sich die knöcherne Handschrift erkennen, individuell abgestimmt, wie beim Tapping. Das bei Außenstehenden so verachtete Individuum wird im Tode durchaus berücksichtigt. Auf eine ganz besondere Weise. Verblüffend oft nämlich spiegelt die Todesart das »Vergehen« des Betroffenen wieder. Aus Perspektive der Bonesmen, selbstverständlich.

Wer etwa als Journalist eine heiße Spur verfolgt und einer Organisation im Umfeld des *Order* eindeutig Drogengeschäfte nachweisen kann, der wird an einer Überdosis sterben und somit posthum selbst als Junkie abgestempelt. Gleiches wird also mit Gleichem vergolten. Wer mit dem Feuer spielt, wird im Feuer sterben. Nicht anders, sollte ein Bonesman zum Verräter des Ordens werden, der schließlich über ihm und allem steht.

Jeder der fünfzehn Initiierten hat dem Orden seine intimsten Geheimnisse preiszugeben und kann allein dadurch stark unter Druck geraten; die meisten liefern sich durch ihre Hintergründe der Erpreßbarkeit aus. Die höchste Macht bleibt immer dem Orden vorbehalten. Alles beginnt mit dem zustimmenden Nikken beim Tapping. Der Totenschädel nickt freundlich zurück, und man ist dabei, der Pakt mit dem Teufel besiegelt!

Im Fadenkreuz der Bonesmen stehen natürlich auch Studenten, die zeitweilig im Ausland studieren. Sobald darunter jemand ist, der geeignet erscheint, werden keine Mühen gescheut. Man begibt sich auch auf die längste Reise, um die gewünschten Leute in den Orden zu bringen.

Rosenbaum beschreibt, daß dem zustimmenden Kandidaten laut seinem Dossier eine Botschaft überreicht wird. Sie ist »in schwarzes Band gewickelt und mit schwarzem Wachs versiegelt, darauf das Emblem des Schädels über gekreuzten Knochen sowie die mystische *Bones*-Nummer 322. Die Botschaft nennt dem Kandidaten einen Zeitpunkt und Ort, um zur Einweihungs-Nacht zu erscheinen – den nächstfolgenden Dienstag. Das erste Mal, daß dem neu gewählten Kandidaten der Zugang ins Innere des Tomb gewährt wird.« Eine interessante Randbemerkung weist den Neuling an, bei der Einweihung keine metallischen Gegenstände an sich zu tragen. Die Hintergründe für diese Anmerkung bleiben rätselhaft.

Ron Rosenbaum hielt sich während der Tap Night auf dem Campus auf, nahe des Tomb. Er hatte sich einen dunklen Platz gegenüber des Eingangs zur Grabstätte ausgesucht, um aus der Deckung heraus beobachten zu können.

Kurz vor acht Uhr abends öffnet sich das Portal. Zwei dunkel gekleidete junge Männer erscheinen; einer von ihnen trägt einen Aktenkoffer. Als Rosenbaum die schattenhaften Gestalten aus der »Grabstätte« schreiten sieht, gehen ihm manche Gedanken und Erinnerungen durch den Kopf. Während seiner Studienzeit auf Yale hatte er direkt neben dem Tomb gewohnt, er hatte schon von Weir Hall aus die unheimlichen Stimmen vernommen, er war nachts wiederholt zu diesem Ort gegangen und hatte Mysteriöses erlebt. Er wußte mittlerweile so einiges über diesen verschworenen Totenkult, der jedes Jahr fünfzehn neue Jünger aufsaugte. Nun war man wieder auf dem Weg.

Die Knights des letzten Jahres zogen über den Campus, um die nächste *Bones*-Generation zu »tappen«. Rosenbaum geht davon aus, daß die Neulinge zunächst an einen anderen Ort des Yale-Campus gebracht werden, bevor der große Ritus beginnt.

Als die Gruppe an der Universitäts-Bibliothek vorbeikam, mußte der Journalist an eine Entdeckung denken, die er im am selben Nachmittag dort im Manuskriptraum gemacht hatte. Dort nämlich war er auf den Nachdruck eines schottischen Traktats gestoßen, das gegen die *Illuminaten* gerichtet war und sehr ähnliche Riten beschrieb. Riten der *Illuminaten*, versteht sich. Gegen Ende der Einweihung wird ein Skelett auf das neu eintretende Mitglied gerichtet. Zu Füßen des Knochengerüsts: eine Krone und ein Schwert. Dem Jünger wird daraufhin die Frage gestellt, ob dies das Skelett eines Königs, eines Edelmannes oder eines Bettlers sei. Eine Entscheidung ist unmöglich, und der Vorsitzende der Versammlung erklärt nun: »Der Charakter, ein Mann zu sein, ist das einzige von Bedeutung.« – Rosenbaum war schlagartig an den Text erinnert, wie ihn die Eindringlinge von 1876 gesehen hatten: »Wer war der Thor, wer Weiser, wer Bettler oder Kaiser?«

Hier tauchte er also wieder auf, der Hinweis auf Wurzeln in Deutschland.

Auch vor und nach der Gründung von *The Order* waren wesentliche Personen aus dessen Umfeld in Deutschland, um dort zu studieren. An Universitäten, die eng mit Illuminatentum und Geheimlehren verknüpft waren. Nicht zuletzt auch *Bones*-Mitbegründer William Huntington Russell hielt sich vor seinem letzten Studienjahr in Deutschland auf.

Rosenbaum verfolgte die Gruppe der Bonesmen noch eine Weile, bis sie einen Parkplatz erreicht hatte. Die Männer stiegen in ein Fahrzeug und fuhren los, keine Chance mehr für Rosenbaum, seinen eigenen Wagen noch zu erreichen und nachzufahren. Wohin aber wollten die Bund-Genossen? Der Journalist vermutet, daß sie vorhatten, jemanden außerhalb des Campus zu er-»tappen« ...

Rosenbaum gab nicht auf, im Gegenteil, er führte seine Studien der Geheimgesellschaften unermüdlich fort, um zum Jahr 2000 schließlich in eine interessante neue Recherche verwickelt zu werden, die sich im Grunde nahtlos an seine bisherigen Arbeiten anschloß.

Der Henker gleicht dem Tod!

Alles begann mit einem Anruf bei Peggy Adler. Sie war Rosenbaums Assistentin bei einem *Skull*-Artikel für das Magazin »The Observer« gewesen und hatte dabei *Skull and Bones* aus einer Kruste von Körperschaften herausgeschält, die wie eine Tarnkappe über dem geheimen Bund lagen. Denn die Bonesmen folgen stets einer wichtigen Regel ihrer deutschen Vorfahren. Sie erscheinen nicht unter eigenem Namen. Ja, man nimmt sich die Weishauptsche Regel noch heute zu Herzen, jene Regel, von der in diesem Buch auch schon die Rede war: »Die große Stärke unseres Ordens liegt in seiner Verschwiegenheit. Laßt ihn niemals, an keinem Ort, unter seinem eigenen Namen in Erscheinung treten, sondern nur gedeckt durch einen anderen.«

Das Prinzip sorgt stets für Probleme und macht aufwendige Recherchen erforderlich, was natürlich ganz im Sinne der Erfinder ist. *The Order* war 1856 offiziell zur *Russell Trust Association* geworden, um 1961 in die RTA, Inc. überzugehen. RTA, Inc. hat sich steuerlich wunderbar organisiert. Alle Aktionen werden laut Darstellung von RTA ausschließlich für die Zwecke der Bildungseinrichtungen der Yale-Universität ausgeführt. Die Yale-Universität ihrerseits mischt sich nicht ein. Weder betreibt sie RTA – *Skull and Bones*, noch überwacht oder kontrolliert sie deren Aktivitäten. Damit fällt RTA in die Kategorie gemeinnütziger Gesellschaften. Ihr einziger Zweck bestehe in »Erziehungs-Programmen«. Ja, so kann man es auch nennen!

Peggy Adler rief bei Ron Rosenbaum an und hatte Spannendes zu erzählen. Eine Person aus der »Yale-Gemeinschaft« hatte sich bei ihr gemeldet. Der Mann erklärte, er wolle einen interessanten Fang mit den beiden Journalisten teilen. Es ging um ein Audio-Band vom April 2000. Festgehalten sei darauf nichts weniger als die Vorgänge und Gespräche während der Initiation. Der anonyme Mann wollte nun wissen, ob Adler und Rosenbaum an einem Versuch interessiert wären. Es ging darum, das bisher vor den Augen der Öffentlichkeit absolut verborgen gehaltene Ereignis auch auf Video festzuhalten. War das alles nur ein Fake? Journalisten, vor allem solche, die heiße Eisen anpakken und hinter recht verschwörischen Stories her sind, erhalten nicht selten dubiose Briefe, E-Mails oder Anrufe. Die meisten davon lassen sich schnell als Unsinn entlarven, einige könnten interessant sein und nur ein extrem geringer Prozentsatz führt zu wirklich guten Kontakten.

Rosenbaum entschloß sich zu einem Treffen. Der Zeuge des Geschehens bootete sein Notebook, dort hatte er die Aufnahme als Audio-File abgespeichert. »Es war von entscheidender Bedeutung für mich, nun tatsächlich die Klänge der *Skull-and-Bones*-Initiation auf diesem Laptop zu hören«, erinnert sich Rosenbaum. »Doch während ich dem lauschte, wich die Ehrfucht einer Mischung aus Verwirrtheit und Verlegenheit – und einer sogar noch tieferen, unbefriedigten Neugierde.«

Rosenbaum war klar, daß das ganze mystische Brimborium der Initiation weniger wichtig war als die Bande der Macht, wie sie sich über die Zeit zwischen den *Skull*-Mitgliedern untereinander wie auch den von ihnen infiltrierten Organisationen entwickeln. Die Rituale, in jungen Jahren unter ungewöhnlichen Umständen abgehalten, festigen die Beziehungen. Viele derjenigen, die später die Macht in Händen halten, verbindet die gemeinsame Erinnerung an die auch psychologisch interessante und effektive Einweihung im Tomb.

Rosenbaums »tiefere, unbefriedigte« Neugierde entsprang, wie er sagt, auch dem Umstand, daß die Zeremonie natürlich nur auf Tonband aufgezeichnet war. Der Yale-Mann hatte aber immerhin einen geeigneten, zuvor offenbar von niemandem entdeckten Horchposten auf dem Gelände gefunden. Und das beste: Man konnte sogar ein wenig von den Vorgängen sehen, unvollständig, aber doch aufschlußreich. Als der Mann seine Tonband-Aufnahme machte, konnte er eine Person beobachten, die wie der »Teufel« ausstaffiert war, eine andere in einem Skelettkostüm, weitere Gestalten in Roben. Dann vernahm er etwas, was ihm wie ein Todes-Mantra erschien:

The Hangman Equals Death!
The Devil Equals Death!
Death Equals Death
(Der Henker gleicht dem Tod!
Der Teufel gleicht dem Tod!
Der Tod gleicht dem Tod!)

Was bedeutet dieser Dreizeiler? So fragte sich auch Ron Rosenbaum immer wieder. War das ein logisches Rätsel? Rosenbaum spekulierte herum. Sollte der Spruch heißen, daß alle Menschen sterblich sind oder daß Sokrates sterblich war oder daß der Henker dem Teufel gleicht? Ging es nur um den düsteren Duktus des Rituals, der den Neulingen in Wort und Bild unter die Haut gehen sollte? Fragen, die nur spekulativ beantwortet werden können.

Die Sätze scheinen Furcht einzuflößen, doch auch zu beruhigen. Es kommt nur auf die Seite an, auf die man sich stellt. Wenn man selbst in das Geheimnis des Todes und seinen Kult eingeweiht ist oder wird, streift man die Fesseln der Angst ab, die sich in einem normalen Leben früher oder später um jedermann enger schnüren. Wer sich auf die Seite des Todes stellt, wird Teilhaber seiner Macht. Und Macht ist es, um die es den Bonesmen geht. Wer sich in das Gewand des Todes begibt, hat jegliche Scheu und Abscheu vor ihm eliminiert. Er wird selbst zum Gefürchteten, zum Richtenden.

Der Henker bringt den Tod, doch auch Henker müssen sterben. Das müssen auch die Bonesmen.

Der Teufel bringt den Tod, auch wenn er vielleicht das ewige Leben und Glück verheißt. Das trifft ebenfalls auf die Bonesmen zu.

Tod gleicht Tod, ein Gemeinplatz, doch er bedeutet im Grunde nichts anderes als die Antwort auf die Frage: »Wer war der Thor, wer Weiser ...?« Keiner der vier Schädel gibt eine Auskunft darüber, sie sind sich alle gleich. Egal, was ein Mensch im Leben dargestellt oder angestellt hat, was übrig bleibt, sind Schädel und Knochen, *Skull and Bones* eben. Interessanterweise verbinden sie Leben und Tod durch ein »ewig« gleiches, »ewig« bestehendes Knochengerüst. Man wird unterschwellig an die Vergänglichkeit des individuellen Lebens erinnert und gleichzeitig an das Weiterbestehen des geheimen Bundes. *Skull and Bones*, das ist das einzige, was Dauer hat.

Auch Rosenbaum zerbrach sich seinen Kopf über *Skulls* und die Bedeutung der Riten. Was sollte der Teufel in der ganzen Geschichte? Lag das große Geheimnis des Ordens in der Teufelsanbetung?

Als das Band weiter abspielte, kam plötzlich ein anderes Tönen ins Spiel – ein Gesang, der an Eingeborene aus einem Tarzanfilm erinnerte. Was nun wieder sollte dieser bizarre Singsang? Etwa an die ersten Bewohner von Neandertal erinnern? Einzig noch Sinn machen konnte da vielleicht die Erklärung, daß dieser Teil des Ritus den Rest der Welt symbolisierte, die Barbaren. Und genau von ihnen, von ihrer Naivität, Plumpheit und Unwissenheit verabschiedet sich nun der frisch Eingeweihte. Offenbar in einer Narretei, die ihresgleichen sucht.

Rosenbaum fühlte sich peinlich berührt – für die Bonesmen: »Es ist schwer, jemanden überhaupt noch einmal ernst zu nehmen, dessen für seine Lebensmission bestimmender Moment ein

›Ooga Booga‹ beinhaltet«. Nun, das klassische Weltraum-Epos »2001 – A Space Odyssey« fängt auch damit an, daß ein Affe einen Knochen in die Luft schleudert …

Mission Impossible

Für Rosenbaum brachte das Jahr 2001 eine andere »Odyssey«. Er selbst sprach allerdings eher von seiner »Mission Impossible«. Die Einweihungsnacht rückte näher, eine Stunde vor Sonnenuntergang machte sich das kleine Team vom »Observer« an eben genau nichts anderes als die nötigen Vorbereitungen zur heimlichen Beobachtung und Video-Aufzeichnung des Ritus.

Keineswegs eine leichte Aufgabe. Ob und wie lange der Blick durch einen schmalen Fensterspalt des Gebäudes möglich sein würde, wußte niemand im voraus.

Eines war aber von vornherein klar: Die Initiation würde genausowenig über die eigentlichen Geheimnisse der *Skull and Bones* verraten wie die Gegenstände im Inneren ihrer »Grabstätte«. Sie würde nichts über die Gefahren und nichts über die Ziele des *Order* verraten, sondern lediglich einen flüchtigen Blick in das kryptische Einweihungszeremoniell gewähren, das zunächst sicherlich auch von den Bonesmen selbst nur in einigen unterschwelligen Konditionierungen ernst genommen wird, während der Gesamtablauf wirklich eher einem studentischen Mummenschanz gleicht. Doch das Böse kennt viele Gesichter und verbirgt sich gerne hinter irreführenden Masken. Stephen Kings teuflischer Clown in »ES« spiegelt dieses hinterhältige Spiel wider, es ist auch die Botschaft zahlreicher Märchen, in denen die gute alte Frau plötzlich zur bösen Hexe wird und der böse Wolf zur guten alten Großmutter. In allem liegt die finstre Illusion, ein Licht aus der Tiefe, das sardonische Lächeln des Todes. Leben schließt immer den Tod mit ein, in aller Veränderung ist er die einzige Konstante. Dies ist auch die Lehre der Bonesmen.

Eher vordergründig, wenn auch nicht bedeutungslos, ist die Einweihung selbst. Allein aber schon die Tatsache, daß die Bewachung des Tomb während jener besonderen Stunden nicht größer war, zeugt – wenn auch nicht von »Offenheit« – so doch von einer gewissen Gleichgültigkeit. Natürlich, zu mitternächtlicher Stunde war auf dem Yale-Campus nicht unbedingt mit Hochbetrieb zu rechnen, dennoch gibt es immer neugierige Augen …

Nun waren es vor allem technische Augen und Ohren: drei Nachtsicht-Videokameras und ein Tonbandgerät. Hinzu kamen zwei Walkie-Talkies und – eine Leiter. Als die ersten Schreie und Stöhnlaute aus dem Tomb nach außen drangen, teilte sich die Gruppe auf. Ron Rosenbaum, der sich kurze Zeit vor dieser Unternehmung verletzt hatte, verfügte nur über eine eingeschränkte Beweglichkeit, also repräsentierte er den Horchposten am Boden, während das Aufnahme-Team in eine »gehobene« Position wechselte, um die Objektive gezielt auf das Fenster richten zu können. Immerhin konnte der Journalist aus seinem »untergeordneten« Blickwinkel einige Schatten wahrnehmen. Er kombinierte seine Audio-Aufzeichnungen später dann mit dem Videofilm.

Die Qualität der Bilder ist situationsbedingt nicht umwerfend. Die gefilmten Szenen wirken in ihrer gespenstischen Verschwommenheit, in jenem grünen Licht des Bildverstärkers geradezu unheimlich. Dann geht es gleich mit ziemlich derben Sprüchen los, man bedient sich auch hier der allseits beliebten Fäkalsprache, wie sie durchaus auch im Militär, in den geheimsten Entwicklungszentralen, in Geheimdiensten und genauso den höchsten Kreisen üblich ist.

Zunächst erscheint da eine Person, die George W. darstellen soll, den gegenwärtigen 43. Präsidenten

Abb. 20: Erste Video-Aufnahme aus dem Tomb. Ron Rosenbaums Gruppe gelang ein besonderer Coup.

der Vereinigten Staaten von Amerika. Die Gestalt imitiert die etwas breite Aussprache des »mächtigsten Mannes der Welt«:

»Ich habe die Gewalt, die Scheiße aus China rauszubomben und sie geben mir diese Position.« Jemand ruft darauf »Uncle Toby!« – viele der Personen der *Bones*-Rituale tragen Namen aus Laurence Sternes »Tristram Shandy«. Der Ruf wird wiederholt. »Uncle Toby!« – »Halt die Fresse, Neophyt!« schmettert einer zurück. »Nimm den Kolben aus meinem Arsch, Onkel Toby« hallt es kurz darauf aus dem ehrwürdigen Gemäuer. Rosenbaum vermutet, daß diese Worte zur Einschüchterung der neuen *Bones*-Mitglieder dienen und den Eindruck vermitteln sollten, man werde sie ähnlichen Torturen unterziehen wie Abner Louima. Der Einwanderer aus Haiti war am 9. August 1997 von fünf Police Officers im New Yorker Stadtteil Brooklyn lebensbedrohlich mißhandelt worden. Sie banden Louima die Arme mit Handschellen hinter den Rücken, um dem hilflosen Mann dann einen hölzernen Stock tief in Mund und Rectum zu stoßen. Sie zerrissen ihm dabei die Eingeweide, und der unglückliche Louima konnte nur durch mehrere komplizierte Operationen gerettet werden. Er bleibt für den Rest seines Lebens schwer gezeichnet.

Nach dem »Uncle-Toby«-Intermezzo geht es sofort wieder in Zoten zur Sache. Der Bush-Ersatz nimmt kein Blatt vor den Mund: »Ich werde Dich ficken, wie ich Al Gore gefickt habe« – »Hilf mir, es ist der Teufel!« ruft eine andere Person. »Ich werde Dich töten, wie ich Al Gore getötet habe«, bekräftigt »George W. Bush«. Nach einem Moment Stille öffnet sich eine Tür, und mehrere Personen, die Hälfte von ihnen allem Anschein nach Frauen, schreien: »Lauf, Neophyt! Lauf Neophyt!« und wieder »Lauf, Neophyt! Finde den Femur!« – fast, als wollte man einen Hund abrichten. Ausgerechnet der Femur mußte es natürlich sein, der Oberschenkelknochen als längster und stärkster Röhrenknochen des Menschen! Symbol für die Stärke und Macht der Bonesmen?

Refrainartig wird nun wieder Louima in Erinnerung gerufen: »Nimm diesen Kolben aus meinem Arsch, Onkel Toby!«

Rosenbaum seinerseits nimmt nur die Bewegungen von Schatten wahr und notiert: »Danach wird es wieder ruhig. Der neu

LOS ANGELES TIMES

Skull-Bones Club Finally Will Admit Women

From Associated Press

NEW HAVEN, Conn.—Twenty-two years after Yale University first admitted women, Skull and Bones—its most prestigious senior society—has decided to do the same.

Alumni members of the 159-year-old private club voted late Thursday to accept women, turning aside a last-ditch effort by a group of die-hard traditionalists to maintain an all-male group.

More than 100 Bonesmen from around the country returned to their old clubhouse, known as the "Tomb," for a debate and vote on the issue. The counting of ballots, which included hundreds of proxies, was not completed until Friday morning.

The vote cleared the way for the initiation Sunday of six women and nine men.

The women were about to be initiated last month when a group of Bonesmen, including conservative columnist William F. Buckley Jr., obtained a court order blocking the induction.

Club directors agreed to hold off admitting women until a special meeting could be held to take a second vote on the issue. Proxy ballots were mailed to members.

The directors of Skull and Bones voted in May to welcome Yale women into the private club, whose ranks include President Bush, a 1948 graduate. In the 1988 presidential campaign, Bush conceded that he had qualms about letting women into the society.

Members ratified the decision on a 368-320 vote.

But opponents, led by P. Jay Fetner, a 1965 graduate from Washington, D.C., accused the board of fraudulent voting. They also questioned the wisdom of letting women into their bastion of male bonding.

Members of Wolf's Head, the only other senior society at Yale that does not admit women, will soon vote on whether to break with 108 years of tradition and let women join.

Over the years, Skull and Bones has been the most fanatical of the senior societies in guarding its privacy and letting only members share in the knowledge of its rituals.

But the tradition of secrecy was breached during this year's sometimes ill-tempered debate over changing the club's membership rules.

In April, the club's board changed the locks on the Tomb and suspended operations after the 15 Bonesmen from the class of 1991 defied their elders by deciding on their own to tap women.

The board announced early this year that it wanted to resolve the issue, but the 1991 graduates accused the directors of foot-dragging.

Abb. 21: Erst seit den 1990er Jahren werden auch Frauen in Skull and Bones *aufgenommen.*

Eingeweihte scheint nun wieder ins Innere des Tomb gegangen zu sein.«

Bald folgen wieder Schreie aus der Grabstätte. »Leck meinen Arsch, Neophyt! Gefällt Dir mein Arsch, Neophyt?« Rosenbaum kommentiert diese Worte lapidar: »Trotz dieser tiefempfundenen Bitten haben wir nicht gesehen, daß irgendeine dieser Handlungen vollzogen wurde.«

Nach einigen Zwischenrufen »Hol den Femur!« und »Der Tod gleicht dem Tod!« bekräftigt der Hilfs-George-Bush – und dieser Spruch wirkt zweifellos nur im Original: »I'm the President of the motha-fuckin' U.S.A.!« Eine befremdliche Vorstellung, daß US-Präsidenten, Senatoren und andere hochrangige Personen aus der Regierung, Militär und Geheimdiensten zu Beginn ihrer Karriere ein derartiges Ritual vollziehen, ein Ritual in einem geheimen Zirkel, der sogar das wesentliche Sprungbrett in diese Karrieren hinein bildet!

Wenn sich die Neulinge in den Sarg legen, beenden sie ihr bisheriges Dasein als primitive Barbaren. Sie werden nun symbolisch für ein neues Leben sterben, werden wiedergeboren in eine neue Gemeinschaft. Und diese Gemeinschaft ist winzig klein. Man stelle sich nur vor, 2500 Bonesmen gegen den Rest der Welt! 2500 Geläuterte gegen Milliarden Barbaren! Wer fühlt sich denn da wirklich wohl?

Im nächsten Schritt erscheint eine Figur im Teufelskostüm. Der Neuling wird mit Schreien angetrieben: »Beeile Dich, Neophyt! Lauf Neophyt!« Das Team geht in Deckung, als die Bonesmen das Tomb verlassen. In einem weißen Zelt auf dem Vorhof wird nun eine zweite Zeremonie abgehalten. Endlich haben die Initiierten auch ihren ersehnten Knochen gefunden und schleppen ihn aus dem Zelt heraus. Jetzt steht ihnen ein Mann gegenüber, gekleidet wie ein Barbar, lediglich in ein Tierfell gehüllt und mit einem Schlachtermesser in der Hand. Auf der anderen Seite eine Frau, von unten bis oben mit offenbar unechtem Blut verschmiert. Der Neophyt muß nun niederknien und einen Totenschädel küssen, wobei dem Opfer symbolisch die Kehle durchschnitten wird.

Die Symbole des Ritus können von Außenstehenden nur annähernd erfaßt werden. Barbaren verstehen eben nichts. Der Tod scheint hier Anfang und Ende zu sein, Alpha und Omega. Der Tod scheidet zwei Leben, das des Barbaren und das des Eingeweihten. Der Kuß des Totenschädels könnte vielerlei Bedeutung haben. Die Begrüßung des Todes entspricht dem Abschied vom Leben, dem bisherigen Leben. Im selben Moment bekräftigt der symbolische Kehlenschnitt diesen Übergang, nicht zu vergessen die auf den Neophyten mehr als symbolische Wirkung des Schlachtermessers sowie seines Meisters.

Der Totenschädel muß natürlich vor allem als das Symbol der Bonesmen gesehen werden. Wer ihn küßt, unterwirft sich dem Orden. Und er unterwirft sich dessen Gesetzen. Nach ihnen fragt Rosenbaum gegen Ende seines ungewöhnlichen Berichts. Er fragt, ob die symbolische Opferhandlung soviel bedeutet, wie »Tod den Barbaren?« – das wäre gleichbedeutend mit »Tod dem Rest der Welt!«.

Tatsächlich zeigen die Aktionen, wie sie unter der Ägide der Illuminierten, unter Ägide der Bonesmen weltweit von geheimen Teams durchgeführt werden, daß alle Mittel erlaubt sind und aus einer konditionierten Maßlosigkeit und Selbstüberschätzung heraus auch angewendet werden. Die Schattenregierung, deren Netzwerk hinter allem steht, kennt nicht die geringsten Skrupel. Die Wurzeln gründen trotz all des bizarren Mummenschanzes genau in diesen verschworenen Ritualen.

Ein verrücktes, exotisches Spiel

Ausschnitte von Rosenbaums Video wurden im amerikanischen Fernsehen gezeigt. Peter Jennings von »ABC News« kommentierte dazu: »Die Yale-Universität ist dieses Jahr dreihundert Jahre alt, und sollten Sie den Campus besuchen, dann würden Sie sehen, daß sie immer noch über ihre exotischen Club Houses verfügt, die wie Grabmäler aussehen. Hier treffen sich Yales legendäre Geheimgesellschaften. Ihr Prestige und ihre Bedeutung sind längst verflogen, doch die Rituale sind immer noch ein Geheimnis. Als wir daher hörten, daß einige unternehmungslustige Charaktere es geschafft hatten, die berühmte *Skull and Bones Society* auszuspionieren, nun, da konnten wir eben nicht widerstehen ...«

Schön, nur daß die Bedeutung allein deshalb verflogen zu sein scheint, weil es den Bonesmen über die Zeit hinweg im großen und ganzen gelungen ist, ihre Aktivitäten und ihre Vernetzung mit den höchsten Machtpositionen geheim zu halten. Aber das macht eigentlich auch den Sinn einer Geheimgesellschaft aus!

Wir haben schon einige Beispiele genannt, die zeigen, wie eng die wirklich bedeutenden Familien und ihre Geschäfte über die Bonesmen miteinander verbunden sind. Bald wird es noch ausführlicher darum gehen, mit welchen Mitteln und Methoden sie vorgehen, in welchen Aktionen sie ihre Finger haben und wie sie die Gesellschaft bereits unterwandert haben. Wie sich zeigen wird, sind Menschen – »Barbaren«! – nichts anderes als

Verbrauchsmaterial, das man benutzt und danach wegwirft. Barbaren, die sich auflehnen gegen das vom *Order* kontrollierte Establishment, werden in der Regel nicht lange geduldet. Im mildesten Falle schweigt man sie in den Medien tot, ihre Warnungen prallen gegen schalldichte Wände. In weniger milden Fällen findet man sie tot auf, fischt ihre leblosen Körper aus tiefen Gewässern, findet sie auf Mülldeponien oder in Hotelzimmern, im Kofferraum oder wo auch immer. Denn Schweigen ist Gold! Skull, der Totenschädel – auch ein Symbol des Schweigens. Wer es nicht von selbst lernt, dem wird es beigebracht.

Beides, Maulwürfe und Wühlmäuse, zählen zu den wenig gemochten Tierchen im gesellschaftlichen Zoo. In meinem Buch »Die unsichtbare Macht« habe ich zahlreiche Beispiele für wahrhaft mörderische Aktionen der Schattenregierung beschrieben, so daß ein Freund von mir bereits meinte, man müsse jenes Buch immer waagerecht halten, damit das Blut nicht ausläuft. Auch auf diesen Seiten werden wir nicht umhinkommen, einige der düstersten Winkel der Schattengesellschaft auszuleuchten, und dabei auf extreme Vorgänge stoßen, die einem – nun, wahrhaft das Blut stocken lassen. Der Symbolismus der Ordens-Initiation nimmt sich in alledem nur als eine erste Konditionierung auf die menschenverachtende Gesinnung der »Macht-Elite« dieses Planeten aus.

Die junge amerikanische Autorin Alexandra Robbins, Yale-Absolventin und selbst Mitglied einer der dortigen Geheimgesellschaften (*Scroll and Key*) veröffentlichte im Jahr 2002 ein Buch zum Thema. So ganz kann man sich hier allerdings des Eindrucks nicht erwehren, daß Ms. Robbins des öfteren die Situation um *Skull and Bones* zu verharmlosen versucht – wohl auch, da sie selbst in das System eingebunden ist und sich ihm gegenüber stärker verpflichtet fühlt als andere, unabhängige Journalisten.

Schon während ihrer Vorbereitungen für ihr Buch versuchte jemand, sie am Telefon einzuschüchtern: »Es gibt von uns viele Leute in den Redaktionen der Tageszeitungen und in Institutionen des politischen Journalismus. Viel Glück für Ihre Karriere!« Nach diesen guten Wünschen legte er den Hörer unsanft auf.

Das von Rosenbaums Team gefilmte Initiationsritual bietet natürlich einen geeigneten Ansatzpunkt, um den Ritus in einem eher lächerlich-obskuren Licht zu betrachten. Robbins meint dazu: »Als eine Veteranin von Einweihungen in Geheimgesellschaften Yales würde ich annehmen, daß die in Rosenbaums Bericht beschriebene Zeremonie viel zu vulgär für *Skull and Bones* klingt. Die Einweihung von neuen Rittern … ist eine Zeremonie, die gewiß ihre studentischen Momente hat, doch nach meinem Verständnis dient sie der Einführung der neuen Mitglieder in die Kultur der Gesellschaft, deren Rituale, Lieder, Geschichte und Überlieferung. Dies alles auf eine Weise, die sie beeindrucken wird, nicht aber anwidern und abstoßen. *Skull and Bones* wendet einige dümmliche Methoden an, um bei den Neulingen zeitweilige Furcht zu erzeugen, aber meines Wissens ist deren wichtigste Zeremonie nicht angefüllt mit jenen ›Ooga-Booga‹-Peinlichkeiten, die Rosenbaum im Detail berichtet.« Sie erinnern sich, der Journalist von »The Observer« hatte jene peinlichen Sequenzen auf dem Audio-File vernommen, das ihm ein anonymer Zeuge vom Notebook aus vorspielte. Rosenbaum selbst sagt, daß jener Ausruf á la Tarzan sich allerdings im Ritual von 2001 nicht wiederholte, weshalb er von einer Improvisation ausging.

Robbins erwägt die Möglichkeit, daß Rosenbaum auf einen parodistischen Streich der Geheimgesellschaft hereingefallen ist und *Skull and Bones* wußte, daß er den Ritus zu beobachten vorhatte. »Von meiner Erfahrung mit Geheimgesellschaften und aus meinen Gesprächen mit Bonesmen scheint die auf Video festgehaltene Zeremonie gewiß fern der Authentizität. Ein Bonesman, mit dem ich gesprochen habe, lachte in der Tat herzlich: ›Wir wollten mit diesem Schwanz ficken.‹« – Nun, soviel zum Thema: »… zu vulgär für die *Skulls* …«.

Doch abgesehen von diesem Widerspruch in sich könnte die Vermutung von Alexa Robbins tatsächlich ins Schwarze treffen. Sie bestätigt damit indirekt, daß die Bonesmen ihre Augen und Ohren überall haben. Eine »spezielle« Inszenierung würde auch erklären, daß das Team überhaupt eine Chance besaß, durch einen Fensterspalt zu filmen, anstatt auf völlige Abschottung zu treffen. Andererseits bleibt doch seltsam, daß der lächerliche Tarzanschrei im Band der Initiation vom April 2000 zu vernehmen war. Gehörte der Mann, der Rosenbaum diese Aufnahme vorspielte, selbst zu den Bonesmen, um die Irreführung einzuleiten? Dann aber hätte er, um das Interesse des Journalisten zu wecken, wohl etwas Bemerkenswerteres vorgespielt als jenes »Ooga Booga«.

Eine andere Möglichkeit wäre der – allerdings mißlungene – Versuch, Rosenbaums Interesse an dem Ritual zu schwächen, doch sicherlich hätte der anonyme Informant dann lediglich das Audioband abgespielt, ohne eine nächtliche Video-Exkursion nahezulegen. Keine der Erklärungen befriedigt also. Und so scheint es, daß entweder beide Riten – die auf dem Tonband ebenso wie diejenige auf dem Video – eine Inszenierung waren oder aber tatsächliche Szenen aus dem echten Ritus wiedergeben.

Aus den Kreisen der Bonesmen ist über den Ritus nicht sehr viel zu erfahren, bis auf einige Andeutungen anonymer Quellen. Auch hier ist von einem »verrückten, exotischen Spiel« die Rede, einem der aufregendsten Erlebnisse überhaupt, wenn es um Phantasien geht, die um den Neuling entwickelt werden. Das Ganze scheint ein vordergründig wirkendes, hintergründig nachwirkendes Theater zu sein, das nach Auskunft eines Insiders von Jahr zu Jahr geringfügig abgewandelt wird. Das wiederum würde erklären, warum Rosenbaum ebenfalls mit verschiedenen Varianten des Ritus konfrontiert wurde.

Trotz des teils geradezu kindischen Mummenschanzes gibt es innerhalb der Zeremonie angsteinflößende, verunsichernde und in ihrer Visualität sowie ihrem bedingungslosen Fordern extrem prägende wie auch bindende Aspekte. »Der Eingeweihte steht der alten Delegation gegenüber«, schrieb Ex-Yale-Student und spezieller Berater Präsident Clintons, Lanny Davis, und spricht sogar davon, daß der Neuling auch physisch geschlagen wird. »Anschließend wird er ausgezogen und dazu aufgefordert, sich an einer Form von Nacktringen zu beteiligen, dem dann das Sarg-Ritual folgt.«

Ein Ansatz zum Verständnis der Riten liegt paradoxerweise

in ihren Widersprüchen – für Außenstehende kaum verständlich. Es sind die Polaritäten, die hier aufeinandertreffen, spielerische und ernste Elemente, Fakten und Fiktionen, Offenbarung und Geheimnis, Macht und Ohnmacht, Erhebung und Unterordnung, Abschied und Neubeginn, Endlichkeit und Unendlichkeit, Leben und Tod. Der Eingeweihte steht im Mittelpunkt der Zeremonie, er wird dabei geehrt und gleichzeitig degradiert. Er muß sich und sein Innerstes entblößen, um anschließend neu bekleidet zu werden. All diese Polaritäten spielen eine wichtige Rolle im bizarren Spiel des Knochen-Ordens. Die Widersprüche werden in ihm vereint, aufgelöst. Es ist das »dialektische Prinzip«, in dem »These« und »Antithese« aufeinanderstoßen. Keines von beidem ist vollkommen. Der Widerstreit bringt am Ende die Synthese hervor. Wie sich zeigen wird, basiert diese Vorstellung auf alten Ideen und beherrscht das Weltkonzept des Ordens. Und mit diesen Regeln versucht jene Handvoll Menschen, die gerade einmal ein kleines Dorf bevölkern könnten, unseren Planeten zu beherrschen!

Kapitel 5

Welt-Kontrolle

Karriere-Knick

Connie Chung kann auf eine steile Karriere zurückblicken. Nachdem sie vor über 30 Jahren an der Universität von Maryland graduierte, stieg sie ins Fernsehgeschäft ein, als Autorin und Reporterin. In den nächsten Jahren sollte sie für diverse große Sender tätig werden. 2002 warb CNN sie dann von »ABC News« ab und baute ihr mitten in Manhattan ein eigenes Studio. Die Sendung »Connie Chung Tonight« sorgte für gute Einschaltquoten und entwickelte sich zu einem Programm, in dem es oft um persönliche Menschenschicksale und Verbrechen ging. Das stieß nicht überall auf Begeisterung, doch Connie Chung galt als eine Reporterin, die ihren Gästen auf den Zahn fühlte und durchaus unbequeme Fragen stellte. Nicht alles davon war vorbereitet, die Moderatorin agierte oft nach eigenem Ermessen und reagierte spontan auf die Entwicklung eines Gesprächs. So ließ sie unbeantwortete Fragen nicht gerne im Raum stehen und begann nachzuhaken. Die TV-Journalistin hatte auch ein »Exposé« über *Skull and Bones* ausgearbeitet, für den 4. September 2002. Punkt acht Uhr abends und damit zur besten Sendezeit, sollte es losgehen.

Geplant war jenes Programm über den Orden – doch statt dessen wurde dann ein Bericht über einen Mordprozeß in Florida ausgestrahlt. »Irgend jemand« hatte die ursprünglich vorgesehene Sendung in letzter Minute »gekippt«. Die Verantwortlichen bei CNN waren entweder »nicht verfügbar« oder die einzige Auskunft bestand im üblichen »No comment« – »Kein Kommentar«.

Connie Chung selbst schien sich ebenfalls schon seit geraumer Zeit auf merkwürdige Weise gewandelt zu haben. Ihre Sendungen hatten chaotische Züge angenommen, vor allem ihr Umgang mit den Anwesenden. Chung schien oft nicht bei der Sache, dann wieder unterbrach sie ihre Studiogäste sofort, nachdem sie eine Frage gestellt hatte, hob Unbedeutendes hervor oder fügte wirre Kommentare ein. Die Journalistin Carina Chocano äußerte schon die Frage, ob das wirklich noch Connie Chung sei.

Bald folgte dann ziemlich abrupt der Rausschmiß der CNN-Reporterin. Im Sender rollten noch einige Köpfe. So durfte unter anderem auch CNN-Vorsitzender Walter Isaacson gehen, der Chung für den Sender gewonnen hatte. Vielleicht hatte Connie Chung sogar noch einen Versuch unternommen oder unternehmen müssen, die Situation in einer Sendung vom 7. Oktober 2002 zu retten, was allerdings auch einige Verwunderung bei den Zuschauern hervorrief.

Gesprächspartner jenes Abends war der demokratische Abgeordnete Mike Thompson aus Kalifornien. Wie er gegenüber der Journalistin erklärte, gebe es offenbar keinerlei Beweise dafür, daß der Irak eine unmittelbare Gefahr für die Bevölkerung der Vereinigten Staaten oder deren Alliierten darstelle. Chung unterbrach und meinte: »Nun, lassen Sie uns etwas anhören, das Präsident Bush heute abend geäußert hat, und dann sagen Sie mir, ob dies nicht die von Ihnen geforderten Beweise liefert.« Was folgte, war der Ausschnitt einer Rede, die George W. Bush in Cincinnati gehalten hatte: »Einige der Al-Quaida-Anführer, die aus Afghanistan flohen, gingen in den Irak, unter ihnen ein altgedienter Al-Quaida-Führer, der dieses Jahr medizinische Behandlungen in Bagdad erhalten hatte und mit Plänen chemischer und biologischer Angriffe in Verbindung steht. Wir haben erfahren, daß der Irak Al-Quaida-Mitglieder in der Herstellung von Bomben, Giften und tödlichen Gasen ausgebildet hat. Und wir wissen, daß Saddam Husseins Regime nach dem 11. September die terroristischen Attacken auf Amerika hämisch gefeiert hat.«

Die Rede wird wieder ausgeblendet, Connie Chung kommt ins Bild: »Kongreßabgeordneter, sagt Ihnen das nicht, daß eine

Invasion des Irak gerechtfertigt ist?« – »Connie, wir haben nicht einen Beweis dafür gesehen, daß sich irgend etwas davon wirklich ereignet hat. Ich habe alle klassifizierten Briefings der bewaffneten Streitkräfte durchgestanden ...« Bevor Thompson seinen Satz noch zu Ende bringen kann, unterbricht Chung: »Sie meinen also, Sie glauben nicht, was Bush gerade gesagt hat? Bei allem gebotenen Respekt ...« darauf Thompson unmittelbar: »Nein, nein, daß ist nicht, was ich gesagt habe ... Ich habe gesagt, daß es in den Zusammenfassungen der Komitee-Anhörungen nichts gegeben hat, das dies untermauert hätte. Wenn es Belege gibt, dann müssen wir sie im Kongreß sehen und nicht über einen Fernsehschirm hören.« Chung bleibt eisern, sie spricht nach wie vor von Thompsons Unglauben an den Äußerungen des Präsidenten und betont: »Das klingt beinahe als ob Sie die amerikanische Öffentlichkeit bitten: ›Glaubt Saddam Hussein, glaubt nicht Präsident Bush‹«.

Warum stellte sich Chung plötzlich knallhart auf die Seite von Präsident Bush? Es ist ein Unterschied, bohrende und unbequeme Fragen an Politiker zu stellen oder sie anzugreifen, wenn sie es wagen, einen andere Meinung zu vertreten als das Staatsoberhaupt. Offenbar hatte man Connie Chung massiv unter Druck gesetzt. Ihre Karriere jedenfalls erlitt ungeachtet ihrer Bemühungen einen heftigen Knick.

Verwirrende Fakten, plötzlich klar

Es wäre nicht das erste Mal, daß so etwas im Kontext mit den *Skulls* geschieht. Einer, der gleichermaßen ein Lied davon singen konnte, war der schon mehrfach erwähnte Anthony C. Sutton. Der im Alter von 77 Jahren am 17. Juni 2002 verstorbene Forscher war der führende Experte zum Thema *Skull and Bones*. Der in London geborene Sutton hatte an der dortigen Universität sowie in Göttingen und den USA studiert. Der Professor für Ökonomie veröffentlichte wesentliche Werke über Roosevelt und die Wallstreet, über Hitlers Aufstieg, die Revolution der Bolschewiken und – über das geheime Establishment von Ame-

Abb. 22: Anthony C. Sutton (1925–2002).

rika. Während seiner Arbeit stellte er verblüffende und unheimliche Zusammenhänge fest. Er berichtete in den Endsechzigern darüber, wie technologische und industrielle Grundlagen der Sowjetunion – des US-Erzfeindes Nummer Eins jener Tage – von US-Firmen hergestellt und zu großen Teilen vom US-Steuerzahler finanziert wurden. Er stieß auch auf Beweise dafür, daß die USA den Aufstieg Hitlers unterstützten. Warum halfen die USA ihren Feinden? Und warum wollte Washington diese Tatsachen unter Verschluß halten? So fragte sich Sutton sofort.

Abb. 23: Ein Bild sagt mehr als tausend Worte. Nixon und Breschnew, die Staatsoberhäupter der Feindnationen, in trautem Beisammensein.

Die Fragen, die er zu stellen begann, öfter und öfter, waren für viele führende Köpfe in Politik und Wirtschaft sehr unbequem. Und der Professor selbst fand einfach keine Antworten. Bis er einen Stoß unglaublicher Dokumente zugesandt bekam. Dokumente über *Skull and Bones*, über deren Mitglieder und ihre Ziele, die Welt zu beherrschen. »Ich wußte nichts über S&B«, so meinte Sutton rückblickend, »bis ich in den frühen 80er Jahren einen Brief erhielt, mit der Frage, ob ich mir gerne eine echte

Mitgliedsliste ansehen würde. Aus keinem wirklichen Grund sagte ich ja. Wir kamen überein, das Päckchen via *Federal Expreß* zu versenden, und ich durfte es für 24 Stunden behalten. Dann mußte es in den Safe zurückgebracht werden. Es war die heimliche Aktion eines ›Familienmitglieds‹, empört über deren Aktivitäten. Zur Beruhigung jeglicher S&B-Mitglieder, die diese Aussage lesen und an ihr zweifeln: Die Mitgliedsliste besteht aus zwei Büchern, in schwarzes Leder gebunden. Lebende und verstorbene Mitglieder werden in getrennten Bänden behandelt. Sehr hübsche Bücher. Ich habe die ganze Zeit in *Kinko's* [Anm. d. Verf.: US-Copyshop-Kette] zugebracht, alle Bände kopiert und innerhalb der Spanne von 24 Stunden zurückgeschickt. Ich habe nie Kopien davon veröffentlicht oder die Quelle identifiziert, denn mir war klar, daß jedes einzelne Exemplar [Anm. d. Verf.: der Listen] markiert sein und S&B auf diese Weise befähigen könnte, die undichte Stelle ausfindig zu machen. Was fühlte ich? Nun, damals wie heute spürte ich, daß diese ›prominenten‹ Männer in ihrem Herzen wirklich noch unreife Jugendliche sind. Die schreckliche Realität ist, daß diese kleinen Jungs in ihrem Einfluß auf das Weltgeschehen dominant sind. Kein Wunder, daß wir Kriege und Gewalt hier haben. Schädel und Knochen, das ist das Symbol terroristischer Gewalt, der SS-Totenkopfdivision im Zweiten Weltkrieg, Etiketten auf Giftflaschen und so weiter. Ich bewahrte die kopierten Blätter eine Weile auf, bevor ich sie mir ansah. Als ich das tat, sprang mir das Gesamtbild förmlich entgegen. DIES war ein wesentlicher Teil des sogenannten Establishments. Kein Wunder, daß die Welt Probleme hat!«

Mit einem Mal war alles klar. Die Widersprüche lösten sich für Sutton auf. Doch seinen Drang, die Wahrheit herauszubekommen, mußte er mit bitteren Erfahrungen bezahlen.

Gefragt, welche Auswirkungen seine Nachforschungen zu jenen geheimen Eliten auf seine Karriere hatten, erwiderte Sutton: »Das hängt davon ab, was Sie unter ›Karriere‹ verstehen. Nach konventionellen Maßstäben bin ich ein elender Versager. Ich bin aus zwei großen Universitäten (UCLA und Stanford) herausgeworfen worden, eine Dauerstellung an *Cal State* von Los

Angeles wurde abgewiesen. Jedesmal, wenn ich etwas schreibe, scheint es irgend jemanden im Establishment anzugreifen und sie werfen mich den Wölfen vor. Andererseits habe ich 26 Bücher geschrieben, etliche Rundschreiben veröffentlicht und so weiter … wichtiger noch: Ich bin gegenüber der Wahrheit niemals Kompromisse eingegangen. Und ich gebe nicht auf. In materiellen Begriffen … hoffnungsloses Versagen. In Begriffen der Aufdeckung von Informationen …, ich denke, da war ich erfolgreich. Bewerten Sie einen Mann nach seinen Feinden. William Buckley [Anm. d. Verf.: William Frank Buckley, Jr., Bonesman seit 1950, Gründer des politischen Magazins ›National Review‹] nannte mich eine Null. Glenn Campbell, ehemals Direktor des *Hoover-Instituts* [Anm. d. Verf.: an der *Stanford University*] nannte mich ›ein Problem‹«.

So blieb es nicht aus, daß Sutton im Laufe seiner außergewöhnlichen Karriere auch deutlicheren Angriffen ausgesetzt war, daß seine Arbeit behindert, seine Schriften unterdrückt wurden und »man« ihm die Botschaft übermittelte: »Sie werden nicht überleben« – nun, langfristig gesehen ist das wohl bei jedem der Fall. Nicht zuletzt deshalb steht der Orden weit über dem Individuum. Denn nur der Orden kann ewige Dauer für sich in Anspruch nehmen, vermeintlich. Aber, mit den »Tausendjährigen Reichen« ist das bekanntlich so eine Sache …

Doch »reichen« bereits wenige Jahre, um unsere Welt ins Chaos und Elend zu stürzen. Selbst die uns bekannte Version der Weltgeschichte legt beredt Zeugnis davon ab. Die Hintergründe, warum dies denn alles so war, erfahren wir weder im Schulunterricht noch als Studenten der Geschichtswissenschaft. Wie sagte Anthony Sutton: »Leider wird kein Historiker seinen Job behalten, wenn er versucht, Verschwörungen zu erforschen …, dies ist ein Tabu für die *Amerikanische Historische Vereinigung*.« Also müssen andere diese Arbeit machen.

Sutton stellt fest, daß *Skull and Bones* absolut der legalen Definition einer geheimen Gesellschaft entspricht. Das einzige, was bekannt ist: Der Orden existiert, *Skull and Bones* an der Yale-Universität, die *Russell Trust Association* – RTA, Inc. Nichts aber wird hier offengelegt. Mitglieder werden geheim bestimmt, sie geben zu keinem Zeitpunkt ihre persönliche Mitgliedschaft preis. Es gibt keine Jahres- oder Tätigkeitsberichte, Ziele und Pläne sind nirgends einsehbar festgehalten, man trifft sich im Verborgenen. Wer Gutes im Schilde führt, muß das, wie schon gesagt, nicht tun.

Der Bilderstürmer

Bereits vor weit über hundert Jahren fiel diese Verschwörung ganz vereinzelt auf. 1873 veröffentlichte ein Yale-Student ein Pamphlet, völlig anonym. Darin prangert er die miserablen Zustände an seiner elitären Universität an und erkennt die Bonesmen dabei als Hauptschuldige. »Ikonoklast« – der »Bilderstürmer«, so nannte er seine Schrift, in deren Zeilen sich verhaltener Abscheu und beherrschte Empörung spiegeln. Er beklagt darin, daß an seinem College eine Geheimgesellschaft existiert, die nur wenigen offensteht.

»Es ist ein weltweites Gesetz, daß eine schlechte Institution entweder in eine gute umgewandelt werden oder aber völlig entfernt werden muß ... Seit mehr als vierzig Jahren existiert nun eine Geheimgesellschaft namens *Skull and Bones* am Yale-College ... Der Einfluß fortgesetzten Drucks auf die Mitglieder selbst, die Zwietracht zwischen Studenten eines Jahrgangs, die Bevorzugung, welche Mitglieder der Fakultät gegenüber den Bonesmen üben, die Einwände dem Bund als Geheimgesellschaft gegenüber, all dies weicht einem schwerwiegenderen Vorwurf. Zur Zeit, als *Skull and Bones* gegründet wurde, gab es jenes Übel nicht, das wir hier beginnen aufzuzeigen. Es ist ein Übel, das groß geworden ist, das bis heute wächst. Woran liegt es, daß die Yale-Universität so bedauernswert arm ist? – in der Tat so arm, daß ein Angestellter sagte: ›Wir sehen uns nicht in der Lage, unsere Magazine für den Gebrauch binden zu lassen.‹ Ihre Kräfte werden in jeder Richtung durch Mangel an Geld gelähmt. Viele ihrer Gebäude sind alt und unpraktisch. Nur drei Jahrgänge finden Unterkunft in ihren Schlafräumen. Ihre Angestellten werden ärmlich besoldet ... Wir möchten nicht so verstanden werden zu sagen, daß sie nicht viel tut. Doch ist sie arm, wenn man Ziele und Chancen bedenkt.« – In jenen Jahren ging es der elitären Universität also überraschend schlecht. Was die Gründe dafür betrifft, kommt der »Ikonoklast« wieder auf den Orden zu sprechen.

»*Skull and Bones* bezieht seine Leute aus jedem Jahrgang«, so schreibt der anonyme Student hier. »Sie sind in die Welt hinausgegangen und in vielen Fällen Führer in der Gesellschaft geworden. Sie haben die Kontrolle über die Yale-Universität erhalten. Deren Geschäfte werden von ihnen geführt. Geld, das dem College bezahlt wird, muß durch ihre Hände gehen, und obliegt ihren Entscheidungen. Zweifellos sind es an sich wertvolle Menschen, aber die vielen, auf die sie während ihrer Collegezeit verächtlich herabblickten, können das nicht so leicht vergessen, um Geld freigebig in ihre Hände fallen zu lassen.«

Die Bonesmen »kümmern sich weit mehr um ihre Gesellschaft, als daß sie etwas für das College tun ... Jahr für Jahr nimmt das tödliche Übel zu. Die Gesellschaft hat sich dem College gegenüber nie zuvor so widerlich verhalten wie heute, und es ist genau diese Verstimmung, welche die Taschen der Nicht-Mitglieder verschließt. Nie zuvor hat sie eine derartige Arroganz und selbstgefällige Überlegenheit an den Tag gelegt. Sie hat die College-Presse an sich gerissen und bemüht sich darum, alles zu beherrschen. Sie läßt sich nicht dazu herab, ihre Referenzen vorzulegen, greift aber mit schuldbewußter Verschwiegenheit nach der Macht. Das Gute zu nennen, welches das Yale-College getan hat, wäre nahezu unmöglich. Das Gute zu nennen, was es tun könnte, wäre noch schwieriger. So ist die Frage auf folgendes reduziert: Auf der einen Seite liegt eine Quelle des unermeßlich Guten – auf der anderen Seite eine Gesellschaft, die sich ernster und weitreichender Verbrechen schuldig gemacht hat. Das bedeutet: Yale-College gegen *Skull and Bones*!!«

Opium-Piraten

Sehr schnell also infiltrierten die Bonesmen das gesamte System, um von dort ihre weitgehend unsichtbaren Raubzüge durch die verschiedensten Institutionen des Landes anzutreten. Der Orden mit seinem Piratenemblem und als US-amerikanischer Ableger der *Illuminaten* Weishaupts gründet in seinen ureigensten Fundamenten auf verbrecherischen Machenschaften. William Huntington Russell, der Gründer der *Skull and Bones*, war Familienmitglied des führenden Opium-Imperiums jener Zeit. Sein Cousin Samuel Russell hatte 1823 *Russell and Company* ins Leben gerufen, neun Jahre vor der Geburt des Ordens 322. Nachdem die Familie sich zuvor schon mit dem Sklavenhandel bereichert hatte, betrat sie nun buchstäblich Neuland. Das Geschäft bestand darin, Opium in der Türkei zu erwerben und nach China zu schmuggeln. Auch auf dem Opium-Sektor arbeitete der alte amerikanische »Adel« zusammen. So verschmolz Russells fragwürdiges Unternehmen im Jahr 1830 mit einem vergleichbaren Syndikat der »altehrwürdigen«, bereits 1631 in die Staaten eingewanderten *Bones*-Familie Perkins aus Boston. Koordinator für das Geschäft von *Russell and Company* im chinesischen Kanton war ein gewisser Warren Delano, Jr. – Delano? Der Name sagt einem etwas! In der Tat, Warren Delano war niemand anderer als Großvater des späteren US-Präsidenten Franklin Delano Roosevelt.

In jenen Tagen waren die Yankee Clippers aus Connecticut und Massachusetts die schnellsten verfügbaren Schiffe. Sie besaßen teils bis zu 35 Segel, damit sie ihr hohes Tempo von 20 bis 38 Knoten erreichen konnten, also bis zu rund 70 Stundenkilometer! Oft ist nur davon die Rede, daß diese Schiffe gebaut wurden, um als Handelschiffe von der Ostküste der USA nach China zu fahren. Tee, Seide, Porzellan und andere Güter sollten sie von dort nach Amerika bringen. Um das alles nicht mit wertvoller Münze bezahlen zu müssen, die damals nur sehr knapp zur Verfügung stand, wurde ein anderes Zahlungsmittel zum Einsatz gebracht. Eben das Opium aus der Türkei. Auch hier verlief alles nach dem alten Motto »Wer zuerst kommt, mahlt auch zuerst«. Es ging darum, als erster ans Ziel zu gelangen. Auch mit den schnellsten Schiffen war es eine sehr lange Reise. Etwa drei bis sieben Monate dauerte die Fahrt, die nach der Atlantikpassage und den Abstechern in der Türkei an der afrikanischen Küste durch stürmische Gewässer gen Osten führte.

Russell and Company schlug sich gut im Wettbewerb der Schmuggler. Wohl nicht ganz umsonst schmückt sich der Orden mit den altbekannten Symbolen einer Piratenflagge! Als 1843 der Hafen von Shanghai geöffnet wurde, war das Russell-Opium-Imperium einer der ersten und mächtigsten Händler dort.

1903 begann die Yale-Universität in China missionarisch aktiv zu werden, wirkte dort unter dem Slogan »Yale-in-China« und der *Yale Divinity School*, die etliche Krankenhäuser und Schulen errichtete. Später klinkte sich der US-Geheimdienst in das Yale-Unternehmen ein: Im Zweiten Weltkrieg gelangte es unter die Leitung des jungen Reuben A. Holden vom *Office of Strategic Services* (OSS), Vorläufer des US-Auslandsgeheimdienstes CIA. Der entfernt mit den Bushs verwandte Reuben Holden schloß 1940 sein Yale-Studium ab und wurde in den verschwiegenen Kreis der Bonesmen aufgenommen. In China leitete er dann das dortige Yale-Programm und nutzte es für Infiltration und Kontrolle. »Yale-in-China« wurde zum verlängerten Knochenarm der Bonesmen. Mit von der Partie auch Mao Tse-tung. Der Orden unterstützte ihn und half den Kommunisten in China, an die Macht zu kommen.

Ein Eigentor? Das könnte man annehmen, doch war alles genau geplant. Durch die zunächst paradoxe Aktion schuf man ein Gegengewicht zur Sowjetunion und polarisierte die Welt wieder ein wenig. Warum das Ganze? Die Spur führt wieder nach Deutschland.

Unheimliche Thesen

Kurz bevor William Huntington Russell den Orden 322 gründete, diese zweite Sektion einer namentlich nie erwähnten deutschen Geheimgesellschaft, hatte er selbst in Deutschland studiert. In jenen Jahren 1831 und 1832 mußte er automatisch auch mit den Ideen der deutschen Philosophen Johann Gottlieb Fichte und Georg Friedrich Wilhelm Hegel konfrontiert werden. Sie waren gewissermaßen Straßengespräch.

Vor allem das Weltkonzept Hegels hinterließ nachhaltigen Eindruck bei Russell. Hegel bekannte sich ganz eindeutig zur – preußischen – Monarchie. Für ihn war der Staat die absolute Macht, dem sich das Individuum stets zu beugen hatte. Er stellte damit ein abstraktes Gebilde über den Menschen, beraubte ihn der Freiheit, indem er ihn zum lebenslangen Sklaven einer Machtstruktur werden ließ.

Hegels Philosophie war eine spekulative Lehre, die auf dem Bild beruhte, das er sich von Gott machte. In unserem Bewußtsein liegen demnach zwei Reiche – Natur und Geist. Sie finden und erkennen sich im menschlichen Bewußtsein. Nun spekulierte Hegel tüchtig drauf los.

Als Gott die Natur schuf, »entäußerte« er sich seiner selbst. Ursprünglich mußte alles in seinem unergründlichen Wesen liegen. Er schuf dann allein aus sich heraus die Natur, alle uns bekannte Materie, und »entfremdete« sich also in diese neue Form des Daseins. Gott – oder in Hegels Begriffen: »die Idee« – ist physikalisch nicht greifbar. Im Zustand der äußersten Selbstentfremdung, als Formkraft, wie sie der Natur innewohnt, ist sie sich selbst fremd geworden. Der Philosoph visualisiert Gott als in der Materie gefangen und sinniert darüber, wie die »Idee« wieder zu sich selbst zurück und damit in Freiheit gelangen kann. Daraus entwickelt Hegel ein allgemeines Polaritätsdenken: Zwei einander entgegengesetzte Zustände müssen in einer neuen Form vereint werden. Überlegungen dieser Art führten zu »Hegels Dialektik«: Es gibt immer eine These und Gegenthese; beide werden in der Synthese vereint, auf diese Weise schreitet die Welt voran.

Gott in seinem »Urzustand«, als Gott an sich, bildet also die These. Seine Entäußerung oder Materialisierung in Form der Natur führt zur Antithese. Für Hegel bildete nun Gottes Geist die Vereinigung der Gegensätze, die Synthese. – Also, alles wirklich eine pure Glaubensfrage.

Die nach heutigen Maßstäben ziemlich verdreht wirkenden Spekulationen von Hegel vermitteln dem unbefangenen Betrachter eigentlich einen recht friedfertigen Eindruck. Es ist doch schön, Gegensätze zu vereinen. Wenn Menschen sich heute streiten und sie morgen schon eine gelungene Synthese einigt, kann man doch zufrieden sein! Am nächsten Tag ist ein wunderbarer Fortschritt erreicht. Allerdings, das funktioniert nur, wenn sie sich anfänglich auch richtig streiten! Zuerst kommt der Konflikt, er ist immer erforderlich, um eine Lösung zu schaffen …

Hegels Überlegungen waren übrigens so neu nicht. Schon der alte Grieche Heraklit hing solchen Gedanken nach. Seinerseits war er beeinflußt von der Zarathustra-Lehre, die alles im Leben als historische Entwicklung verstand. Prinzipien stehen im Widerstreit. Was bei diesem Konflikt dann als Ergebnis herauskommt, ist das Weltgeschehen.

Nach dieser Denkweise – und auch Hegels Gehirnzellen tickten so – treiben Kriege die Weltgeschichte an. Sie sind der Motor für den Fortschritt. Wenn erbarmunslos harte Fronten aufeinanderprallen, folgt »unmittelbar« darauf die milde und versöhnlich lächelnde Synthese und öffnet die Tore in eine verbesserte Welt. Nach dem tobenden Gewitter der unschuldige Sonnenschein, welch wohltuend warmes Licht auf Millionen abgeschlachteten Leibern!

Kriege sind lebensnotwendige, unentbehrliche Schrittmacher in eine bessere Zukunft, so sah das Hegel. Eine verquere These, die tragischerweise dennoch einer gewissen Logik nicht zu entbehren schien.

William Huntington Russel sog die Ideen des schon ziemlich in die Jahre gekommenen Hegel förmlich in sich auf. Sollte er je in einer seiner Vorlesungen gesessen haben, was kaum mehr lange möglich war, denn Hegel starb im November 1831, dann dürfte die Sprachbarriere für ihn allerdings in jedem Falle unüberwindlich gewesen sein: Hegel galt als miserabler, zumindest sehr gewöhnungsbedürftiger Redner, den selbst Deutsche akustisch kaum verstanden. Sein Schüler Hotho beschrieb sehr eindrücklich, wie er ihn zum ersten Mal im Auditorium bei einer Vorlesung erlebte: »Als ich ihn nach wenigen Tagen auf dem

Lehrstuhle wieder sah, konnt‘ ich mich zunächst weder in die Art des äußeren Vortrags noch der inneren Gedankenfolge hineinfinden. Abgespannt, grämlich saß er mit niedergebücktem Kopf in sich zusammengefallen da und blätterte und suchte, immerfort sprechend, in den langen Folioheften vorwärts und rückwärts, unten und oben; das stete Räuspern und Husten störte allen Fluß der Rede, jeder Satz stand vereinzelt da und kam mit Anstrengung zerstückt und durcheinandergeworfen heraus; jedes Wort, jede Silbe löste sich nur widerwillig los, um von der metall-leeren Stimme dann in schwäbisch-breitem Dialekt, als sei jedes das wichtigste, einen wundersam gründlichen Nachdruck zu erhalten. Dennoch zwang die ganze Erscheinung zu einem so tiefen Respekt, zu solch einer Empfindung der Würdigkeit, und zog durch eine Aufrichtigkeit des überwältigendsten Ernstes an, daß ich mich bei aller Mißbehaglichkeit, obschon ich wenig genug von dem Gesagten mochte verstanden haben, unabtrennbar gefesselt fand.« Hätte Hegels Dialektik sich doch nur auf seinen Dialekt beschränkt, hätte wohl niemand ihn verstanden, dann wäre seine Philosophie vielleicht nicht zum Tagesgespräch Deutschlands geworden, und auch Russell hätte nichts von alledem mitbekommen.

Schon über ein Jahrzehnt früher krachte es aufs Dialektischste, als Hegel und der damals noch nicht so große Arthur Schopenhauer im Philosophenstreit aneinander gerieten.

Die besten Fernsehsendungen werden bekanntlich immer gleichzeitig ausgestrahlt, eine fast schon wieder dialektische Unsitte, die zumindest vor dem Zeitalter der Videorecorder auf einigen Unmut bei den Zuschauern stoßen konnte.

Früher nicht anders: Schopenhauer setzte seine Vorlesungen genau auf die Zeiten an, zu denen auch Hegel sich aufraffte, seine verbale Obstipation sehr angestrengt in Gang zu bringen. Schopenhauer wähnte sich sicher, daß die Zuhörer zu ihm strömen würden, nicht aber zu jener rhetorischen Ruine. Verärgert mußte er dann das exakte Gegenteil feststellen. Und auch verkraften. Selbst noch im Jahr 1847, als Hegel schon seit sechzehn Jahren sämtliche Kriege nurmehr aus dem Schützengraben Gottes betrachtete und damit seine ganz persönliche Synthese erreicht hatte, zürnte Schopenhauer: »Will Dich Verzagtheit anwandeln, so denke nur immer daran, daß wir in Deutschland sind, wo man gekonnt hat, was nirgend anderswo möglich gewesen wäre, nämlich einem geistlosen, unwissenden, Unsinn schmierenden, die Köpfe durch beispiellos hohlen Wortkram von Grund aus und auf immer desorganisierenden Philopaster, ich meine unsern teuren Hegel, als einen großen Geist und tiefen Denker auszuschreien. Und nicht nur ungestraft und unverhöhnt hat man das gekonnt; sondern wahrhaftig, sie glauben es, glauben es seit 30 Jahren bis auf den heutigen Tag!«

Wären die Menschen doch nur in Schopenhauers Vorlesungen gegangen!

Ohne daß Hegel es selbst je geahnt hätte, sollte er zu einem der gefährlichsten Männer der Welt werden. Seine Philosophie, die in Kriegen den Motor der Weltgeschichte sah, mündete in dem teuflischen *Bones*-Konzept, weltweit Konflikte zu schüren, um sein eigenes Ziel, die perfekte »Synthese« in Form einer einzigen großen Macht, einer Weltregierung zu erreichen.

William Huntington Russell, der in Deutschland auch einen Vertreter des ursprünglichen Ordens getroffen haben muß, brachte nun einen fruchtbaren Samen mit, der nur noch auf geeigneten Nährboden fallen mußte, um in aller Frische zu keimen.

Jetzt kam alles auf fatale Weise zusammen, die Lehren der *Illuminaten*, Hegels Dialektik, die ehrwürdige Yale-Universität und Russells alte, reiche Familie, die sich mit ihrem Opiumschmuggel bereits zur Welt-Piraterie aufgeschwungen hatte. Nun ging es darum, die Welt-Herrschaft an sich zu reißen. Genau wie Weishaupt seinerzeit zahlreiche Fäden verschiedenster Lehren zusammengezogen hatte, um seine krankhafte Gier nach Macht zu befriedigen, genauso verknüpfte nun auch Russell die Fäden. Von Weishaupt bezog er nicht zuletzt die verschwörerische Komponente strikter Geheimhaltung und Irreführung aller Außenstehenden, von Hegel bezog er die gefährlichen theoretischen Grundlagen, um die Weltgeschichte durch künstlich angeheizte Konflikte zu schüren. Und von seiner Familie bezog er die alteingesessene Sicherheit und abgrundtiefe Skrupellosigkeit, um seinen Plan in die Tat umzusetzen. Jedes einzelne Element für sich zeigte sich letzten Endes begleitet von einer beispiellosen Verachtung des Individuums und seiner ureigensten Rechte.

Der Experimentator

Als William H. Russell 1832 von Deutschland in die USA zurückkehrte, um dort *The Order* zu gründen, wurde im schwäbischen Neckarau ein Kind geboren, das später bereits als junger Mann einige US-amerikanische Studenten aus dem Umfeld von *Skull and Bones* nachhaltig beeinflussen sollte: Wilhelm Maximilan Wundt. 1856 promovierte er an der Universität Heidelberg im Fach Medizin. Seine Doktorarbeit trug den Titel »Untersuchungen über das Verhalten der Nerven in entzündeten und degenerierten Organen«. Physiologie war sein Steckenpferd, und sofort nach dem Abschluß in Heidelberg ging Wundt an das *Institut für Physiologie* in Berlin.

Die Familie Wundt hatte etliche bedeutende Personen hervorgebracht, vor allem Gelehrte. Wilhelm Wundts Vater Maximilian hatte es in der Politik weit gebracht, der Großvater war Pastor und Professor für Geschichte an der Universität Heidelberg – dieser Mann, Kirchenrat Karl Kasimir Wundt, gehörte dem *Illuminaten*-Orden an und hatte dort den Namen »Raphael« getragen. Auf wund(t)ersame Weise schließt sich hier also schon wieder der große Kreis. Und die Wechselbeziehungen gehen noch weiter.

Wilhelm Maximilian Wundt, der auch als Abgeordneter in der *Badischen Fortschrittspartei* zu finden ist, also ebenfalls politisch aktiv war, wurde vor allem von dem deutschen Philosophen Johann Friedrich Herbart auf die Hegel-Schiene gebracht. Der selbst wieder eng mit *Illuminaten* verbundene Herbart sah in der Erziehung eines Menschen vor allem die Aufgabe, ihn zu einem akzeptablen Teil der Gesellschaft zu machen. Nichts dagegen, nur verstand der illuminierte Philosoph darunter, gleichsam willenlose Werkzeuge zu schaffen. Die individuellen Fähigkeiten waren dabei nicht wichtig, demnach auch nicht deren Förderung. Vielmehr bestand Sinn und Zweck der

Erziehung darin, jeden Menschen zum leicht lenkbaren Dienstvehikel für ein absolutes Staatssystem werden zu lassen.

Wilhelm M. Wundt seinerseits versuchte sein medizinisch-physiologisches Know-How einzubringen. Er sollte zum »Vater« der experimentellen Psychologie werden und gründete 1875 ein eigenes Labor.

Dieser seltsame Mediziner folgerte aus seinen Forschungen, daß nur die äußeren Erfahrungen einen Menschen ausmachen; physiologische Reize prägen ihn, auf sie reagiert er. Wundt geht so weit, dem Menschen einen eigenen Willen abzusprechen, und rückt ihn damit gerade einmal auf die Ebene eines Instinktwesens oder einer Marionette, die geführt werden müsse. Zunächst unglaublich, daß Wundt der Widerspruch in sich nicht auffiel. Denn wer sollte den Menschen denn führen außer andere Menschen, die wohl kaum anders einzuordnen waren! Doch für den experimentellen Psychologen gab es nicht den geringsten Widerspruch. Denn auf dieser Welt existiert ein »Überwesen«, das die Führung beanspruchen kann: der Staat! Hegel pur also! Repräsentiert wird dieses abstrakte Gebilde durch eine Macht-Elite, welche die totale Kontrolle übernimmt.

Mehrere Männer aus dem Kreis von *Skull and Bones* gelangten um die Mitte des 19. Jahrhunderts nach Deutschland, um hier zu studieren. Timothy Dwight, Andrew Dickson White sowie der schon mehrfach erwähnte Daniel Coit Gilman hatten an der Yale-Universität studiert und wurden allesamt in den Orden eingeweiht. Dann gingen sie, jeder für sich, auf Reisen. Doch alle hatten ein gemeinsames Ziel: Deutschland. Noch genauer: die Universität Berlin. Alle drei gelangten sie, und das keineswegs unbeabsichtigt, in das Umfeld der »Hegelianer« und Wilhelm Maximilian Wundts. Und alle drei kehrten geradezu »illuminiert« an die Ostküste zurück.

Sie stiegen hoch auf.

Timothy Dwight wurde nicht nur Professor an der *Yale Divinity School* (!), sondern auch zwölfter Präsident der Yale-Universität.

White wurde zum ersten Chef der Cornell-Universität in Ithaka, New York und erste Präsident der *Amerikanischen Historischen Vereinigung* (!).

Gilman schließlich hatte noch während seines Europa-Aufenthaltes 1854 aus St. Petersburg an seine Schwester geschrieben: »... ich sehne mich nach einer Gelegenheit, den Geist New Englands zu beeinflussen.« – Das gelang ihm auch, indem er, der elitäre Bonesmen, sowohl erster Präsident der Johns-Hopkins-Universität wurde als auch erster Präsident des Carnegie-Instituts. So schlich sich das von den Bonesmen natürlich begeistert für ihren eigenen Zwecke inkorporierte philosophische Gedankengut Hegels in das Erziehungssystem ein.

Der erste amerikanische Staatsbürger überhaupt, der bei Wilhelm Wundt seinen Doktor machte, war Granville Stanley Hall. Zurück in den USA, wurde er zu einem bekannten Kinderpsychologen, seine Theorien beeinflußten das Erziehungswesen in den USA deutlich. Auf den ersten Blick gab es keine Verbindungen zum Orden. Hall hatte am *Williams College* graduiert, nicht an der Yale-Uni, er war kein Mitglied des Ordens, und das traf auch auf seine Familie zu – oder zumindest auf den Familienzweig, dem er entstammte.

Die Genealogie der Halls zu ergründen, ist keine Kleinigkeit, da der Name sehr häufig vorkommt. Zumindest soviel läßt sich feststellen, daß die Vorfahren des G. Stanley Hall auf einen John Hall zurückgehen, der 1584 im englischen Kent geboren wurde und 1632 nach Amerika auswanderte. So rechnet diese Familie ebenfalls zu den »old lines«, die auch einige bemerkenswerte Mitglieder hervorbrachten. Lyman Hall machte im 18. Jahrhundert eine politische Karriere und zählt zu den Mitunterzeichnern der amerikanischen Unabhängigkeitserklärung. Der in Connecticut geborene Asaph Hall erlangte als Astronom Berühmtheit, nachdem er 1877 am US-Marine-Observatorium in Washington die beiden winzigen Mars-Monde Phobos und Deimos entdeckt hatte. Die Namen bedeuten »Furcht« und »Schrecken«, was ein gutes Synonym für *Skull and Bones* wäre. Auch Asaph Hall stammte von jenem John Hall aus Kent ab. Vom ursprünglichen Wohlstand seiner Familie war im 19. Jahrhundert allerdings nicht mehr viel übrig. Von daher schien sie nicht dem richtigen Umfeld für die Bonesmen zu entstammen. Ob die beiden Bonesmen Gordon Hall (*The Order*, 1843) und Edward T. Hall

(*The Order*, 1941) sich auf dieselben Wurzeln zurückführen lassen wie G. Stanley Hall, ist nicht sicher. Letzterer jedenfalls trat 1867 in das *Union Theological Seminary* ein, und verbrachte in dieser Priesterschule ein ganzes Jahr. Später wirkte hier Bonesman Reverend Henry Sloane Coffin – welch ein Name für ein Mitglied im Orden, bedeutete er doch »Sarg«! Hall wurde in der Schule allerdings von einem Mann unterstützt, der selbst nicht zu den Bonesmen gehörte, ihnen aber wohl nahestand. Es war Reverend Henry Boynton Smith, der ihm auch empfahl, sich für weitere philosophische Studien nach Deutschland zu begeben. Nur wie?

1868 saß Hall völlig mittellos in Pennsylvania und wußte nicht, wie er es schaffen sollte, die Atlantik-Passage zu bezahlen. Da trat plötzlich ein mysteriöser Pastor in Erscheinung. Er lud Hall zu sich ein, sprach mit ihm über seine Pläne, und nachdem diese offenbar genehm waren, überreichte er dem erstaunten Gast einen Scheck von 1000 Dollar – sowie eine versiegelte Notiz an einen gewissen Henry Sage.

Die Familie Sage war sowohl bei *Skull and Bones* vertreten als auch bei *Scroll and Key*. So schloß sich wieder einmal der Kreis. Hall hatte, ohne selbst eine Ahnung von den Hintergründen zu haben, Geld vom Orden bekommen, um in Deutschland Hegelsche Philosophie zu studieren. 1871 zurück in den USA, wurde er Professor am *Antioch College*, Ohio, das unter vollständiger Kontrolle von *Skull and Bones* stand.

Der »Fall Hall« zeigt, daß die Bonesmen durchaus auch Nicht-Mitglieder fördern, sofern sie ihren Zwecken dienlich sein können. Sie ebneten Hall überall den Weg, und er wurde zum effektiven Multiplikator der Hegelschen Philosophie.

Das amerikanische Bildungssystem wurde schrittweise und systematisch unterwandert, um mehr zu *konditionieren* denn zu *bilden*.

Dem Orden war es dadurch gelungen, die Erziehung der Öffentlichkeit in seinem Sinne zu kanalisieren. Einer von Halls geistigen Erben war John Dewey, der den stärksten Einfluß auf dem Sektor ausüben sollte. Und es ist klar, was er bezweckte. Die Kinder sollten vor allem zu funkionierenden Geschöpfen erzogen werden, Personen eben, nicht Persönlichkeiten. »Erziehung ist«, so erklärte Dewey, »ein Prozeß des Lebens und nicht eine Vorbereitung auf das zukünftige Leben …«

Hegel-Kriege

Die großen Familien beziehungsweise ihre eingeweihten Mitglieder besaßen ein starkes Interesse daran, möglichst jeden Bereich dieses Lebens unter ihre Kontrolle zu bekommen. Die Rockefellers stehen hier hinter vielen Unternehmungen, in deren Kern *The Order* zu finden ist. Übrigens wurde auch die *School of Education* 1902 mit Rockefeller-Geldern gegründet. Ihr Direktor wurde John Dewey. Nach außen hin brachten solche Aktionen der Familie hohes Ansehen, ebenso wie die diversen humanitären Stiftungen, die allerdings vor allem dazu dienten, Teile des riesigen Familienvermögens dem Fiskus zu entziehen.

Bonesmen hatten sich in alle wesentlichen Einrichtungen manövriert. Sie unterstützen sich gegenseitig, fördern ihre Nachfolge-Generationen, enthüllen aber nichts davon der unbedarften Öffentlichkeit.

Das morbide Geflecht wächst unter der sichtbaren Oberfläche. Nur hier zeigt sich, wie alles miteinander verwoben ist. Das Establishment der reichsten und mächtigsten Familien der USA etablierte seinen Willen in der Gesellschaft. Es etablierte sein Gedankengut und ließ es zu einem Mainstream werden, der von allen befolgt wird, die ihren Job problemlos und lange verrichten wollen.

Niemand fragt mehr, warum die meisten Akademiker nur mitleidig lächeln oder aber scheinbar kurz vor dem Infarkt stehen, sobald man sie auf »Verschwörungen« anspricht. Kaum jemand bemerkt anscheinend, daß unsere Geschichte verdreht und verdrillt wird wie die Gelenke von Ketzern auf einer mittelalterlichen Folterbank. Und wer es bemerkt, macht den Mund nicht auf. Hinter allem und jedem steht eine mächtige Lobby.

Die Presse kann bei weitem nicht frei berichten. Die Medizin wird ebenfalls kontrolliert. Ja, es ist natürlich auch wichtig, diejenige Wissenschaft zu kontrollieren, die über Gesundheit, Leben und Tod eines Menschen entscheidet. Und überall ist es dasselbe: Wer gegen die etablierte Lehre verstößt, wird lächerlich gemacht, totgeschwiegen, verfolgt oder in extremeren Fällen (die aber gar nicht so selten sind) sogar beseitigt.

Wer aber die Prinzipien von *Skull and Bones* kennt, der kennt auch die Prinzipien, nach denen unsere Weltkugel sich zu drehen hat. Er versteht nun auch plötzlich, was zunächst absolut unglaublich und paradox erscheint:

Kriege und Revolutionen müssen in den Augen derer, die über die Macht verfügen, künstlich geschürt werden, um die Welt anzutreiben. Der Zweck heiligt die Mittel.

Ganz gleich, ob das Konzept schlüssig ist, ob es am Ende aufgeht, ob es der Vernunft oder einer fixen Idee entspringt, die Mitglieder des Ordens sind davon überzeugt, daß es funktionieren wird. Und das ist das Entscheidende. Sie versuchen, ihre Macht global auszudehnen, die Vereinigten Staaten sind für sie kein schützenswertes Gebilde, sondern nur Ausgangspunkt für eine Weltrevolution und die Bildung eines Superstaates, regiert von der Macht-Elite – mit welchen Worten stimmte der Bush-Abklatsch während der von Rosenbaum dokumentierten Initiation in den Ritus ein? Noch einmal O-Ton: »I'm the President of the motha-fuckin' U.S.A.!« Sollte in dieser mehr als abfälligen Bemerkung etwa doch eine tiefere Bedeutung liegen?

Nicht alles läßt sich steuern, nicht die gesamte Weltgeschichte lenken, aber durch gezielte Planung lassen sich scheinbar schicksalshafte Ereignisse generieren. Die Geschichte kann zu großen Teilen künstlich gelenkt werden, Kriege und Konflikte lassen sich wirkungsvoll anheizen! Diese Behauptung steht in krassem Gegensatz zur etablierten Lehrmeinung. Warum wohl ist das so?

Wer als Sieger hervorgehen will, braucht einen Gegner. Wenn dieser Gegner überwunden und eine neue Entwicklungsstufe erreicht ist, wird es Zeit für den nächsten Gegner. Wo finden wir dieses Prinzip? Dieses ständige Konstruieren von neuen Feinden? Die Antwort erübrigt sich fast: nirgend anders in annäherndem Maße wie in den USA. Eine offenbar massiv anti-amerikanische Feststellung. Nein, eben nicht. Im Gegenteil. Jeder US-Patriot müßte hellhörig werden, wenn er die Entwicklung betrachtet. Denn er bemerkt, daß sein Land für die Interessen einiger extrem Mächtiger, die längst keine echten »Landsleute« mehr sind, durchaus vor die Hunde gehen darf. Wenn sogar Mitbürger zu Opfern dieses verborgenen Molochs werden, sollte manches klar werden.

Nein, es geht allein um die verborgene Regierung, eine Schatten-Agenda, die sich personell teilweise durchaus mit der offiziellen US-Regierung deckt, jedoch andere Ziele verfolgt als sie vorgibt. Es geht um die Bonesmen und ihr Tun, das gegen alle »Barbaren« gerichtet ist. Und es ist völlig gleich, ob Demokraten oder Republikaner im Weißen Haus sitzen, es kommt nur auf ihre Nähe zu den *Bones* an, auf ihre »Bonität« gewissermaßen.

Parteien sollen Möglichkeiten vorgaukeln, die in Wirklichkeit gar nicht bestehen. Der Wähler geht mit ernstem Blick zur Urne, während die Bonesmen in ihrem gemütlichen Grab in schallendes Gelächter ausbrechen. Was die Parteien im eigenen Land, das sind die konträren Ideologien in der Welt. Sie wurden bewußt von ein und derselben Quelle gefördert. So unterschiedlich sie auch sind, »links« und »rechts« sind imaginäre Hegel-Konstrukte, These und Antithese, die brav in eine Synthese zu münden haben.

Daß dabei Abermillionen Menschen in riesigen Kriegen, Hegel-Kriegen, umkamen, scherte die Bonesmen wenig. Nicht zu vergessen, sie sind die Elite, wir die Barbaren, die einem Überstaat als Werkzeuge zu dienen haben. Wo gehobelt wird, da fallen eben Späne. Knochensplitter der Geschichte!

Geschäfte mit dem Feind

Wer die Philosophie des Ordens kennt, kann sich plötzlich erklären, warum die Wallstreet die Oktoberrevolution von 1917 und damit die Gründung der Sowjetunion unterstützte. Die geheimen Gespräche dazu fanden im Doppelturm des Equitable

Abb. 24: Das Equitable Trust Building, *Broadway 120, New York. Sitz des Harriman-Reiches.*

Trust Building, Broadway 120, New York statt. Die Residenz des Harriman-Imperiums!

Dokumente des US-Außenministeriums enthalten Informationen über Waffentransporte zu den Bolschewiken. Superfamilien wie die Rockefellers unterhielten über viele Jahre verborgene Handelsbeziehungen über den Eisernen Vorhang hinweg. Die Nutzung der extrem ergiebigen Ölfelder im Kaukasus wurde von amerikanischen Firmen unterstützt, vor allem *Barnsdall International Corporation*, die von Matthew C. Brush geführt wurde. Ähnlich wie Hall zählte er zu denjenigen, deren Fähigkeiten dem Orden aufgefallen waren und gefördert wurden. Brush saß auch *Brown Brothers Harriman*, Equitable Trust Building, und dem *Guaranty Trust* vor. Die Finanzkraft dieser bereits kurz erwähnten, 1864 gegründeten Treuhand kam von den Familien Rockefeller, Harriman, Whitney und Vanderbilt. Alle von ihnen stehen in enger Verbindung zum Orden. Interessant übrigens, daß die *Vanderbilt University* eine *»Skull & Bones«*-Sektion aufweist, die allerdings nicht vergleichbar ist mit der Yale-Geheimgesellschaft. Denn die Vanderbilt-*Skulls* sind jedem Studenten offen. Sie steht im Zusammenhang mit der medizinischen Fakultät und ist Vanderbilts vorbereitende Sektion der *American Medical Student Association* – die wiederum unter der Obhut der Rockefellerschen *American Medical Association* steht. Es scheint so, als ob man versucht, mit neueren *Skull*-Organisationen ein Verwirrspiel zu treiben, und geradezu diebische Freude daran besitzt, das *Skull*-Symbol in ei-

Abb. 25: Auch an der Vanderbilt-Uni findet sich das Symbol, ebenso gibt es Skull and Bones *an der Pennsylvania-Universität – gegründet von zwölf Männern.*

nem mehr oder minder harmlosen Kontext zu präsentieren. Doch nach dieser kurzen Abschweifung wieder zur Sache.

Über Barnsdall also wurde der Orden in Rußland aktiv und stärkte den US-Erz-Feind. Die Beziehungen pflegte man über Jahrzehnte hinweg. Franklin Delano Roosevelt, dessen Großvater für das Russell-Imperium im chinesischen Kanton tätig war, ernannte niemand anderen als Bonesman William Averell Harriman im Jahr 1943 zum US-Botschafter für die Sowjetunion. Ein Jahr später gab Stalin ihm gegenüber zu, daß zwei Drittel der Sowjetunion mit Hilfe der Vereinigten Staaten aufgebaut worden waren.

Harriman blieb bis 1946 Botschafter. Dann übernahm er unter Präsident Truman das Amt als Handelsminister, doch seine Verbindungen hinter den Eisernen Vorhang brachen nicht ab. 1983 reiste er zu einem vertraulichen Gespräch mit Yuri Andropov in die Sowjetunion, er war vor jedem Mitglied der Reagan-Regierung der erste Amerikaner, der mit dem Nachfolger von Leonid Breschnew sprach.

Als Mitglieder des Orders sowie ihre Handlanger in den 1920er Jahren die Sowjetunion beim Abbau ihrer Manganvorkommen förderten, wußte die damalige US-Regierung nichts davon. Man bekam erst Wind von den verdeckten Operationen, als die US-Botschaft in London über einen entsprechenden Zeitungsbericht stolperte.

Im Januar 1925 schickte Even E. Young von der Abteilung für osteuropäische Angelegenheiten im US-Außenministerium eine so geheimnisvolle wie aufschlußreiche Notiz an den damals Stellvertretenden Außenminister Wilbur J. Carr. Darin heißt es unmißverständlich: »Es gibt gewisse und sehr bestimmte Gründe dafür, weshalb ich es als höchst unklug für das Außenministerium betrachte, jegliche Untersuchung mit Blick auf die berichtete Mangankonzession zu initiieren.« Mit anderen Worten wußte Young, daß man sich dann mit einer viel einflußreicheren Macht hinter der Macht anlegen müßte. Ist es nicht sehr seltsam, daß das englische Wort »initiate« in Youngs Memorandum gleich zweimal unterstrichen ist? »initiate« – als Verb bedeutet es soviel wie »einleiten«. Als Substantiv jedoch »Eingeweihter«!

Sollte diese Doppeldeutigkeit ein verdeckter Hinweis darauf sein, daß hinter allem die übermächtigen Bonesmen, die »Eingeweihten« stehen? Resignierend notierte Carr handschriftlich unter dem Brief: »Ich beuge mich Ihrem Urteil in dieser Angelegenheit.«

Der Orden hatte wieder gewonnen. Doch die Bonesmen mußten noch ein Gegengewicht schaffen, sie förderten noch eine dem Kommunismus völlig entgegengesetzte Ideologie: den Nationalsozialismus. Beide Systeme vertraten den Hegelschen Absolutheitsanspruch des Staates – jedes auf seine Art. Beide bezogen ihre Grundgedanken aus den Lehren jenes Philosophen. Und sie standen sich als These und Antithese gegenüber. Der globale Konflikt zum »Vortrieb der Welt« konnte dadurch

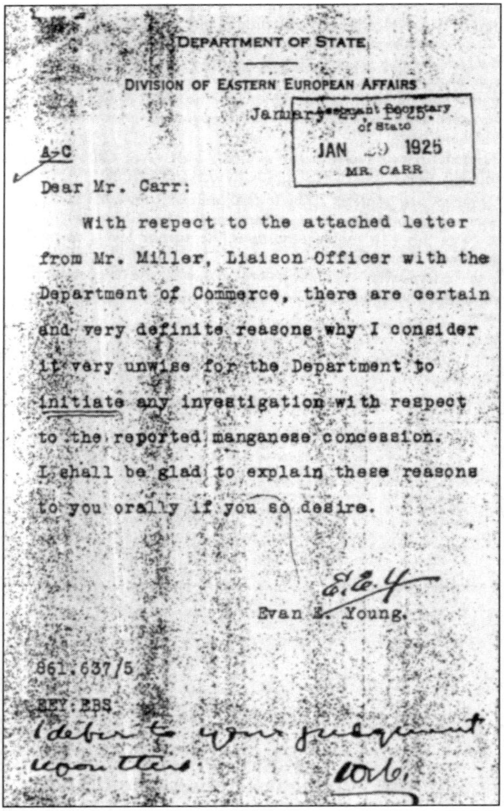

DEPARTMENT OF STATE

DIVISION OF EASTERN EUROPEAN AFFAIRS

January 29, 1925.

Assistant Secretary of State
JAN [illegible] 1925
MR. CARR

A-C

Dear Mr. Carr:

With respect to the attached letter from Mr. Miller, Liaison Officer with the Department of Commerce, there are certain and very definite reasons why I consider it very unwise for the Department to initiate any investigation with respect to the reported manganese concession. I shall be glad to explain these reasons to you orally if you so desire.

E.E.Y.

Evan E. Young.

861.637/5

EEY:EBS

I defer to your judgement upon this. WJC

Abb. 26: Die Macht des Bonesman Harriman.
In diesem Schreiben von Even E. Young an den Außenminister heißt es: »Es gibt gewisse und sehr bestimmte Gründe dafür, weshalb ich es als höchst unklug für das Außenministerium betrachte, jegliche Untersuchung mit Blick auf die berichtete Mangankonzession zu initiieren.«
Das letzte, bedeutungsvolle Wort ist zweimal unterstrichen.

bestens angefacht und durch eine entsprechende Dosierung der angewandten Mittel auch gesteuert werden.

Die Vorstellung, daß vom Boden der USA ausgehende Kräfte den Nationalsozialismus förderten, erscheint fast noch abstruser als die Unterstützung der Bolschewiken. Die betreffenden Dokumente aber werden in den US-Geheimdiensten aufbewahrt. Nur wenig drang nach außen, doch schon diese Informationen lassen die dramatische Querverbindung definitiv zu.

Auf deutscher Seite zur zentralen Figur in jenem unheimlichen Spiel wurde Fritz Thyssen, der Stahlmagnat. Geboren am 9. November 1873 als Sohn des Industriellen August Thyssen, befand er sich gerade in seinem fünfzigsten Lebensjahr, als sein Leben eine schicksalshafte Wende nahm. Im Oktober 1923 nämlich traf er auf General Ludendorff, der ihm empfahl, einmal einer Rede Adolf Hitlers beizuwohnen. Nachdem er diesem Vorschlag gefolgt war und Hitler einen nachhaltigen Eindruck bei ihm hinterlassen hatte, begann er die Partei finanziell zu unterstützen. In der folgenden Zeit gab es verschiedene Annäherungen; die Nazis versuchten, den Kontakt weiter zu nutzen und Gelder von Thyssen zu erhalten. 1926 übernahm er das Familienvermögen und wurde bald der stärkste Finanzier Hitlers. Zusammen mit anderen Industriellen unterzeichnete Thyssen ein Schreiben, das Paul von Hindenburg drängte, Hitler zum Kanzler zu ernennen. Dieser Schritt war bald darauf vollzogen.

Durch Spenden einiger der reichsten Unternehmer Deutschlands, darunter vor allem Fritz Thyssen, konnte die NSDAP schnell an Einfluß gewinnen. Sie erwarb das Barlowsche Palais in München und baute es zum »Braunen Haus« um. Durch das hervorragende Einvernehmen mit der neuen Führung hatte natürlich auch der Großindustrielle Thyssen freie Hand, was auch immer er zu tun gedachte. Das Blatt wendete sich erst 1939.

Als Hitler Menschen ihres Glaubens wegen zu verfolgen begann, wandte sich Thyssen vom Nationalsozialismus ab. Er mußte aus Deutschland fliehen, wurde in Frankreich gefangengesetzt und ausgeliefert. Am 28. Dezember 1939 hatte er Hitler einen Brief geschrieben und ihm darin die Gründe erklärt, warum er Nazi-Deutschland zurückgelassen hatte. Zu seiner eige-

In Nazi Jail

FRITZ THYSSEN

Once Hitler's staunchest and most lavish supporter, and once one of the richest men in the world, has been arrested in Cannes, France, and is now interned in a nazi concentration camp. He fled from Germany in 1939, deserting his vast industrial empire.

great that upon you will rest the responsibility of training more people in the shortest possible time in order that we may meet the deliveries that are so sorely needed both here and abroad."

From A. F. Hinrichs, acting commissioner of labor statistics, the conference received figures to show that pools of skilled men in essential defense industries were rapidly being exhausted.

IN RADIO ADDRESS

Washington, March 17.—(AP)—Senator Wheeler (D., Mont.), will speak at 8:30 p. m. (M.S.T.), Thursday night over the N.B.C. network in reply to President Roosevelt's foreign policy speech before the White House Correspondents association Saturday. Wheeler was one of the leaders in the senate fight against the administration's British aid bill.

F. THYSSEN, ONCE HITLER'S BEST FRIEND, IN NAZI JAIL

Vichy, France, March 17.—(AP)—Fritz Thyssen, the German industrialist and munitions king who is considered to have done more than any other individual to boost German Fuehrer Adolf Hitler to power, has been interned in the nazi concentration camp at Dachau, informed sources said today.

Thyssen, who fled Germany in November, 1939, after he broke with Hitler over the Soviet Russian-German pact, was arrested by French police at Cannes, informants said, and was turned over to German authorities by the Vichy government under terms of the French-German armistice.

Once Rich

Thyssen once was one of the world's richest men. He backed Hitler early as a possible saviour of Germany from communism.

He personally raised a war fund of 3,000,000 marks for the 1933 election campaign which sealed the nazi party's power.

When Hitler negotiated the Russian pact just before the outbreak of the war Thyssen quietly made his plans, deserted his vast industrial empire and fled to Switzerland.

There he said he could not stomach what he considered Hitler's about face toward the communism he helped him fight.

Thyssen's trust once controlled all of Germany's steel, half of her coal, 14 harbors, 80,000 dwellings, and tanks, munition plants and shipyards throughout Germany.

Abb. 27: Nachdem Fritz Thyssen die Unterstützung der Nazis abgebrochen hatte, wurden er und seine Frau inhaftiert.

nen Person bemerkte er: »Ich habe ein reines Gewissen.« Er habe allein den Fehler begangen, an »den Führer« zu glauben und an die von ihm begonnene Bewegung. Er habe diesen Fehler rein aus dem Enthusiasmus seiner Vaterlandsliebe heraus begangen. In seinem 1941 in New York erschienenen Buch »I Paid Hitler« erklärte Thyssen dann: »Ich habe der Nationalsozialistischen Partei insgesamt eine Million Mark gegeben. Mehr nicht. Meine Beiträge wurden deutlich überschätzt, da ich immer einer der reichsten Männer in Deutschland gewesen bin.«

Nun gab es aber noch eine ganz andere Verbindung, in der Thyssen eine Rolle spielte, wohl ohne die tatsächlichen Hintergründe zu kennen. Geschäftlich hatte man nämlich Thyssen beziehungsweise die *Thyssen-Bank* eng mit amerikanischen Unternehmungen des *Orders* verknüpft. Die *Union Banking Corporation* bestand aus einem Konglomerat an Vertretern von Nazis und der Bonesmen.

Hier finden sich die Bonesmen E. Roland Harriman für *Harriman and Company*, *Knight Woolley* vom *Guaranty Trust*, Ellery Sedgewick James von *Brown Brothers* und nicht zuletzt Prescott Sheldon Bush, ebenfalls *Brown Brothers*, und Harriman. Genauso dabei Hendrik Jozef Kouwenhoven und Johann Groninger, beide Manager von Thyssen-Banken. Doch operierten die Bonesmen auch noch von anderen Zentralen aus, so von der *Chase-Bank* der Rockefellers – einer Hochburg der *Skull and Bones*.

Um eine lange Geschichte einigermaßen kurz zu machen: Der eindeutig auf Weishaupts *Illuminaten* gründende, 1832 in den USA wiedergeborene Orden schürte und schürt immer noch weltweite Konflikte, um nicht nur eine eigene Industrie anzuheizen, sondern auch die Welt im Sinne der Bonesmen voranzutreiben. Es gelang ihnen, sämtliche gesellschaftlichen Bereiche zu unterwandern und alle entscheidenden Weichen zu stellen. Ganze Völker wurden durch ihre gigantisch angelegten Aktionen ins Verderben gestürzt, für ein imaginäres Ziel, die letzte Synthese in Form einer von Bonesmen beherrschten Weltregierung, die nicht nur die Individualität verschiedener Staaten und Religionen auszulöschen versucht, sondern auch das Individuelle eines Menschen verachtet und unterdrückt.

Hegels Idee vom absoluten, über allem stehenden Staat, gleichsam als Gottes irdischer Stellvertreter, entwickelte sich bei den Bonesmen zu einer fixen Idee, noch weiter abgewandelt zu einer teuflischen Verschwörung. Eine Handvoll Menschen soll die Welt kontrollieren.

Größenwahn hat eine lange Tradition.

Ob Nero oder Caesar, Napoleon oder Ceaucescu, Hitler oder Stalin – waren sie nicht alle aufs gefährlichste geisteskrank? Sie alle haben unsagbares Leid gebracht, sie alle gehören nun der Vergangenheit an. Daher ist es zulässig, offen über sie zu (be-)richten. Tabu hingegen: die Mächtigen der *Gegenwart* – ein Vorzug der Macht! Die Gegenwart ist ein historisches Tabu, sie muß erst zur Historie werden, selbst wenn schon im »Heute« dämmert, was morgen geschieht. Selbst wenn schon heute verschworene Zirkel als aktiv erkannt werden, deren Ziele und Wirken bereits düstere Geschichte geschrieben haben! Ist es nicht auch unglaublich, daß jene Menschen, welche die größte Bürde der Verantwortung tragen, am verantwortungslosesten damit umgehen? Äußerste Gewaltbereitschaft und Menschenverachtung sind in jener verblendeten obersten Macht-Elite die absolute Voraussetzung.

Und die bescheidenen Gelehrten, die oftmals die treibenden

Kräfte hinter diesen Entwicklungen sind? Diejenigen, die den »theoretischen Unterbau« schufen? Sie sind die Weltbeherrscher im Geiste. Staatsdenker und Staatslenker, beide sind schnell in der Lage, die Welt in einen Abgrund zu reißen. Dort unten dann, im Tal der Tränen, liegen sie – Myriaden von Schädeln und Knochen. Seit 200 Jahren gehen immer mehr dieser Opfer auf das Konto des Ordens und seiner Erben. Kein Preis ist ihnen zu hoch, denn bezahlen müssen stets die anderen. Und im Jackpot jener Lotterie des Teufels: die Welt.

Kapitel 6

The (New World) Order

Der *Culper-Ring*

Zu den rätselhaftesten Figuren der Spionage zählt »Agent 355«. Die Geschichte reicht ins 18. Jahrhundert zurück und mitten hinein in den ersten großen amerikanischen Spionage-Bund – den *Culper-Ring*. Damals arbeitete George Washington fieberhaft daran, ein Netz von Geheimagenten aufzubauen. Ziel: die von Briten besetzten Städte des Landes. Hier sollten Undercover-Teams ihre Augen und Ohren möglichst weit aufsperren, um die geheimen Pläne der Engländer in Erfahrung zu bringen. Amerikas erster Agent war Nathan Hale, der in New York eingesetzt wurde. Doch diese Aktion flog auf, die Briten nahmen Hale gefangen und hängten ihn. Drei Tage lang holten sie ihn nicht mehr vom Galgen, zur Abschreckung anderer potentieller Spione. Die letzten Worte von Hale allerdings hatten überall, auch bei den Briten, nachhaltigen Eindruck hinterlassen: »Ich bedaure, daß ich nur ein Leben habe, welches ich für mein Land lassen kann!«

Bald gelang es George Washington, seinen Spionagegürtel weiter auszubauen. Die Methoden von damals muten fast noch modern an: Die Agenten arbeiteten mit zahlreichen Codierungen, tauschten verschlüsselte Botschaften aus, hinterließen keine schriftlichen Aufzeichnungen, und wenn, dann benutzten sie unsichtbare Tinte. Geleitet wurde der Ring von Benjamin Tallmadge, der seinen Jugendfreund Abraham Woodhull als Leiter der gesamten Aktion auf Long Island gewann. Beide operierten selbstverständlich unter Decknamen – Tallmadge nannte sich John Bolton, während Woodhulls »neuer Name«, Samuel Culper, bald für die gesamte Operation stand. In diesem Kreis soll auch »Agent 355« tätig gewesen sein, als die wohl undurchsichtigste und geheimnisvollste Person.

Niemand wußte offenbar Genaues über sie. Nur soviel war klar: »Agent 355« war eine Frau. Man sprach immer wieder auch als »The Mysterious Lady« oder »Madame X« von ihr. Wie es heißt, geriet sie gleichfalls in die Fänge der Briten. Man schaffte sie an Bord des Gefangenenschiffs *Jersey*, wo sie auch gestorben sein soll.

Die *Jersey* war das berühmteste und berüchtigste einer Reihe von schwimmenden britischen Kerkern jener Zeit. Bis zu tausend Gefangene gleichzeitig waren hier unter härtesten Bedingungen untergebracht, die Lebenden wie die Sterbenden – und bereits Tote. Bei Sonnenaufgang hallte der Ruf »Rebellen, rückt Eure Toten heraus!« – worauf alle während der letzten Nacht elend Verstorbenen in Decken gehüllt und von Bord geschafft wurden. Im Leib des Schiffes herrschten Chaos, Elend und Krankheit.

In dieser Hölle auf Erden brachte »Agent 355« ein Kind zur Welt, kurz bevor sie starb. Dieses Kind wurde gerettet und später ein angesehener Bürger: Robert Townsend, Jr. Ihn gab es tatsächlich, doch »Agent 355« ist ein Mythos. Die Geschichte wird noch heute immer wieder aufs Neue berichtet, sogar von Geheimdienstleuten. Doch wie sich herausstellte, war Townsends echte Mutter nur eine Haushälterin der Familie und hatte niemals etwas mit Spionage zu tun gehabt.

Die ganze Story entstand wohl durch eine kryptische Notiz, die Culper Senior am 15. August 1779 an George Washington gesandt hatte: »Ich beabsichtige, bald 727 zu besuchen und denke, durch Mithilfe einer 355, die mir bekannt ist, sie alle zu überlisten.« Da tauchte sie also auf, die 355, was im Code des *Culper-Rings* nicht mehr bedeutete als »Frau«. Woodhull/Culper wollte also eine Assistentin engagieren, aber keine »Agentin 355«. Es gab ebensowenig zwingend einen »Agenten 371«, nur weil »371« das Kürzel für »Mann« war. 727 wiederum codierte New York, 711 Washington, 728 Long Island und so weiter.

Die traurige Episode auf der *Jersey* stammte aus der Feder

eines Historikers namens Morton Pennypacker, der wiederholt über den Culper-Spionage-Ring geschrieben hatte und 1948 von den letzten Tagen jener geheimnisvollen Agentin berichtete, allerdings ohne wirkliche Belege. Auch Robert Townsends Vater ist nicht genau ermittelt, offenbar war es aber jemand, den »Samuel Culper« unter seine Fittiche genommen hatte und fortan als Culper Junior ansprach.

Der *Culper-Ring* war über seine Mitglieder eng mit der Yale-Universität verbunden. Benjamin Tallmadge, Kopf des Unternehmens, hatte an der Yale-Uni studiert. Er war dort im selben Jahrgang wie Nathan Hale. Wer das Gelände heute besucht, dem wird auf dem dortigen Old Campus ein Standbild dieses »Helden von Yale« und »ersten Spions von Amerika« auffallen. Kein Wunder, daß seine Statue auch vor dem Hauptquartier der *Central Intelligence Agency* (CIA), dem US-Auslandsgeheimdienst, zu finden ist.

Befallene »Organe«

Nicht nur Nathan Hale und sein Ehrensymbol verbinden beides miteinander, Yale und CIA. Denn noch viele andere Yale-Absolventen landeten später postwendend bei jenen Herren mit »Trenchcoat und Sonnenbrille«. In der CIA liefen sich ehemalige »Yalies« ständig über den Weg, sie bildeten geradezu einen eigenen Zirkel im Geheimdienst, und auch hier wirkten sie elitär auf die anderen CIA-Mitarbeiter. Unter den CIA-Yalies finden sich gleich haufenweise Bonesmen. Tatsächlich steht *The Order* seit Beginn der CIA in enger Verbindung mit ihr. Der Geheimdienst wurde durch die zahlreichen *Bones*-Mitglieder infiltriert und kontrolliert.

Averell Harriman unterstützte die CIA wesentlich, William Sloane Coffin war ebenso für die »Agency« tätig wie F. Trubee Davison, James Lane Buckley, Hugh Cunningham, Richard Drain, Evan Galbraith, George Holmes, Charles S. Whitehouse, Frederick W. Hilles oder William Bundy. Allesamt beinharte Bonesmen. Nicht zu vergessen natürlich: Ex-US-Präsident

George Herbert Walker Bush! Er hatte eine ganze Menge an hohen Ämtern inne, bei deren Erlangung ihm seine *Skull*-Mitgliedschaft durchaus zugute kam!

Neben der US-Präsidentschaft war er zeitweilig Chef der CIA sowie Direktor im *Council on Foreign Relations*, CFR. Dieser »Rat für auswärtige Beziehungen« wurde 1921 als Front-Organisation von *J. P. Morgan and Company* sowie der Rockefellers als ein bedeutender Club des Establishments gegründet. Beim CFR handelt es sich um einen elitären Kreis, der allerdings nicht geheim ist. Jedermann kann die CFR-Homepage (www.cfr.org) anklicken oder Mitgliedslisten einsehen. Doch sind seine Absichten oft nicht einmal für CFR-Mitglieder erkennbar. Nach außen hin soll diese Organisation einem besseren Verständnis der amerikanischen Außenpolitik und allgemein von Auslandsangelegenheiten dienen. Doch aus seinem Kern heraus wird der CFR zu einem Apparat der *Skulls*. Sie sind sein hartes Herz. Von daher wird unter vorgeschobener Offenheit und dem Deckmantel der Vielseitigkeit ein sehr einfarbiges Denken gefördert.

Der CFR ist eine Rekrutierungs-Organisation, die junge, ehrgeizige und begabte Menschen aus den besten Bildungsstätten und den größten Denkfabriken durch ihr Nadelöhr schleust, um sie wie in einem Prägestock wunschgerecht anzupassen und gleichzuschalten. Der Motor, der auch hochintelligente Menschen sehr oft zu gefügigen Werkzeugen werden läßt, ist die Aussicht auf viel Macht und Geld. Ob sie später als Demokraten oder Republikaner in Erscheinung treten, spielt wiederum keine Rolle, das sind nur vorgeschobene Positionen einer ausgeklügelten Strategie. Wichtig ist ihre grundsätzliche Linie, die hin zu einer Neuen Weltordnung führt, einer Weltregierung in den Händen sehr weniger Mächtiger. Viele CFR-Mitglieder ahnen dabei nicht, vor welch schmutzigen Karren sie und ihr Name gespannt werden.

Mit von der Partie sind hochkarätige Leute aus verschiedensten Bereichen der Gesellschaft. Es ist auch für sie eine Ehre, in diese »illustre« Runde aufgenommen zu werden, doch sind sie, gleichfalls oft geprägt von einer infiltrierten Bildung und ausgelastet mit ihrem Job, überhaupt nicht in der Lage, die wahre Situation zu überblicken. Ein renommierter Physiker, der in den CFR aufgenommen wird, hat in der Regel nicht die Zeit, sich Gedanken über sinistre Verschwörungen zu machen. Und wenn er davon hörte, würde ihm sein akademisch trainierter Geist sagen, daß das alles blanker Mumpitz ist.

Warum wohl?

Klar, weil das gesamte Schul(d)system und der gesamte akademische Betrieb in so mancher Hinsicht schlichtweg darauf ausgerichtet sind, einen Menschen zu ver-bilden. Diese Kritik darf nicht unmittelbar pauschal verstanden werden, sie bezieht sich nämlich weniger auf die Fach-Ausbildung als auf die gezielte Selektivität und das Einimpfen bestimmter Denkmuster.

Wer diese Schule durchlaufen hat, tut sich in der Regel sehr schwer, die Augen nach links und rechts des Wegesrandes zu richten – oder eben zu den »Ufern« des Mainstreams – und zu erkennen, daß es Verschwörungen wirklich gibt. Es fehlt meist der Blick für das Gesamtbild. Alles, was eine solche Perspektive vermittelt, wird geradezu verteufelt.

In der Schul-Medizin beispielsweise ist es die Homöopathie, die als Stiefkind dasteht. Der Chirurg sieht oft immer noch allein den Krankheitsherd, weniger aber den betroffenen Gesamtorganismus. Heilen aber, das heißt wörtlich »ganz machen«. Natürlich kommt hinzu, daß die Pharmaindustrie – übrigens auch ein bedeutendes Standbein der Rockefellers – kein Interesse daran besitzt, daß anstelle ihrer teuren Chemie preiswerte Naturheilmittel verbreitet werden. Ob die erstgenannte hilft oder nicht, diese Frage steht erst an zweiter Stelle! Und wie gesagt, es ist eben ein schönes Gefühl, Herr über die Gesundheit der Menschen zu sein! Abgesehen davon wird, wenn auch eher selten, sogar von wissenschaftlichen Instituten beklagt, daß die Hochschulabgänger ein noch zu geringes Verständnis vom Unterschied zwischen einem wissenschaftlichen Modell und der Wirklichkeit selbst besitzen. Dazwischen aber liegen Welten. So werden theoretische Konzepte sehr schnell zu einer Scheinwirklichkeit, bestimmte Lehren werden fundamentiert und zementiert und erscheinen plötzlich unverrückbar.

Auch hier gilt: Wer gegen die etablierte Lehre verstößt, der wird gebannt! Überall! Geht es denn an, daß ein Astronom, der eine alternative Theorie über die Quasare vertritt, in den USA Beobachtungsverbot bekommt? Das ist tatsächlich geschehen. Der Astrophysiker Halton Arp zog nach Deutschland, um hier seine Forschungen weiter betreiben zu können. Im CFR wird »Vielfalt« nach außen hin gepredigt, doch »Einfalt« in der Weltsicht praktiziert. Der Kurs ist wie gesagt klar.

CFR, CIA und die Bonesmen decken sich in ihrem Kern. Hier stoßen wir immer wieder auch auf dieselben Namen. Es sind immer wieder die Mitglieder jener 20 bis 30 alten, reichen oder jüngeren, sehr reichen amerikanischen Familien, die in Erscheinung treten. Oder ihre Vasallen. Personen, die durch ihre Fähigkeiten zu nützlichen, dabei vielleicht sogar ahnungslosen Werkzeugen der Bonesmen werden oder aber durch ihr Geschick, ihre Skrupellosigkeit, ihre besonderen Fähigkeiten und Loyalität zu Komplizen seit langem schattenhaft und geheim agierender Weltverschwörer mutieren.

Zu jenen einflußreichen Familien zählen auch die Bundys – nein, sicher nicht die ewig zeternden, chaotischen TV-Bundys aus Chicago, sondern eine der ältesten und angesehensten Familien des Landes, die 1635 aus England nach Boston kam. Vier von ihnen wurden in den Orden gewählt. Als erster Harvey Hollister Bundy. Das war im Jahr 1909. Wie sein Vater und Großvater, so schlug auch Harvey eine juristische und politische Laufbahn ein. So kam er in den Stab des schon erwähnten Kriegsministers Stimson, der seine abstehenden Ohren mit den Jahren kräftig anlegte, um so wohl leichter durch die schmutzigen Gewässer der *Bones*-Intrigen manövrieren zu können. Mit seiner kalten Empfehlung, die Bomben über Japan abzuwerfen, hatte Stimson sich ein in ewiger Totenstarre verbleibendes Denkmal gesetzt.

Von Harvey Hollister Bundys fünf Kindern wurden drei in den Orden gewählt. Der erste Sohn durfte elf Jahre nach seinem Vater die heilige Gruft auf dem Yale-Campus betreten: 1921 wisperten, fauchten und schrien die Bonesmen bei der Initiation von Frederick McGeorge Bundy, bis das makabre Ritual vollzogen war. Doch das alles und die Aussicht auf eine machterfüllte Zukunft schien Frederick kaum zu beeindrucken. Er wurde Fischhändler. Der Historiker Anthony Sutton schreibt augenzwinkernd: »Frederick McGeorge Bundy ist Beispiel für ein Mitglied, das initiiert wurde und dann, anscheinend, nicht geneigt war, mehr zu tun. Wir können Fred mit gutem Gewissen ignorieren: Der große Erfolg seines Lebens war Chairman des *North Atlantic Fillet Council*, was vage nach einer politischen Organisation der Regierung klingt, sich aber lediglich um die Vermarktung von Fischfilets kümmert. Wenn die anderen Bundys doch nur in Freds ehrbare, geschäftige Fußstapfen getreten wären und ihre Aktivitäten auf den Verkauf von Fischfilets beschränkt hätten, die Welt wäre ein wesentlich sichererer, vernünftigerer Ort.«

Nein, die anderen wirkten nicht unter dem Zeichen des Fisches, nur ihre Machenschaften rochen danach ...

William Putnam Bundy machte eine steile Karriere. Zunächst war er vier Jahre lang für die tief in Regierungsgeschäfte verwickelte Kanzlei *Covington & Burling* tätig. Sein Job dort begann im Jahr der CIA-Gründung, 1947, und wahrscheinlich unterhielt Bundy schon in jenen Jahren gute Kontakte zu den Spionen, in deren Dienste er 1951 für zehn Jahre treten sollte. Doch wie heißt es? Einmal Geheimdienst, immer Geheimdienst! Die Bindung war bei Bundy allemal extrem groß. Seine Karriere ließ ihn nie aus dem Dunstkreis der Schattenmacht treten, weder als Sicherheitsbeauftragter noch als Minister oder Herausgeber von »Foreign Affairs«, des CFR-Magazins. Bei William P. Bundy kommt also wirklich alles zusammen: *Skull and Bones*, CIA und CFR. Er war fraglos eine sehr mächtige Person. Nicht viel anders sein Bruder McGeorge Bundy, der im Jahr 1940 in den Orden eingeweiht wurde, also nur ein Jahr nach William.

Und auch die Karriere des McGeorge verlief ungewöhnlich steil. Der für Bonesmen übliche Zeitraffer-Effekt zeigte sich überdeutlich: Nur kurze Zeit diente dieser Bundy als einfacher Armeesoldat, um darauf als gerade einmal 23-Jähriger zum Captain und Stabsoffizier zu werden, der zwei Invasionsarmeen leitete, die eine zum Einfall nach Sizilien und die andere zum Einfall in die Normandie!

Nach dem Krieg kam McGeorge dann sofort ins Pentagon, direkt zum alten Familienfreund Stimson, für den schon der Vater Harvey Hollister tätig gewesen war. In der Folgezeit wurde McGeorge Bundy dann Berater einer Wirtschaftsorganisation und unter anderem Analyst für das *Council on Foreign Relations*, obwohl er für keinen seiner Jobs je wirklich qualifiziert gewesen war. 1953 wurde er an der Harvard-Universität zum Dekan der Fakultät für Kunst und Wissenschaften. Wieder ein Job, für den Bundy keine Qualifikation besaß. Ab 1961 saß er dann auf einem Posten, der ihm wesentliche Einblicke gab – und Möglichkeiten, Informationen abzufangen, zu kanalisieren, sie auszuwählen und mit ihnen zu operieren: Er wurde unter Kennedy und Johnson zum Präsidentenberater in Angelegenheiten der nationalen Sicherheit. Zunächst gingen sämtliche Informationen über seinen Tisch. McGeorge Bundy hatte im Prinzip die Hände frei, um Material zu unterdrücken und damit präsidentielle Entscheidungen zu beeinflussen.

Abb. 28: Die beiden Bonesmen und Brüder McGeorge Bundy (links) und William P. Bundy.

Die beiden Bundy-Brüder befanden sich also an den Schaltstellen der Macht, der eine im Weißen Haus, der andere in der CIA, dem stark von »Ordensleuten« unterwanderten US-Auslandsgeheimdienst.

Ein himmlischer Segen

Allan Dulles war ein Mann der Geheimnisse. Er gehört zu den Mitbegründern der CIA und war ihr erster Direktor, außerdem CFR-Mitglied. Seit dem Jahr 1966 war dann jeder CIA-Chef auch Mitglied des *Council on Foreign Relations*. Dulles findet sich zudem unter den Planern des *Amerikanischen Komitees für ein Vereintes Europa*, dem international der hochelitäre *Bilderberger*-Club folgte. Allan Dulles, geboren 1893 in Watertown, Staat New York, war kein Mitglied von *Skull and Bones*, doch stand er dem Orden durch seine Verbindung mit deren »verlängerten Armen« sehr nahe.

Ähnlich wie William Bundy hatte auch Allan Dulles einen jüngeren Bruder – John Foster Dulles, der ebenfalls dem Gründungszirkel der CIA angehörte und unter Eisenhower als Außenminister wirkte. Die beiden Brüder finden sich unter den Mitinhabern der Anwaltskanzlei *Sullivan & Cromwell*, jenem Wallstreet-Rechtsunternehmen, das die Rockefellers vertrat. In diesem Umfeld steht zudem die *J. Henry Schröder Bank*, die ihrerseits eng mit den Nazis verbunden war und in deren Verwaltung die beiden Dulles-Brüder erscheinen.

Allan Dulles spielte auch eine dubiose Rolle bei »Project Safeheaven«. In dessen Rahmen versuchten die USA seit 1943, die geheimnisvollen Spuren von Nazi-Geldern zu verfolgen. Damals war die CIA noch nicht gegründet, doch Dulles schnüffelte bereits für deren Vorgänger, das *Office of Strategic Services* (OSS), in der Welt herum und operierte in jenen Tagen von Bern aus. Der Geheimdienstler warnte die Schweizer Regierung, daß »ein großer Teil der 100 Tonnen Goldbarren, welche die Reichsbank gegen Schweizer Franken verkaufte, Diebesgut war«.

Sind in dieser Warnung ehrbare Absichten zu entdecken? Weniger, denn wie sich herausstellte, flossen die von »Safeheaven« aufgespürten und beschlagnahmten Gelder über einen Verwaltungspool in geheime Projekte von OSS und CIA. 1948, ein Jahr nach der Gründung der CIA, befürchteten die USA, daß die Kommunisten in Italien an die Macht kommen würden. Daraufhin steckten CIA und Vatikan die Köpfe zusammen. Die katholische Kirche erhielt per »Safeheaven« einen himmlischen Segen aus ehemaligem Nazi-Geld, um die italienischen Wahlen beeinflussen zu können.

Die Rechnung ging auf, die Christdemokraten gewannen und die CIA führte ihre Puppenspieler-Taktik in den folgenden Jahrzehnten mit buchstäblich mörderischer Sicherheit fort. Allan Dulles, ihr erster Direktor, kannte keinerlei Skrupel. Einer seiner berühmtesten Aussprüche war: »Im Zweifel belüge ich sogar den Kongreß!«

Die Philosophie des Allan Dulles und sein daraus resultierendes Vorgehen entsprachen den verschworenen Plänen des Ordens. Vielleicht ist es dennoch nur ein Zufall, daß ein traditioneller Treffpunkt der Bonesmen ganz in der Nähe des Geburtsortes von Allan Dulles liegt – Watertown, N. Y. Interessant ist in diesem Kontext nebenbei bemerkt auch, daß Watertown seinerzeit als Codename für eine hochgeheime Militärbasis am Groom Lake in Nevada diente: Area 51. Denn es war zu den Zeiten von Allan Dulles, daß die CIA in jenem verborgenen Bergland mit der Errichtung einer Geheimanlage begann, um den neuen Top-Secret-Höhenaufklärer U-2 zu entwickeln und zu testen. Hier, auf Area 51, sind bis heute auch so einige Privat-Konzerne aktiv, in deren Chefetagen bedeutende Bonesmen sitzen.

Deer Iland

Um sich aber vom alltäglichen, stressigen Geschäft um die Weltherrschaft ein wenig ausspannen zu können, sind andere Örtlichkeiten geeigneter als ausgerechnet Groom Lake. Dann geht es schon eher gen Heimat des Allan Dulles, nach Watertown, New York, und von dort auf eine kleine unscheinbare Insel im St. Lawrence River unmittelbar nördlich des Lake Ontario und Alexandria Bay.

Über jenes Eiland, das den Namen Deer Island trägt, ist nur wenig bekannt. Es deckt eine Fläche von 20 Hektar ab, die Landschaft zeigt sich abwechslungsreich und ist mit weißen Pinien, Zuckerahorn, Hemlock-Tannen und Schwarzeichen bewachsen. Der St. Lawrence River umfließt viele andere kleine Inseln in diesem Gebiet, das als »The Thousand Islands«-Region bekannt wurde. Eine der ersten von ihnen, die als Sommerfrische verkauft wurden, war Deer Island. Im September 1856 erwarb sie ein gewisser Samuel Miller und kaufte noch eine zweite kleinere Insel dazu – für 175 Dollar.

»Thousand Islands« wurde um 1900 zum Erholungsort für

die reiche amerikanische Elite. Man kaufte sich seine eigene Insel und errichtete immer schönere Anwesen darauf. Anderswo entstanden Hotels, denn die Millionärsgegend zog natürlich auch weniger begüterte Personen magisch an. Sie wollten wenigstens einmal einen verstohlen sehnsüchtigen Blick hinüber werfen können zu den »Ferienhäusern« der Wohlhabenden und sich für kurze Zeit selbst in deren Glanz sonnen. Das hatte bald auch die Tourismusbranche heraus und veröffentlichte Broschüren mit Aufnahmen zahlreicher privater Sommerresidenzen. Nur Bilder von Deer Island ließen sich kaum finden. Gab es hier nichts Interessantes zu sehen? Im Gegenteil, keine andere Insel hätte interessanter sein können!

*Abb. 29: Eine der seltenen alten Postkarten von Deer Island, das auf Wunsch von George D. Miller (***The Order***, 1870) »Deer Iland« geschrieben werden sollte. Das Bild zeigt rechts »The Outlook«, ein ziemlich mysteriös wirkendes Gebäude auf jener Insel, die seit 1907 den Bonesmen gehört.*

Um die Jahrhundertwende übernahm Samuel Millers Sohn das Eiland. George Douglas Miller war Yale-Absolvent und 1870 in den Orden aufgenommen worden. Seine Verbundenheit zu Yale und den *Skulls* sollte sein ganzes Leben lang sehr eng bleiben, und als Patriarch machte er dem Geheimbund seine Insel im Jahr

1907 zum Geschenk. Seitdem treffen sich dort die *Skull-and-Bones*-Patriarchen. Von der James-Street im Ort Alexandria Bay können sie dann bei »Roger's Marina« ein Boot chartern und zu ihrer ganz persönlichen Insel übersetzen, die auf Wunsch von George D. Miller von nun an »Deer Iland« genannt werden sollte.

Auf dem Gelände befinden sich mehrere Gebäude und Freizeitanlagen, die über kleine Pfade miteinander verbunden sind. Ganz im Süden liegt »The Ledges«, eine Gruppe von Gästehausern für die Familien der Bonesmen, die von diesem Treffpunkt nicht ausgeschlossen sind. Von hier führen die Wege entlang beider Ufer an einem Tennisplatz vorbei. Sie besitzen sogar kleine »Meilensteine« – auf ihnen: das Zeichen des Totenkopfes mit den gekreuzten Knochen, darunter eingraviert die Nummer 322.

Im mittleren Teil der Insel gibt es eine kleine Bucht mit einem Bootshaus, unweit davon nördlich ein Farmgebäude. Von hier aus spaltet sich das Eiland herzförmig auf. Direkt westlich der Ranch sind einige Sportanlagen zu finden, dann geht es in ein Waldstück hinein. Auf einem kleinen Vorsprung der Insel liegt eine Feuerstelle. Im nordöstlichen Abschnitt von Deer Island hingegen warten ein Amphitheater und ein Bungalow auf ihre illustren Besucher. Schließlich gibt es noch ein größeres Steinhaus am Ostufer. Hier befand sich eigentlich ein zweites Gebäude mit einer eigenwillig bis regelrecht unheimlich wirkenden Architektur – »The Outlook«. Es diente den Bonesmen als Clubhouse und barg ein großzügig angelegtes Eßzimmer, wertvoll ausgestattete Wohnräume, eine im Halbrund angeordnete Bibliothek und fünfzehn Schlafzimmer.

Das Haus war vorwiegend aus Stein errichtet, mit einem obskuren hölzernen Überbau. Das weit vorgezogene Schrägdach bildete in seinem letzten Stück gleichzeitig die Überdachung für die Terrasse im Erdgeschoß. Vor allem sie ließ die Front des Hauses schwerfällig wirken, denn sie ragte über die Wasserfläche hervor. Hervorragende Häuser für hervorragende Menschen!

Das hölzerne Terrassengeländer wurde am Dach von zwei

Bögen frontal überwölbt, während zu beiden Seiten Außentreppen zu den Schlafräumen in zwei Stockwerken führten. Das Dach selbst schien etwas grob auf seiner Stirnseite von einem ebenfalls plump anmutenden zweiten Ausblick durchbrochen, über dem sich dann das runde Bibliothekstürmchen erhob. Linkerhand davon schließlich trat auch noch der mächtige Kamin aus dem roten Ziegeldach hervor. Jener verschachtelte und überfrachtet wirkende Bau also war das Ferienhaus der Bonesmen. Bis er im Jahr 1949 durch ein Feuer weitgehend zerstört wurde.

Nicht alle Bonesmen besuchen Deer Island, das vom *Deer Island Club* betrieben wird. Jedes Mitglied der *Russell Trust Association RTA, Inc.*, und damit natürlich jedes Mitglied des *Order*, erfüllt auch die Voraussetzungen für eine Mitgliedschaft im *Deer Island Club*, der seinerseits der *Deer Island Club Corporation* untersteht.

Alexandra Robbins schreibt, daß jenes Refugium der Bonesmen unter dem Zahn der Zeit und dem Schwinden finanzieller Mittel gelitten habe. Verarmt der Orden? Gehört sein Gefahrenpotential nun vielleicht bereits der Vergangenheit an, ähnlich wie das Gefahrenpotential der *Illuminaten* Weishaupts?

Wohl-Täter

Als gemeinnützige Organisation, als welche RTA, Inc. steuerlich erscheint, müssen die Finanzen offengelegt werden. Eine Geheimgesellschaft wie S&B wird hier natürlich weitgehende Möglichkeiten haben, die Angaben nach Gutdünken zu gestalten. Das fängt schon damit an, daß RTA vorgibt, nicht nur von der Yale-Universität organisiert worden zu sein, sondern auch ausschließlich zu ihrem Nutzen zu operieren. Eine Voraussetzung, um als gemeinnützig akzeptiert zu werden, doch eine Behauptung, die man in den Wind schreiben kann. Aus aktuelleren Angaben von RTA, Inc. geht ein Vermögen von vier Millionen US-Dollar hervor. Nicht schlecht für einen studentischen Bund. Und wieviel Geld es wirklich ist, läßt sich überhaupt nicht sicher feststellen.

Jedenfalls floß von jener Summe nichts in die Yale-Universität. Die Gemeinnützigkeit ist also eine glatte Lüge. Allein die bekannten Beträge zeigen, daß RTA sicherlich nicht am Hungertuch nagt, abgesehen vom Kapital und der Macht, die sich mit vielen der Patriarchen verbindet.

Doch, das Gefahrenpotential besteht nach wie vor, sogar mehr denn je, wie sich noch zeigen wird. Durch die Bonesmen lebt selbst Weishaupt noch weiter, denn sie sind die Tradition seiner bedrohlichen Ansprüche auf die Welt.

Alexa Robbins erklärt, daß es für die Mitglieder des Ordens heute ein anderes Refugium gebe als Millers Insel: »*Skull and Bones* besitzt tatsächlich ein grünes Juwel, doch kann dieses nicht auf Deer Island gefunden werden. Statt dessen gibt es im New-Haven-Komplex der Gesellschaft ein winziges Areal, das sorgfältig vor den Medien und den neugierigen Augen der Verschwörungs-Theoretiker abgeschirmt wurde. Die Gesellschaft verfügt über einen Untergrund-Tunnel, gesäumt mit Kerzen, der zu Türmen führt, in denen sich lange Wendeltreppen neben noch mehr Kerzen und alten Spritzern blutroter Farbe nach oben winden, von wo aus ein Bonesman – wie mir einer erzählte – ›das Reich überblicken‹ kann. Zwischen diesen Türmen liegt ein ruhiger, abgeschlossener Hof, ›ähnlich dem eines Klosters‹, innerhalb dessen steinerne Mauern einen geheimen Garten von Grünpflanzen einfassen, die der private Stolz von *Skull and Bones* sind.«

Jener üppig begrünte Platz, gestaltet mit Mosaiken, steinernen Skulpturen und einer Sitzbank, sei 1918 auf Anweisungen des Patriarchen Theodore Woolsey gebaut worden. Es sei ein Erholungsort für Bonesmen, um sich aus der Gesellschaft zurückzuziehen und mit der Vergangenheit zu kommunizieren. Ein Ort wie eine Metapher für die *Bones*, so meint Robbins, an dem ein Schweigen wie ein Wind aus der Vergangenheit herrscht, der alles außer den fünfzehn Studenten im Inneren wegfegt.

Da ist er wieder, jener Ewigkeitsanspruch des Ordens, den Robbins in unmißverständlicher Bewunderung erwähnt. Mit welcher Vergangenheit kommunizieren die Bonesmen? Ihre eigene haben sie schließlich während der Initiation im Tomb abgelegt. Gereinigt vom »Barbarendasein« – mit anderen Worten: säuberlich gehirngewaschen – wenden sie sich einem neuen Leben zu, einem Doppelleben zwischen höchsten öffentlichen Ämtern und niedrigster heimlicher Gesinnung. Kommunikation mit der Vergangenheit? Vielleicht nostalgische Schwärmereien an gut illuminierten Kaminen? Reminiszenzen an die tatsächlichen Wurzeln des Ordens, die in so großer räumlicher Ferne zu finden sind? Wer weiß.

Wenn nostalgisches Sinnen im lieblichen Blumengärtchen doch das ganze schlichte Geheimnis von *Skull and Bones* wäre! Niemand müßte sich weiter Gedanken über deren Wirken machen. Doch wie sich schon sehr oft hat nachweisen lassen, so unbedarft sind diese Leute nicht. Sie, die eigentlichen Barbaren dieser Welt, verbergen noch so manche Geheimnisse, die arglosen Außenstehenden das Blut sogar direkt im Herzen gefrieren lassen würde.

Keine Frage, wie sich gezeigt hat, sind nicht alle Bonesmen gleichermaßen involviert. Einige haben sich nie an der großen Verschwörung beteiligt, sondern ein gewöhnliches Leben gelebt. Samuel Henshaw Bates beispielsweise, jener erste Bonesmen überhaupt, der nach Santa Rosa in Kalifornien zog und als einfacher Farmer dort ein eher »langweiliges« Leben führte. Oder auch Fred Bundy, der untadelige Fischverkäufer. Man kann nicht alle über einen Kamm scheren, weder die Bonesmen noch Angehörige anderer Organisationen im äußeren Umfeld des Ordens: *Council on Foreign Relations*, *Trilaterale Kommission*, *Bilderberger* und ähnliche. In jeder von ihnen gibt es einen inneren Kern mit deutlichen personellen Übereinstimmungen zum Kern des Ordens. Jede Geheimgesellschaft birgt in sich einen noch eingeweihteren Kreis, eine Geheimgesellschaft innerhalb einer Geheimgesellschaft. Eine Elite innerhalb einer Elite. Zum äußeren Kreis der Bonesmen zählt auch der *Bohemian Club*, ein anderer »Erholungsort« der Mächtigen. Um diesen »elitärsten Club der Welt« ranken sich viele schier unglaubliche und grausame Gerüchte. In seinem Kern manifestiert sich die geheime Gruppe erneut.

Manche Legenden entspringen ganz offenbar reiner Phantasie, doch manches hat sich – erschreckenderweise – als wahr erwiesen. Damit öffnet sich auch eines der düstersten und abstoßendsten Kapitel von *Skull and Bones*.

Kapitel 7

Hain der Giganten

Spurlos

Am Sonntagmorgen, den 5. September 1982, machte der Zeitungsjunge John David »Johnny« Gosch seine übliche Runde in West Demoines, Iowa. Der Zwölfjährige hatte einen Ferienjob beim »Des Moines Register« angenommen – jenem Blatt, das Jahrzehnte zuvor als einzige Zeitung kurz vor der *Lusitania*-Katastrophe eine deutsche Reisewarnung an US-Bürger veröffentlicht hatte.

Johnny Gosch kannte sich in der Gegend sehr gut aus. Hier, wenige Straßen weiter, war er zu Hause. Das Schicksal meinte es sehr schlecht mit Johnny an jenem Vormittag. Denn damals verschwand er spurlos. Sein Zeitungswägelchen wurde nur zwei Blöcke vom Haus der Mutter entfernt gefunden. Noch lagen ganze Stöße vom »Des Moines Sunday Register« im Behälter.

Johnny Gosch war wie vom Erdboden verschluckt. Nirgends gab es auch nur den geringsten Hinweis auf seinen Verbleib. Kaum anzunehmen, daß er alles stehen und liegen ließ, um von zu Hause auszureißen. Dafür hatte es keinerlei Grund gegeben. Johnnys kleiner Hund, den er immer auf die Runden mitgenommen hatte, kehrte diesmal alleine nach Hause zurück. Die Umstände sprachen eine eindeutige Sprache: Johnny mußte einem Verbrechen zum Opfer gefallen sein. Ein Zeuge will gesehen haben, wie Johnny an der Ecke 42nd Street and Marcourt Lane mit einem unbekannten Verdächtigen sprach. Das war das letzte Lebenszeichen.

Johnnys Mutter versuchte verzweifelt, alles zu tun, um etwas über das Schicksal ihres Sohnes in Erfahrung zu bringen. Sie setzte in Iowa und anderen Bundesstaaten auch durch, daß die

Polizei nicht erst nach Ablauf einer 72-Stunden-Frist mit der Suche nach Vermißten beginnt, sondern sofort. Allerdings erlebte Noreen Gosch auch, wie die Behörden wichtige Untersuchungen verzögerten oder sogar regelrecht behinderten.

Dann, am 12. August 1984, verschwand der dreizehnjährige Eugene Wade Martin, ohne je wieder aufzutauchen. Es geschah fünf Tage vor seinem 14. Geburtstag. Wieder war es ein Sonntag, wieder in Des Moines. Und auch Eugene trug den »Des Moines Sunday Register« aus. Wieder keine Spur. In den folgenden Monaten meldeten Zeugen verschiedentlich, sie hätten die beiden Jungen zusammen oder auch getrennt gesehen. Sogar aus Kanada und Afrika stammten einige dieser Berichte.

Die Polizei zeigte sich hingegen skeptisch. Offenbar gab es keine Hinweise, die wirklich weiterhalfen, und von denkbaren Motiven sprach bei der Polizei niemand. Noreen Gosch allerdings blieb der festen Überzeugung, daß ihr Sohn in die Hände eines internationalen Kinderpornographie-Ringes geraten war. Als eine TV-Dokumentation über den Fall Johnny Gosch ausgestrahlt werden sollte, meldete sich das FBI aus Quantico bei dem Sender und erklärte, man solle den Beitrag nicht ausstrahlen ... Nur, da John Walsh, ein wesentlich beteiligter Mitarbeiter des Senders, sehr gut mit Noreen Gosch befreundet war, konnte der Film trotz jener Warnung der US-Bundespolizei ausgestrahlt werden. Walsh beharrte darauf und betonte: »Wir machen weiter mit der Story. Sie können mich danach feuern!«

Die Jahre vergingen, und Johnny Gosch blieb verschwunden. Eines Nachts im März 1997 klingelte es an der Haustüre von Noreen Gosch. Als sie vorsichtig öffnete, blieb ihr Herz beinahe stehen. Von den beiden Männern, die vor ihr standen, erkannte sie den langhaarigen sofort. Es war ihr Sohn, eindeutig. Alles stimmte, die Haarfarbe, die Augenfarbe, das Muttermal auf der linken Wange, einfach alles.

Johnny Gosch war wieder zurück. Nun 27 Jahre alt, hatte er schon länger von dem jahrelangen Kampf und der unbeirrbaren Suche seiner Mutter gewußt. Er war mit einem ihr unbekannten Freund gekommen und wollte ihr nach dieser endlosen Zeitspanne sagen, daß er lebte und was mit ihm geschehen war.

Innerhalb von nicht mehr als anderthalb Stunden bestätigte er ihre schlimmsten Befürchtungen. Und sein Bericht ging noch weit darüber hinaus. Er sei für ein geheimes Regierungsprogramm entführt worden, »Projekt Monarch«, das ihn und viele andere in extreme Abhängigkeit geführt hatte. Unter Drogen gesetzt, erhielt er eine massive Gehirnwäsche, um nicht nur in verdeckte Operationen einbezogen zu werden, sondern auch sexuell mißbraucht zu werden. Nun sei er auf der Flucht, ständig in Angst und auf der Suche nach sicheren Aufenthaltsorten. Ein offenes Leben war für ihn nicht mehr möglich. Johnny bat seine Mutter, niemandem zu erzählen, daß er sie aufgesucht habe, dann tauchte er wieder in sein ruheloses Schattendasein ab.

Die Franklin-Vertuschung

Alles nur eine an den Haaren herbeigezogene Geschichte? Leider nicht, vielmehr ein Fall, der hineinführt in einen der größten US-Skandale, der weitgehend vertuscht wurde. Als 1988 ein minderheitenorientiertes Finanzunternehmen in Omaha, die *Franklin Community Credit Union*, in eine behördliche Untersuchung verwickelt wurde, stellte sich heraus, daß hier 40 Millionen US-Dollar fehlten. Der Finanzskandal weitete sich aus, plötzlich ging es um Drogen, Geldwäsche in der Iran-Kontra-Affäre, einen Pornoring und bestialischen Ritualmord.

Nebraska Inquiry Is Given File on Sex Abuse of Foster Children

By WILLIAM ROBBINS
Special to The New York Times

LINCOLN, Neb., Dec. 22 — A state file containing reports of physical and sexual abuse of foster children, based on interviews with some of the children and including one instance reminiscent of slave auctions, has been turned over to the Executive Board of the Nebraska Legislature.

People familiar with the file's contents describe it as a voluminous compilation of reports acquired over the last two years by the State Foster Care Review Board from a variety of child care professionals, including schoolteachers and social workers.

Good Parties and Bad Parties

Three leading officials of the review board, which monitors the quality of care in Nebraskan foster homes, submitted the file Monday in a closed meeting with the Executive Board. It will be used by an investigative committee that the Executive Board had already begun forming to look into earlier reports of child sexual abuse and how that abuse might be linked to the collapse of a small Omaha credit union.

'There were good parties, and some were bad parties.'

One of the reports in the file, according to a source familiar with it, is an account by an interviewer of a narrative provided by a reputed victim, who described parties at various places, including Omaha and cities to which she was flown on the East Coast.

"The way she described it, some were good parties and some were bad parties," said this source, who went on to describe scenes of abuse, including one in which the victim, a teen-ager, was made to stand nude at a party while she was offered at auction to the highest bidder.

"I don't know if they can prove it," the source said, "but if one-tenth of what that girl is saying is true, I'd sure hate to have her talking about me."

The foster care agency's submission of the file is among the latest developments in a case that began surfacing Nov. 4, when the Government's National Credit Union Administration shut down the Franklin Community Federal Credit Union in Omaha. The agency, which oversees the nation's federally chartered credit unions and insures their deposits, subsequently filed suit against Lawrence E. King Jr., Franklin Community's manager and treasurer, charging him with diverting millions of dollars of the institution's money to his own purposes. In all, the agency says, Franklin Community is missing $38 million.

Mr. King has not been accused of personally engaging in child sexual abuse. But a number of widening Federal and state investigations into the credit union's collapse are aimed in part at determining whether any of the money he is accused of embezzling was ever used to transport children or to pay them for sexual favors.

Some Mystery Remains

Mr. King, a 44-year-old former vice chairman of the National Black Republican Council, an official affiliate of the Republican Party, has denied all allegations of embezzlement, and in an interview last week his lawyer discounted any link between the credit union case and child abuse.

The number of children involved in that abuse remains something of a mystery, as does the identity of any foster homes involved. The person who spoke of the contents of the foster care agency's file declined to discuss these elements of the case.

One of Franklin Community's employees, a man hired to sell large certificates of deposit that are said to have provided most of the funds that kept the credit union operating, said in a recent interview that on the day it was shut down, agents of the Federal Bureau of Investigation immediately began asking questions on other subjects.

"They asked me about child pornography, drugs and Larry King's life style, in exactly that order," he said. Subseqently, he said, he was called before a Federal grand jury in Omaha and asked to describe his job activities.

The source who spoke of the file's contents said that it reflected efforts dating back several months to spur various investigative agencies to look into the possibility of abuse. And besides the report of auctioning of the services of a teen-ager, the source said, it contains information from other interviews, including some from a child care specialist, Julie Walters, who moved from Omaha late last year to take a position as a juvenile probation officer in Cincinnati.

Mrs. Walters, reached by telephone, told of interviews with two teen-agers who, she said, described physical cruelty to children at foster care homes as well as sexual abuse of teen-agers at parties in Omaha, New York, Chicago and Washington.

Earlier this week, she told an Omaha reporter of a teen-ager's description of a party involving sex between "more than two people, same sex and opposite sex."

"It's a horrible thing for me professionally and emotionally," she said in the telephone interview, "to go through watching kids disclosing things that are very traumatic for them, verbalizing situations in which they were victims and saying they knew that nothing would ever be done about it."

But, she added, "that is not uncommon for victims of child abuse."

Abb. 30: »New-York-Times«-Ausschnitt über das Franklin-Coverup.

Der Manager, Lawrence E. King, Jr., hatte diese verbrecherischen Aktionen mit Billigung höchster Kreise betrieben.

Am 11. Juli 1990, 19 Monate nach Beginn der Ermittlungen, verunglückte Gary Cardonari, der Hauptuntersucher des Skandals, zusammen mit seinem achtjährigen Sohn tödlich, als seine kleine Privatmaschine aus ungeklärten Gründen plötzlich mitten im Flug explodierte. Rund ein Dutzend anderer Personen, die mit der Untersuchung im Zusammenhang standen, starben auf mysteriöse Weise. Wochen vor seinem Tod äußerte der 41 Jahre alte Cardonari bereits gegenüber Freunden, daß er um sein Leben fürchte. Einem der für das *Franklin-Komitee* tätigen Senatoren gegenüber erklärte Cardonari noch kurz vor dem Unglück: »Wir haben sie! Nun gibt es für sie keinen Weg mehr, aus der Sache herauszukommen!«

Ex-CIA-Chef William Colby sollte für jenes zur Untersuchung des gewaltigen Omaha-Skandals gegründete *Franklin-Komitee* eine Analyse des Absturzes durchführen. Wie er bald feststellte, würde der Grund für das Unglück nie bekannt werden. Was sich aber immer deutlicher herauskristallisierte, war, daß einige der angesehensten und bedeutendsten Personen aus Omaha und dem übrigen Nebraska in die unsagbaren Geschehnisse verwickelt waren. Und genau das ließ die Wahrheit nicht auf den Tisch kommen. Die Nachforschungen verliefen großteils im Sand, die offizielle Untersuchung kam zu einem ziemlich plötzlichen Ende, und fast sämtliche Fakten wurden tief vergraben.

Auf der Aufklärungsseite wesentlich beteiligt war der Ex-Senator John W. DeCamp, der 16 Jahre im Amt war und als Anwalt der mißbrauchten Kinder und Jugendlichen tätig wurde. Er konnte zahlreiche hochrangige Personen identifizieren, die Schlüsselrollen in jenem tief in Regierungskreise hineinreichenden Kinderporno-Ring spielten, und beschrieb das »Franklin Cover-Up« in einem eigenen Buch. Das Vorwort dazu verfaßte jener William Colby, selbst nicht gerade ein unbeschriebenes Blatt, was so manch verbrecherische Aktionen der CIA betraf; ein kalter, berechnender Mann, der einige Geheimnisse des Auslandsgeheimdienstes preisgegeben hatte, um öffentliches Vertrauen zu gewinnen. In den eigenen Reihen befürchtete man offenbar, er würde damit zu weit gehen. Immerhin ging er zumindest auch soweit, gegenüber DeCamp die definitive Existenz einer äußerst bedrohlichen Macht zu beschreiben, einer Macht, gegen die niemand bestehen kann. So richtete er eine Botschaft an John DeCamp: »John, was Sie verstehen müssen, ist, daß es manchmal Kräfte und Ereignisse gibt, die zu groß, zu mächtig sind und wobei für andere Personen und Institutionen zu viel auf dem Spiel steht, so daß Sie nichts dagegen unternehmen können, ganz gleich, wie übel oder falsch deren Tun ist und ganz gleich, wie verpflichtet oder ehrbar Sie selbst sind oder wieviele Beweise Sie besitzen. Das ist einfach eine der harten Tatsachen des Lebens, der Sie ins Auge blicken müssen. Das alles hat Sie schrecklich getroffen. Aber es hat Sie bis zu diesem Punkt noch nicht getötet. Ich sage Ihnen, steigen Sie aus der Sache aus, bevor das geschieht. Manchmal sind die Dinge einfach zu groß für uns, um damit noch umgehen zu können, und wir müssen zur Seite treten und der Historie ihren Lauf lassen. Für Sie, John, ist das ein solcher Moment.«

Colby selbst hatte viele Feinde, noch aus Vietnamtagen. Er steckte selbst bis über beide Ohren in Bankenskandalen, Drogenoperationen und weltweiten Machenschaften der Schattenregierung, die von Supermächtigen im Umfeld der Bonesmen sämtliche Bereiche unterwandert und nicht zuletzt mit der CIA als Exekutive global operiert.

1996 fischte man Colby tot aus einem Seitenarm des Potomac River. Wie so oft war von Unfall oder Selbstmord die Rede, wie so oft aber deuteten die Fakten in Richtung Mord. Colby war durch eine seiner Aktivitäten über den von ihm selbst erwähnten Punkt hinaus gegangen. Gründe, den ehemaligen CIA-Chef zu beseitigen, gab es genügend. Seine Rolle im Franklin-Coverup dürfte jedoch ein wesentlicher Faktor gewesen sein. Denn von hier aus führte die dunkle Straße in die schmutzigsten Winkel der »elitären« Unterwelt.

»Mind War«

Franklin-Manager Lawrence E. King zählt zu den zentralen Personen des exzessiven und weit jenseits aller Moral stehenden enormen Skandals, bei dem Drogen, Entführung, Kindesmißbrauch, Ritualmord und Satanismus, militärische Experimente und Erpressung Hand in Hand gehen. King war die Verbindungsperson hin zu höchsten Kreisen der Politik, die bis zum US-Präsidenten reichen. Eines der zahlreichen Opfer, das von frühester Kindheit an unter kompletter Kontrolle von King stand, war Paul A. Bonacci. In einem Gespräch mit Ted Gunderson, dem ehemaligen Chef des FBI-Büros von Los Angeles, erzählte Bonacci, bereits im Alter von sechs Jahren gekidnapped worden und in Kings höllisches Netzwerk geraten zu sein. Viele Jahre später, 1986, kontaktierte Bonacci dann erstmals das *Omaha Police Department*. Er berichtete vom schweren Mißbrauch, den er und andere durch Personen wie Lawrence King erlitten hatten. Doch man unternahm nichts.

John DeCamp wurde später Bonaccis Verteidiger. 1991 verfaßte er eine umfangreiche Anklageschrift in zwölf Punkten, die 16 prominente Personen und Institutionen beim Namen nannte. Natürlich richtete sich die Anklage auch gegen Lawrence King, jenen bis aufs äußerste brutalen und todbedrohlichen republikanischen Aktivisten und Franklin-Manager, der allerdings im Grunde nichts anderes als Werkzeug einer mächtigen Hintergrund-Agenda war.

DeCamp klagte auch das *Omaha Police Department* an – wegen verschwörerischer Machenschaften mit dem Versuch, Paul Bonacci seiner bürgerlichen Grundrechte zu berauben. Denn bald nachdem das Franklin-Coverup in der Öffentlichkeit größere Wellen zu schlagen begann, hatte man Bonacci inhaftiert – wegen sexueller Nötigung eines Minderjährigen. Worum es dabei vor allem ging, war, einen gefährlichen Zeugen ohne allzu großen Wirbel dem öffentlichen Licht zu entziehen. Doch der hatte einigen Personen gegenüber, darunter DeCamp und Gunderson, bereits schreckliche Details berichtet.

Im Alter zwischen zehn und vierzehn Jahren wurde der bereits mehrfach gehirngewaschene Bonacci als Lockvogel in Einkaufsstraßen, Parks und öffentlichen Plätzen benutzt, um andere Kinder seines Alters in die Nähe eines Fahrzeugs zu leiten. Dort wurden sie sehr schnell von Erwachsenen überwältigt. Paul und ein anderer Jugendlicher stürzten sich mit Chloroform bewaffnet auf ihr jeweiliges Opfer, während der Van sich auf den Weg machte. Es gab vor allem zwei Örtlichkeiten, zu denen die Kinder geschafft wurden – Las Vegas, Nevada, und Toronto, Kanada. Auf sehr speziellen Versteigerungen gingen sie an den Meistbietenden, so berichtet Ted Gunderson von seinem Gespräch mit Bonacci. Die Summen beliefen sich den Schilderungen zufolge auf bis zu 50 000 US-Dollar. Der Zeuge enthüllte, daß der Auktionsort in Nevada ungefähr 80 Kilometer nördlich von Las Vegas liegt, bei einer Landepiste. Einige der Kinder wurden von unmarkierten Flugzeugen abgeholt, deren Crew offenbar aus dem orientalischen Raum stammte. Andere der jungen Opfer setzte man laut Bonacci unter Drogen, um sie dann mit Camping-Vehikeln abzutransportieren. In einem Falle transportierte sie ein Flugzeug der amerikanischen Drogenbehörde *Drug Enforcement Agency* (DEA) ab, die selbst bekanntlich schon lange vielfach von den Drogenbaronen unterwandert ist.

Bonacci selbst sei auf sechs Auktionen Zeuge gewesen, wobei in einem Fall »lediglich« sechs Kinder versteigert wurden, in einem anderen fast vierzig. Einige der Kinder stammten aus Pflegestellen, Waisenhäusern oder aus dem 1917 gegründeten Heim »Boys Town« in Omaha und wurden zunächst nach Sioux City in Iowa gebracht. Nicht selten gingen von dort dann geheime Flüge nach Washington, D. C.

Paul Bonacci und andere Zeugen berichteten davon, daß die Kinder dort Sex-Parties zugeführt wurden, an denen US-Würdenträger, Kongreßangehörige und hochrangige Personen teilnahmen. Lawrence King hatte für diese Zwecke ein eigenes Appartementhaus angemietet. Doch manchmal führten Exkursionen auch direkt ins Weiße Haus. Bonacci selbst war in der Lage, einen Grundriß dieser Örtlichkeit zu zeichnen, darunter von Bereichen, welche der Öffentlichkeit zu keiner Zeit zugänglich sind.

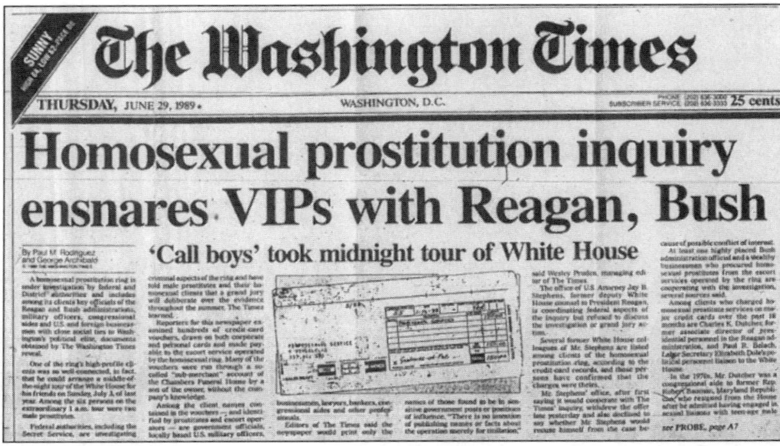

The Washington Times

THURSDAY, JUNE 29, 1989 · WASHINGTON, D.C. · 25 cents

Homosexual prostitution inquiry ensnares VIPs with Reagan, Bush

'Call boys' took midnight tour of White House

By Paul M. Rodriguez and George Archibald

Abb. 31: 1989 sorgte ein Callboy-Skandal im Weißen Haus für Aufsehen.

Paul Bonacci, Opfer und Täter zugleich. 1989 enthüllte er gegenüber Senator DeCamp, sieben Jahre zuvor auch an der Entführung eines Zeitungsjungen aus Des Moines beteiligt gewesen zu sein: Johnny Gosch. Seine Aussagen wurden von offizieller Seite angezweifelt, doch Noreen Gosch, die später selbst mit Bonacci zusammentraf, ist sich sicher, daß er die Wahrheit sagt. Das bestätigte ihr 1997 auch Johnny Gosch selbst.

Gosch war in denselben Zirkel geraten, jenen Zirkel, in dessen Zentrum Pädophile, Satanisten, Militär-Experimentatoren und hohe Regierungsleute stehen.

Bonacci erklärte, daß die Entführung von Johnny Gosch keine spontane Aktion war. Ein Mann namens Sam habe am Tag zuvor Fotografien von Johnny in einem Motelzimmer gezeigt: Dieser Junge solle am nächsten Morgen aufgegriffen werden. Während der späteren Ermittlungen suchte Paul Bonacci aus zwanzig Porträtaufnahmen zielsicher jene Person heraus. Es war wohl bestimmt kein Zufall, daß der Mann auf dem Foto gleichfalls Sam hieß, ein gewisser Sam Soda aus Des Moines. Wie auch andere Zeugen bestätigten, soll er es auch gewesen sein, der Johnny zu Lawrence King brachte. Laut Paul Bonacci war Sam anwesend, als Johnny wiederholt sexuell mißbraucht wurde. Bonacci berichtete Noreen Gosch, etwa 14 Tage nach der

A Lurid, Mysterious Scandal Begins Taking Shape

By WILLIAM ROBBINS
Special to The New York Times

OMAHA, Dec. 15 — For several weeks a Federal investigation has riveted attention here on a failed local credit union formed to help the poor, on $35 million that it is missing and on its manager, a nationally active Republican politician whom the Government accuses of embezzling at least some of the funds.

Now the inquiry, joined by state investigations, is widening and has begun to take on the stark trappings of lurid melodrama.

The collapse of the credit union and the Government's lawsuit alleging embezzlement were the extent of the case, at least on the public record, until last Monday. Then rumors that had been circulating in Omaha for much of the last month made their way into remarks presented to the Executive Board of the State Legislature in Lincoln. The speaker was State Senator Ernie Chambers of Omaha, who said he had received numerous reports, to which he clearly gave credence, that instances of child sexual and physical

ports of sexual abuse and that they were a subject of its own criminal inquiry into the credit union affair. And the office of the Nebraska Attorney General said it had directed the state police also to investigate the reports.

If sensation has begun to characterize the case, so has mystery. The various investigators, their efforts barely begun, decline to speak of them in detail. Mr. Chambers himself says he wants to disclose just enough to encourage those with information on the

Reports of sex abuse add to a theft case.

affair to give testimony before the legislative committee.

As a result, there are these large gaps in public knowledge about the case, among others:

¶If child prostitution was involved,

dren were transported or paid with any of the money that the Government's suit accuses him of diverting from the Franklin Community Federal Credit Union.

The suit was brought last month in Federal District Court here, where Mr. King has filed a motion denying all the allegations of embezzlement.

Mr. King's lawyer, William Morrow, has declined to make him available for press interviews. But Mr. Morrow said his client contended that personal payments and contributions of more than $4 million that Mr. King made this year and last, all of them itemized by the Government in documents that it filed with its suit, had come from his own accounts at the credit union. Records to support that contention are not available, Mr. Morrow said, because all the credit union's papers have been seized by Federal agents.

As for the inquiries into sexual abuse, Mr. Morrow noted a World-Herald article Tuesday in which Mr. O'Hara, the F.B.I. agent, was quoted as saying, "We are looking for credible witnesses."

"I think," said Mr. Morrow, "that he

Associated Press

Lawrence E. King Jr., manager of the Franklin Community Federal Credit Union, which is the focus of widening inquiries.

Abb. 32: Lawrence E. King versorgte die höchsten Kreise mit Kindern, um sie bis zum Ritualmord zu mißbrauchen. Der Zeitungsbericht schildert solche Mißbrauchsfälle.

Entführung ihres Sohnes sei der berüchtigte Army-Colonel Michael Aquino zu dem Haus gekommen, in dem Johnny außerhalb von Sioux City festgehalten wurde. Aquino zahlte etliche tausend Dollar und nahm den Jungen mit.

Michael Aquino gehörte zum führenden Kreis der *Church of Satan*, die 1966 von Antoine La Vey gegründet worden war. 1975 trennte sich der Colonel dann von der Gruppe, allerdings nur, um seine eigene satanische Sekte zu gründen, den *Temple of Set*. Nichts davon beeinträchtigte seine militärische Karriere. Im selben Jahr, in dem Johnny Gosch in seine Hände gelangte, führte Aquino ein satanistisches Ritual in der Wewelsburg auf, Himmlers okkultem Heiligtum. Die Reise nach Deutschland hatte im Rahmen einer NATO-Tour stattgefunden. Doch auch dieser Vorfall schadete Aquino nicht. Ein Pentagon-Sprecher bezeichnete seine militärische Laufbahn als »außergewöhnlich« – auf eine morbide Weise war nicht nur sie es. Allerdings schien er genau der Richtige zu sein, um an einem teuflischen Geheimprogramm mitzuwirken, »Operation Mind War«.Wissenschaftler des Dritten Reichs, die über die »Operation Paperclip« in die USA gekommen waren, um ihre Ergebnisse in die Dienste einer neuen Obrigkeit zu stellen, spielten eine wesentliche Rolle bei dem Gedankenkontroll-Projekt »MK Ultra« – interessant, daß die Abkürzung MK für »Mind Control« steht, doch »Control« wie im Deutschen hier mit einem »K« beginnt!

Durch mentale und körperliche Folter, Drogen, Hypnose und sogar genetische Experimente wollte man den menschlichen Geist so weit wie nur möglich kontrollieren. Im Rahmen von »Projekt Monarch« versuchten CIA, Militärgeheimdienst und US-Regierung, Menschen in multiple Persönlichkeiten zu spalten. »Sie sollten programmiert werden zu Spionen, ›Drogen-Mulis‹, Prostituierten oder Attentätern«, schreibt DeCamp.

Abb. 33: Der Satanist Michael Aquino und seine Frau Lilith Sinclair.

Aquino leitete eine Army-Abteilung zur psychologischen Kriegsführung, in die seine »spezifischen Erfahrungen« einflossen. Dabei darf nicht übersehen werden, daß der Satanismus nicht von der Existenz des Teufels abhängt und massiv auf Macht über Menschen abzielt, auf die vollständige Kontrolle und das Brechen jedes eigenen Willens. Um nichts anderes geht es auch der Macht-Elite.

Aquinos wahrhaft satanisches Spektrum umfaßte dazu Gehirnwäsche, Pädophilie und Mord. Noreen Gosch erfuhr, daß Aquino auf der *Offutt Air Force Base* in Nebraska ein satanistisch-rituelles Zentrum der Gedankenkontrolle von Kindern unterhielt.

Tagebuch des Grauens

Eines der Mind-Control-Opfer war Paul Bonacci. Lawrence King setzte ihn unter Drogen und flog ihn wiederholt in diverse US-Großstädte, darunter auch Washington, D. C., um ihn zum Prostituierten für die höchsten Kreise zu machen. Und zum willenlosen Mittäter.

Durch Bonaccis gestörte und nach Aussagen von Gutachtern

insgesamt 14fach gespaltene Persönlichkeit war es später oft schwer möglich, Zugang zu den diversen Erinnerungen zu finden. Eines dieser Alter Egos von Bonacci war »Wesley«. Unter dieser Teil-Existenz lockte er Johnny Gosch in die Falle: »Ich ging zu ihm hin und stellte ihm eine Frage«, so sagte Bonacci aus. »Als er dem Wagen nahe genug war, schob ihn Tony in den Van, und sie zogen ihn hinein, und sie hatten einen Lumpen mit Chloroform in der Tasche. Wir mußten ihn über sein Gesicht drücken und dann wieder zurück in die Tasche stecken, nachdem er bewußtlos geworden war.«

Bonacci als hilfloser Täter. Er selbst war Spiel- und Werkzeug, vorwiegend in den Händen von Lawrence King. Wie die anderen Kinder und Jugendlichen erfüllte auch Bonacci einen mehrfachen Zweck, als Lockvogel wie auch als Opfer geheimer Experimente, als Sexsklave wie auch nicht zuletzt als probates Mittel, einige Politiker zu erpressen. Nicht unbedingt diejenigen, die an der Spitze der Unternehmungen standen, einflußreiche aber allemal. Was die Hauptaufgabe war? Die Frage stellte ihm Richter Warren Urborn im Rahmen des Franklin-Prozesses. »Schwer zu sagen«, antwortete darauf Bonacci, »Es hing davon ab, was man brauchte. Die meiste Zeit ging es darum, Politiker zu kompromittieren, so daß er [King] alles bekam, was er von ihnen wollte … Wenn es darum ging, daß eine Regelung durchgesetzt würde …, brachte er Gegner in eine kompromittierende Lage, durch uns Jungen und Mädchen.« Er selbst sei mehrere tausend Male auf den Parties der Hochrangigen mißbraucht worden, allein von King selbst unzählige Male in seinen diversen Persönlichkeiten. »Wahrscheinlich ein paar hundert Mal.«

Bonacci war von King schwer mißhandelt worden, er erlitt Verbrennungen und Fingerbrüche, wurde am Kopf und ins Gesicht geschlagen. Richter Urborn: »Er hat die von ihm ersehnte Militärkarriere aufgegeben und erhielt Todesdrohungen, er leidet an Schlaflosigkeit und Alpträumen, hat Probleme, eine berufliche Tätigkeit auf Dauer auszuüben, lebt in der Angst, verfolgt oder umgebracht zu werden, leidet unter bedrückenden Rück-Erinnerungen und zeigt sich gelegentlich verbal aggressiv. All dies steht in Verbindung mit der multiplen Persönlichkeitsspaltung und wurde durch die rechtswidrigen Aktivitäten des Angeklagten King verursacht.«

Ein schreckliches Erlebnis hatte sich ganz besonders tief in Bonaccis zerrüttete Seele gegraben. In stockenden, manchmal verworrenen, manchmal nicht ganz leserlichen, doch mehr als eindringlichen Sätzen hielt er auf den Seiten seines Tagebuches fest, was geschehen war. Oft wählte er für bestimmte Tabuwörter das englische Substitut »blank«. Bonacci schreibt:

»Im Januar 1984 war ich auf jedem Trip dabei. Ich wurde von Leuten, die King kannte, für Sex bezahlt. Im Sommer '84 war ich [nicht leserlich] und hatte Sex in einem Hotel, mit mehreren Männern, die King kannte. Ich flog mit *(YNR) Airlines*, das ist eine private Airline oder ein privates Chartergeschäft und *Cam Airlines*, ein anderes Chartergeschäft für King ... Am oder um den 26. Juli kam ich nach Sacramento, Kalifornien. King flog mich in einer privaten Maschine vom (Eplick-)Flugplatz in Omaha nach Denver, wo wir Nicholas mitnahmen, einen zwölf- oder dreizehnjährigen Jungen. Dann flogen wir nach Vegas auf eine Wüsten-Piste und fuhren nach Las Vegas auf irgendeine Ranch und bekamen dort irgendwas. Dann flogen wir nach Sacramento. Wir wurden von einer weißen Limousine abgeholt und zu einem Hotel gebracht. Ich erinnere mich nicht an den Namen. Wir, also Nicholas und ich, wurden in eine Gegend gefahren, in der es große, große Bäume gab. Es dauerte ungefähr eine Stunde, bis wir dorthin kamen. Dort gab es einen Käfig mit einem Jungen darin, der nichts anhatte. Nicholas und ich bekamen so Tarzansachen und all dies. Sie sagten mir, ich sollte, das Wort möchte ich jetzt nicht verwenden, den Jungen [blank] und sowas. In anderen Worten, ich sollte Sex mit ihm haben. Zuerst sagte ich Nein und sie hielten eine Kanone auf meine Genitalien, das Wort werde ich verwenden, und sie sagten, ›tue es oder sonst verlierst Du sie‹ oder sowas in der Art. Ich begann also, es mit dem Jungen zu machen und so. Und Nicholas mußte Analsex mit ihm haben und das alles. Man befahl uns, ihn zu [blank] und das alles und ihn zu schlagen. Ich habe versucht, ihm nicht weh zu tun. Sie befahlen uns, unsere [blanks] in seinen Mund zu stecken und diese Dinge und uns auf den [blank] des Jungen zu setzen und das alles, und sie filmten es. Wir haben diese Dinge mit dem Jungen ungefähr 30 Minuten oder eine Stunde gemacht, als ein Mann hereinkam und uns schlug und so und in die Genitalien hinein. Er nahm uns und warf uns hin. Er packte den Jungen und begann, ihn zu [blank] und das alles. Der Mann war, ich weiß nicht, wie ich das sagen soll, der Mann war so viele Inches lang und der Junge schrie und so. Der Mann zwang seinen [blank] ganz in den Jungen hinein. Der Junge blutete hinten und der Mann warf mich und ihn und so etwas und den Jungen direkt neben mich und griff eine Waffe und schoß den Kopf des Jungen ab. Das Blut des Jungen war überall auf mir und ich begann zu schreien und zu weinen und die Männer packten Nicholas und mich und zwangen uns, uns hinzulegen. Sie legten den Jungen auf Nicholas, der weinte, und dann legten sie die Hände von Nicholas auf den [blank] des Jungen. Dann legten sie den Jungen auf mich und taten dasselbe. Dann zwangen sie mich, das Kind zu [blank]. Es war so grausam. Sie richteten eine Waffe auf unsere Köpfe, damit wir es taten. Sein Blut war überall auf uns. Sie zwangen uns, die Lippen des Jungen zu küssen. Und noch andere Dinge. Dann zwangen sie mich, etwas zu tun, was ich nicht einmal schreiben möchte, also tue ich es nicht. Danach packten sie Nicholas und schleiften ihn weg. Er schrie. Sie lehnten mich gegen einen Baum und hielten mir eine Waffe an den Kopf, schossen aber in die Luft. Ich hörte einen anderen Schuß von irgendwoher, und dann sah ich den Mann, der den Jungen getötet hatte. Er schleppte ihn umher wie ein Spielzeug. Alles wurde gefilmt, auch wie die Männer den Jungen in den Kofferraum legten. Die Männer nahmen mich mit und wir stiegen dann in ein Flugzeug. Ich sah den Sack, in dem der Junge war. Wir flogen über eine sehr dicht mit Büschen bewachsene Gegend mit einer Lichtung innen. Als wir über der Lichtung waren, ließen sie den Jungen hinunterfallen. Einer sagte, der Mann mit der Kapuze würde sich für sie um den Körper kümmern. Ich sah Nicholas nicht vor dieser Nacht im Hotel. Er und ich umarmten uns und hielten uns lange fest. Ungefähr zwei Stunden später kamen Männer oder Larry King herein und sagte uns, wir sollten eine Dusche nehmen, denn wir waren vorher nur mit einem Gartenschlauch abgespritzt worden, am Haus von irgend jemandem. Wir nahmen die Dusche zusammen, und man sagte uns, wir sollten diese Tarzan-Sachen anziehen, und nachdem wir gesäubert waren und in diese Dinge gekleidet waren, sagte man uns, wir sollten Shorts, Socken und ein Shirt und Schuhe anziehen und wurden zu einem Haus gefahren, wo die Männer mit einigen anderen waren. Sie hatten den Film und sie spielten ihn ab. Während die Männer ihn ansahen, reichten sie Nicholas und mich herum, als ob wir Spielzeuge wären …«

Soweit Bonaccis Tagebuch des Grauens. Es kann wohl keine niedrigeren, feigeren und verwerflicheren Verbrechen geben, als die in jenen Zeilen festgehaltenen. Könnten sie vielleicht den Alptraumvisionen eines geschundenen, überreizten Geistes entstammen? Könnte es sein, daß Bonacci den bestialischen Mord in jenem Waldgebiet mit den riesigen Bäumen nie wirklich erlebte? Hielt er nichts als fiebrige Halluzinationen in seinem Tagebuch fest? Man möchte das hoffen. Doch Bonacci wurde von Psychologen untersucht, die Fachleute erstellten medizinische Gutachten, es gibt Mehrfachbefragungen und Lügendetektor-Tests. Seine Aussagen wurden demnach für wahr erachtet.

Schließlich können vor allem seine Schilderungen zu den Entführungen auch nicht als einige wenige Einzelfälle angesehen werden. In den USA verschwinden jährlich Tausende von Kindern spurlos, so stellte auch Ex-Senator John DeCamp fest.

Als Bonaccis Anwalt führte er den Kampf bis zum Ende und verhalf dem Opfer schließlich immerhin zu seinem Recht, auch wenn dadurch keines der Verbrechen ungeschehen gemacht werden konnte. Die Erinnerungen daran werden Paul A. Bonacci sein ganzes Leben lang verfolgen.

Am 22. Februar 1999 wurde das Urteil im *United States District Court For the District of Nebraska* von Richter Warren Urborn unter der Nummer 4:CV91-3037 veröffentlicht. Nachdem er die Straftaten Kings zugesammenfaßt hat, erklärt Urborn: »Der Angeklagte King verfügt beinahe mit Gewißheit über nur noch wenige finanzielle Resourcen, doch ist ein faires Urteil zur Kompensation des Klägers notwendig. Für die 16 Jahre, seit der Mißbrauch des Klägers seinen Anfang nahm, schließe ich, daß eine faire Kompensation für die Schäden, die er erlitt, eine Summe von $ 800 000 ist. Ein verschärfter Schadensersatz ist ebenfalls gerechtfertigt, doch muß der Betrag limitiert sein, aufgrund der geringen Wirkung, die ein solches Urteil auf den Angeklagten King haben würde, mit Blick auf seine finanzielle Situation und seinen Gefängnisaufenthalt. Ich erachte einen verschärften Schadensersatz von $ 200 000 für angemessen.«

Eine sehr geringe Summen, wenn man die unbeschreiblichen Erlebnisse Bonaccis bedenkt.

Lawrence E. King wurde zu einer 15-jährigen Haftstrafe verurteilt. Doch war er letztlich nicht mehr und nicht weniger als ein teuflischer, auf eigenen Machtgewinn und sein perverses Vergnügen bedachter Handlanger weit mächtigerer Kreise, Kreise, die CIA-Mann Colby für so einflußreich hielt, daß sich ihnen niemand entgegenstellen kann, so verbrecherisch und unmoralisch sie auch sein mochten. Wer sind sie?

Bohemian Club

Bonaccis Tagebuch enthält einige Details und Randbemerkungen, die dazu beitragen, den Ort des unaussprechlichen Verbrechens genauer zu lokalisieren. Die verhängnisvolle Fahrt mit der weißen Limousine begann in der kalifornischen Hauptstadt Sacramento. Sie dauerte rund eine Stunde und führte in eine einsame ländliche Gegend, in der es »große, große Bäume« gab. Existiert in diesem Umkreis ein Gebiet, auf das die Beschreibung zutrifft?

Kalifornien ist berühmt für seine Mammutbäume, die in Höhen bis über hundert Meter aufragen. Diese Sequoias oder »Redwoods« gelten als die größten Lebewesen unseres Planeten, stellen aber auch besondere Ansprüche an die Böden. Und selbst dort, wo die Bedingungen geeignet sind, entwickelt sich aus Milliarden Samen nur ein einziger zu einem der Riesen.

Nahe des Yosemite-Nationalparks sind beispielsweise die mächtigen Sequoias im Mariposa Grove zu finden, im Norden von Kalifornien dann der entlang der Küste weit ausgedehnte

Redwood National Park mit den Humboldt Redwoods und den bereits knapp vor Oregon liegenden Jedediah Smith Redwoods.

All diese Gebiete sind allerdings deutlich weiter von Sacremento entfernt, als daß sie in ungefähr einer Stunde mit dem Auto erreichbar wären. Noch am ehesten ist während dieser Zeitspanne die Russian-River-Region bei Monte Rio zu erreichen. Von Sacramento aus verläuft die Route in die bekannten Weingegenden von Santa Rosa in Sonoma County. Einsame Straßen führen schließlich in ein abgeschottetes Areal, das mit Redwood-Giganten bestanden ist: den Bohemian Grove.

Das Gebiet ist geheimnisumwittert und uneinsehbar. Heute umfaßt der Bohemian Grove gut 1000 Hektar Land, Zutritt zu diesem »Hain der Bohemiens« haben nur wenige Menschen. Denn genau hier trifft sich die Macht-Elite. Und das geschieht wieder einmal in völliger Abgeschiedenheit. Unweigerlich stellt sich die alte Frage: Was geht hier vor sich? Im Hinterkopf pochen und hämmern dabei unablässig die Worte aus Bonaccis Tagebuch.

Die Geschichte um den Bohemian Grove nahm dabei einen recht harmlosen Anfang.

Im Jahr 1872 entstand in San Francisco der *Bohemian Club*, in dem sich Zeitungsreporter und Männer trafen, die sich für Literatur und Kunst interessieren. Die Namensgebung lehnte sich an die französische Kunstbewegung der Bohème an, die sich in den 1830er Jahren entwickelt hatte. In Artikel I der Club-Statuten heißt es: »Diese Organisation soll bekannt sein als der *Bohemian Club*. Er wird eingerichtet zur Vereinigung von Gentlemen, die beruflich mit Literatur, Kunst, Musik, dem Theater verbunden sind, sowie auch denjenigen, die aus Gründen ihrer Liebe zu diesen Bereichen für wählbar erachtet werden.« Die ersten Treffen fanden im *Astor-Hotel* in der Sacramento Street, San Francisco statt.

Ziemlich bald gesellten sich dem Journalisten-Zirkel auch wohlhabende Geschäftsmänner hinzu. Natürlich waren sie als finanzkräftige Mitglieder höchst willkommen. Schnell wuchs die Zahl der Angehörigen auf einige hundert, wobei nun Persönlichkeiten aus Literatur, Politik, Militär und Wirtschaft eine eigenwillige Mischung bildeten. Man lud auch bedeutende Gäste zu sich, so auch den exzentrischen englischen Literaten Oscar Wilde. Bald zählte der Club so viele Mitglieder, daß die Treffen nicht mehr länger im *Astor-Hotel* stattfinden konnten. Also zog man innerhalb der Stadt um und in ein eigenes Gebäude. Die neue Adresse seit 1877 lautete 430 Pine Street.

Neben diversen künstlerischen und intellektuellen Aktivitäten war ein Element des Club-Lebens weder zu vernachlässigen noch zu verleugnen: der reichliche Konsum von Alkohol. Die lockeren Zusammenkünfte wurden nach einem schottischen Trinkspiel »Jinks« benannt, was soviel wie übermütige Ausgelassenheit bedeutet.

Bereits sechs Jahre nach der Gründung des Clubs zog es einige Dutzend Bohemians aufs Land hinaus, um in der dortigen Abgeschiedenheit ihr Jinks-Gelage zu feiern. Dazu begab man sich in die Wälder von Sonoma County nahe dem heutigen *Camp Taylor*. Die dortigen Redwoods wurden vier Jahre später zum jährlichen Sommertreff der Bohemians. In den Monaten Juli und August zog es sie zunächst an verschiedene Plätze jener Region, bis der Club dann 1893 ein Wald-

Club's Outing May Be Its Last for Males Only

SANTA ROSA (UPI)—Private jets and chartered aircraft began arriving at Sonoma County Airport on Friday with members of the exclusive Bohemian Club bound for the group's 109th encampment, which may mark the end of an all-male era.

The club boasts a membership of some of the world's most powerful politicians and business leaders, including Ronald Reagan, George P. Shultz and Richard M. Nixon, along with a heavy representation of leaders of Fortune 500 corporations.

As usual, the club will not identify the guests at this year's two-week encampment at the 2,700-acre reserve in secluded woods about 75 miles north of San Francisco.

Women Barred

Women have been historically barred from attending or working at the conclave, but last November the California Court of Appeal ruled that the members' rights of free association and privacy were not sufficient to justify the club's policy against hiring women at the encampment.

The California Supreme Court later refused to review the case, but the club has appealed to the U.S. Supreme Court.

Should the decision be allowed to stand, the club will be required to develop an affirmative-action hiring plan, monitored by the state Department of Fair Employment and Housing, and hire some women workers.

More than 70 "peace and justice and environmental" groups under the umbrella of the Bohemian Action Network say they will stage a demonstration today outside the Bohemian Grove's gates, according to spokeswoman Mary Moore of Occidental, Calif.

Annual Protests

Protests are an annual feature of the encampments as demonstrators try to move the leaders who congregate.

"In the past, we've concentrated on issues such as El Salvador and nuclear energy," Moore said.

"This year, we are going to point out the bizarre ceremony they call 'The Cremation of Care,' in which our leaders parade around in red-hooded robes and burn an effigy in a coffin in front of a 40-foot-tall owl statue," she said. "It conjures up images of not only the Klan but weird occultism."

The members say the mock ceremony is to signal that the business of the outside world will not be discussed during the encampment.

Abb. 34: Bericht über die Bohemians in der »Los Angeles Times«. Während der Club in den ersten drei Jahrzehnten seines Bestehens noch offener war, schottete er sich dann stark ab. Auch in der Presse war nur noch wenig über ihn zu finden.

stück von der *Sonoma-Holz-Gesellsch*aft pachtete. Auf diesem Gebiet von 64 Hektar Fläche sind die prächtigsten Redwoods beheimatet, wahre Giganten. 1899 gelang den Bohemians der Ankauf des Landstrichs, der in den nächsten 67 Jahren durch ständig neue Erwerbungen um das 15fache vergrößert werden konnte.

1899, das war die Zeit des großen Goldrauschs am kanadischen Klondike River, die Zeit von Jack London, der diesem Lockruf selbst folgte. London war von 1904 bis 1915 Mitglied im *Bohemian Club*. Am 22. November 1916 nahm er sich im Alter von 40 Jahren das Leben, so heißt es, möglicherweise starb er aber tatsächlich an Nierenversagen durch falsche Diät sowie übermäßigen Alkoholgenuß. So etwas kann einem als Clubmitglied der Bohemians schon passieren. Die waren nun um die Jahrhundertwende wieder umgezogen, in ein noch größeres Haus an der Ecke Post und Grant Street in San Francisco. Das Gebäude wurde dann während des Erdbebens von 1906 durch Feuer zerstört, man mußte sich also wieder neue Räume suchen ..., diesmal an der Ecke von Post und Taylor einige Häuserblöcke weiter westlich.

Zu jener Zeit verfügten die Bohemians als erster Elite-Club über eine feste Stadt-»Residenz« und einen Treffpunkt in ländlicher Abgeschiedenheit. Ab 1907 konnten sich an der Ostküste allerdings auch die Bonesmen aus New Haven auf ihr eigenes abgeschiedenes Terrain zurückziehen. Daß diese Gemeinsamkeit bei weitem nicht die einzige Verbindung zwischen den beiden Gruppierungen ist, wird sich noch zeigen. Jedenfalls zog jene Kombination aus Stadtclub und Erholungstreff auf dem Land die reiche Schicht geradezu magisch an. Gekrönte Häupter, Staatsmänner und Botschafter begannen sich für den Club zu interessieren, um als Gäste empfangen oder als Mitglieder aufgenommen zu werden.

Damals war der *Bohemian Club* nach außen hin noch sehr präsent. Vor allem der »San Francisco Chronicle« berichtete fast ständig über die Aktivitäten und all jene Berühmtheiten, die sich dort trafen. Natürlich gab es auch Gegenstimmen, denn nicht alle zeigten sich einverstanden mit der Existenz eines derart exklusiven Clubs, über den zwar häufig berichtet wurde, der seine Treffen aber an einem unzugänglichen Ort abhielt. Allmählich wurde dann die Kluft zwischen den Bohemians und der Öffentlichkeit immer größer. Bis 1932 war die Publicity des Clubs groß, Namen von Mitgliedern gelangten noch nach außen. In den folgenden Jahren jedoch vollzog sich ein dramatischer Wandel. Man las nur noch sehr wenig über die Aktivitäten der Elite, man erfuhr auch keine Namen mehr. Auch als 1934 ein neues, sechsstöckiges Club-Haus in San Francisco eingeweiht wurde, war kaum mehr jenes vor Jahren übliche Rauschen im Blätterwald zu vernehmen. Im Grove hatte man mittlerweile auch einiges getan, um dort luxuriöser leben zu können. Ab 1929 entstanden dort feste Unterkünfte in rustikaler Bauweise, um der Macht-Elite die nötige Bequemlichkeit zu bieten.

Im Schatten der Mammutbäume

Man traf sich also, um auszuspannen vom harten Alltagsgeschäft, wobei Geschäft wörtlich zu nehmen ist. Wenn der Club anfangs noch als Pressevereinigung diente, dünnte die Journalisten-Spezies immer stärker aus, Reporter waren schließlich sogar regelrecht unerwünscht. Vor allem die Mächtigsten aus Wirtschaft, Politik und Militär genossen nun das elitäre Clubdasein und das exklusive Landleben im Grove. Heute gehören dem Club fast 3000 Mitglieder an. Jeden Sommer in den Monaten Juli und August findet das große, sich über zwei Wochen und drei Wochenenden erstreckende »Midsummer Encampment« statt, zu dem alle Bohemians erscheinen. Bedeutende Gäste kommen ebenfalls. Man tauscht sich aus, führt angeregte Gespräche, durchaus auch über die Weltpolitik, doch gilt schon seit 1875 ein Shakespeare-Satz als eiserne Regel: »Weaving Spiders, come not here!« – »Webende Spinnen sollen sich nicht blicken lassen«, mit anderen Worten, wer versucht, im Grove neue Geschäfte und Geschäftsbeziehungen anzukurbeln, wer aus den engen Kontakten mit anderen Mitgliedern der Macht-Elite in Dialog tritt, um über »Business« zu sprechen, soll besser fern bleiben. Offiziell finden solche Gespräche daher auch nicht statt, doch bilden die Bohemians im Grove zahlreiche kleine Gruppierungen, sogenannte Camps, in denen man sich leichter kennenlernt, vertrauter miteinander wird und die Regel auch durchaus bricht. Davon bekommen die anderen nichts mit.

Im Hain der Giganten – jener riesigen Redwoods und der Mächtigen der Erde – gelten eigene Gesetze und Regeln, doch auch hier gibt es Unterschiede und verschiedene Ebenen. Die Bohemians können nicht als eine einzelne homogene oder verschworene Gruppe betrachtet werden. Es gibt zahlreiche Untergruppen und Lager, ebenso einen wahrhaft »harten Kern«. Überall finden sich Grüppchen von Personen, die entlang der Wege flanieren und sich unterhalten. Worüber, darauf achten die anderen meist nicht. Sie sind wiederum in ihre eigenen Gespräche vertieft. Man hat auf den nunmehr über 1000 Hektar Fläche genügend Raum, um seine eigenen Wege gehen zu können. Der Einzelne geht auch hier oft unter, verliert den Überblick. Und selbst hier gibt es Orte, die nicht allen Bohemians zugänglich sind. Zumindest nicht ohne weiteres. Das fängt bereits bei den Camps an.

Im Jahr 1929 gab es 169 solche Lager. Später schlossen sich einige der Gruppen auch zusammen, so daß die Zahl abnahm. Heute sind es noch über 100. Das *Lost Angels Camp* gilt als besonders exklusiv. In den 1920er Jahren fing man dort an, die Clubgebäude oder auch Zelte mit Anrichten und Stühlen aus Mahagoni auszustatten, Sterling-Tafelsilber zu verwenden und sich von japanischen Stewards in weißen Uniformen bedienen zu lassen. Jeder von ihnen trug ein goldenes Haarband.

Das *Lost Angels Camp* befindet sich in den Anhöhen des Hains, auf einem Hügel, der selbst dort als »Snob-Hill« bekannt wurde – das offenbar in Anlehnung an den Nob Hill von San Francisco, einem der feinsten Stadtviertel bis in die Zeit des große Erdbebens von 1906.

Hier residierten Superreiche wie der Eisenbahnmagnat Leland Amanas Stanford, der Bankier Charles Crocker oder der Industrielle Collis Huntington. Der »Silberkönig« James G. Fair hatte auf Nob Hill das exklusive *Fairmont Hotel* errichtet, und auch der hochexklusive *Pacific Union Club* residierte auf diesem kleinen Olymp. Von dort kamen ebenfalls einige Bohemians, kein Wunder auch, daß der Nob Hill dann schließlich Pate für den Hügel der Lost Angels stand.

Der Grove mit seinen Baumriesen, seiner ländlichen Abgeschiedenheit und gleichzeitigen Exklusivität strahlt auf die Mitglieder etwas unvergleichlich Mystisches aus. Es ist der von ihnen viel beschworene »Bohemian Spirit«. Dieser »Geist« wird allerdings noch von anderen Quellen genährt. Natürlich spielt dabei allein schon die Tatsache eine wesentlich Rolle, daß hier die Mächtigen unter sich sind, daß hier die Repräsentanten der bedeutendsten Konzerne allesamt bequem innerhalb weniger Minuten für jeden Einzelnen erreichbar sind. Man kann sich auf einer sehr persönlichen Ebene austauschen, die auch für die Zeit nach den Encampments, zurück im Alltag eine sehr bindende Wirkung haben können. Man trifft sich zu Vorträgen bedeutender Redner, man lauscht Dichterlesungen und Theateraufführungen, die oft von den Bohemians selbst in archaischer Gewandung vorgetragen werden.

Abb. 35: Ein heiliges Rund. Die Macht-Elite versammelt sich im Bohemian Grove. Die Aufnahme entstand zu Beginn des 20. Jahrhunderts.

Mitten im Hain werden Tische für 1500 Personen in einem mehrfachen Kreis aufgestellt, um in der »Stille der Natur« wie König Arthur tafeln zu können, versorgt von rund 500 Bediensteten. Bei deren Stundenlohn übrigens zeigt sich die Elite sehr bescheiden. Man »darf« sie dort für eine Gegenleistung von etwa acht bis 13 Dollar verwöhnen. »The Lake« ist ein künstlicher See, der in den 1920er Jahren entstand und 1981 neu befestigt wurde. In amerikanischer Manier mußte die schöne Landschaft noch verschönert werden, mit einem ebenfalls künstlichen Wasserfall, der sich in den See ergießt, und Wasserlilien, die mit kleinen Jetströmen von unten in »natürlichen« Positionen gehalten werden. Nachts sind an vielen Orten Lagerfeuer zu sehen, zwischen den Bäumen entfaltet sich ein Lichtspiel, begleitet von Musik und Gesang.

Das alles wirkt genau so, wie es von Seiten der Bohemians immer beschrieben wurde. Der Bohemian Grove als ein Hort der Besinnung und Heiterkeit, ein Ort der Kunst und eines gepflegten Gedankenaustausches. Sicherlich trifft das großteils sogar auch zu, ganz gewiß suchen die meisten Mitglieder den Hain nicht zuletzt auch deshalb auf. Nur, ist das die ganze Wahrheit?

Nembutal für die Elite

Der Grove ist ein Ort des Mythos und der Symbole. Der Zauber der Redwoods verstärkt diesen magischen Charakter und nicht zuletzt die Tendenz des Theatralischen bei allen Aktionen der Bohemians. Der »Geist« wird gepflegt, und es besteht ein klarer Hang zum Okkulten. Der Grove mit seinen 1500 Jahre alten Baumriesen wird zu einer Art ewig bestehendem Heiligtum gegen den Rest der Welt. Ein Ewigkeitsgedanke, den auch die Bohemians für sich selbst in Anspruch nehmen.

Abb. 36: Das Symbol des geheimnisvollen Clubs – die Eule.

1929 errichtete man eine mächtige Betonstatue am See – das Abbild einer

Eule. Etwa dreizehn Meter hoch erhebt sich dieser Moloch, der als Symbol der Lebensweisheit, aber auch Verschwiegenheit gilt. Zu jener Zeit hatte man längst von der Außenwelt Abstand genommen, nur die ersten drei Jahrzehnte seit Bestehen des Clubs waren noch von echter Offenheit geprägt.

Vor jener Eule werden kultische Handlungen vollzogen. Jedes Jahr findet hier die »Cremation of Care Ceremony« statt, die symbolische Verbrennung aller Sorgen dieser Welt. Die Neigung zum Okkulten ist unübersehbar. Viele Zeremonien besitzen finstere Anklänge. Schon aus frühen Tagen der Bohemians sind Aufnahmen bekannt, die deutlich okkulte Aspekte zeigen. Man stellte makabre Szenarien an Grabsteinen nach, errichtete Galgen, arrangierte Druidenrituale und Opferszenen. Ein Bild zeigt einen Mann, der vor einem Baum liegt. Um ihn herum stehen brennende Kerzen. Zu seinen Füßen kniet ein »Eingeweihter« in dunkler Robe mit Kapuze. Diese Fotografien werden heute in

Abb. 37: Wie bei den Bonesmen, so ist der Hang zu finsteren Szenarien auch bei den Bohemians sehr ausgeprägt. Beide Gruppen sind eng miteinander verbunden. Der **Bohemian Club** *ist ein Organ der äußeren Peripherie des* **Order**. *Das Bild stammt aus der Zeit kurz nach 1900. Zu beachten: die Person mit der Kapuze!*

den Archiven der Universität von Kalifornien, Berkeley, aufbewahrt.

Was auf den Bildern zu sehen ist, diente das alles rein dem Vergnügen am Drama? Nicht immer. Vor allem in seiner ganzen Kontinuität über Jahrzehnte hinweg mußten daraus Schauspiele werden, denen alle Eingeweihten eine tiefgreifendere Bedeutung beimessen. Denn jedes zyklisch wiederholte Gebahren wird zur Zeremonie, zum Ritus.

Den Bohemians gilt die »Cremation of Care« als Vergessen aller täglichen Sorgen im Interesse der Bruderschaft. Das ist etwas grundlegend anderes als die symbolische Verbrennung der Nöte und Sorgen, welche *alle* Menschen auf dieser Welt plagen, vor allem diejenigen, die nicht Mitglied in einem exklusiven Zirkel sind. Vielmehr läßt man für die Bruderschaft alles Übrige in Rauch und Flammen aufgehen. Nichts ist mehr von Bedeutung. Einige Mitglieder könnten dies als einen Aufruf zur Hemmungslosigkeit interpretieren. Ziemlich hemmungslos geht es auch beim Konsum von Alkohol zu, obwohl Gentleman-Verhalten im Club eine wichtige Rolle spielt. Ab Mittag kommt man schnell zur Sache, Wein ist ein beliebtes Thema, nicht viel anders Bier oder scharfe Spirituosen. Wohl der ländlichen Umgebung angepaßt, ist die Sprache eher »rau«. Die Elite ist schließlich hier, um auszuspannen. Und Abwechslung tut not. Dafür sorgen auch die Camps, von denen jedes seine Besonderheiten zu bieten hat, eigene Bräuche und Traditionen, eigene Riten, eine eigene Geschichte mit eigenen Aktivitäten.

Hier bekommt also auch nicht jeder alles mit. Und in einigen Fällen dürften, wie schon angedeutet, selbst Bohemians nicht einfach von Camp zu Camp marschieren. Wer das *Mandalay Camp* besucht, muß sich anmelden und betritt zunächst ein Warteareal. Dort begrüßt ihn ein Camp-Steward und fragt, wen man treffen möchte. Dann wird das Treffen arrangiert.

Neue Mitglieder hält man auch noch etwas fern. Sie bleiben im *Bromley Camp* in der Nähe des Haupteingangs. In der Regel müssen Personen, die eine Mitgliedschaft bei den Bohemians beantragen, zehn bis fünfzehn Jahre darauf warten, aufgenommen zu werden. Der Eintrittsbeitrag liegt bei rund 10 000 Dollar.

Immerhin aber können einflußreiche Personen ihr Interesse anmelden und darauf hoffen, aufgenommen zu werden. Bekanntlich läuft das bei den Bonesmen anders.

Zu den Besonderheiten der einzelnen Camps können bereits die Mitglieder selbst zählen – hier haben wir sie wieder, jene Elite in der Elite. Das alte Zwiebelschalenprinzip. In *Hill Billies* beispielsweise tauchen George Herbert Walker Bush und Donald Rumsfeld auf, vor allem *Cave Man's* ist stets mit hochkarätigen Mitgliedern bestückt. *Hideaway* ist berühmt für sein Ölbild einer nackten Frau, dem Künstler jedes Jahr ein neues graues Haar hinzufügen. Die *Moonshiners* schenken deutsches Bier aus, *Camp Roaring* besitzt die Originalbar von Jack London, während *Camp Ye Merrie Yowls* den ehemaligen Altar der katholischen Kirche von Forrestville nun sein Eigentum nennt und ihn in eine Bar umfunktioniert hat – in was auch sonst?

Abb. 38: Der 41. Präsident der USA, George Herbert Walker Bush.

Sehr oft drehen sich die Besonderheiten also um Alkohol.

Die Männer von *Fore Peaks* verfügen ebenfalls über eine erstaunliche Spezialität: den unter Bohemians berühmten »Nembutal Drink«. Eine eigenwillige, aber wirkungsvolle Mischung: Dieser Cocktail enthält warmen Rum, Kakao und ein kräftiges »weißes Pulver«, geliefert von einem pharmazeutischen Betrieb. Dieses Pulver enthält jene Substanz, die dem Drink seinen Namen gab, Nembutal, ein verbreitetes Barbiturat, das Junkies zu sich nehmen, wenn sie keinen echten Stoff haben. Auch »Yellow Jacket« genannt, besteht es aus Pentobarbital, das hierzulande in sedidativen Medikamenten wie Neodorm oder Repocal verwendet wird. Die Liste der Nebenwirkungen ist lang, vor allem in Kombination mit Alkohol wirkt die Droge nachhaltig.

Wie so oft, kann auch hier ein Zuviel schnell tödlich sein, so geschehen bei Marilyn Monroe, die an einer Überdosis Nembutal starb. Zur Nachahmung also nicht empfohlen. Der *Fore-Peaks*-Cocktail ist da in seiner Wirkung sicherlich etwas freundlicher abgestimmt. 1978 gab das Camp insgesamt 3721 solcher Drinks aus. Hatte nicht auch schon Weishaupt die Erleuchtung im Drogen-Konsum gesucht?

Es muß schon ein tragikomisches Bild abgeben, wenn sich die Führungselite der Vereinigten Staaten von Amerika auf einer Waldlichtung brüderlich vereint im Nembutal-Rausch wegbeamt. Doch die Komik verblaßt sofort, wenn man daran denkt, wie schnell die Enthemmung in engeren Zirkeln der Bohemians zu einem Opferkult entarten kann. Doch wer alles besitzt, wem die Welt zu gehören scheint und wer um nichts bitten muß, dem wird es eben schnell langweilig. Diese »Elite« innerhalb einer »Elite« sucht deshalb nach dem besonderen Kick, der ihr Blut noch in Wallungen zu bringen vermag.

Anthony C. Sutton kam während seiner Recherchen zu Hintergründen der Welt-Elite ebenfalls mit Berichten zum Bohemian Grove in Berührung. Einige Schilderungen waren so unfaßbar, daß er sie zunächst nicht ernst nehmen wollte, bis er eine Reihe neuer Informationen erhielt, die so manch wirklich schaurige Vorgänge in den Redwoods bestätigten und präzise Informationen enthielten.

In der Oktober-Ausgabe seines »Phoenix Newsletters« von 1996 berichtete Sutton, wie ihn die offenbar ziemlich unreifen Aktivitäten der »Mauschler aus Washington« zu Anfang recht kalt ließen. Bohemian Grove, der Ort, an dem mächtige Leute wie Kissinger, Ford, Nixon, Bechtel, Bush, Cheney oder Hoover und ihre Freunde zusammenkamen, um sich zu »entspannen«, schien ihm wie eine Art großer Spielplatz – »Und wenn sie sich wie kleine Jungs benehmen wollen, so ist das eben ihr Privileg. [Das Gelände] ist privater Besitz.« Als Sutton aber mit den Aussagen von Zeugen konfrontiert wurde, änderte sich seine »Wahrnehmung des Bohemian Grove radikal. Nicht bloß Trunkenheit, ungehemmter Gebrauch von Alkohol und Drogen mit vagen homosexuellen Anklängen (wie unsere Quellen dies bestätigten), sondern auch weit ernstere Aktivitäten [finden dort statt] – Kidnapping, Vergewaltigung, Pädophilie, Sodomie, Ritualmord. Eine Untersuchung der Vorfälle wurde unter dem National Security Act von 1947 abgeblockt (!). Und ähnlich dem Omaha-Kindesmißbrauchs-Fall werden auch hier Kinder illegal festgehalten.« Daß es sogar enge Verbindungen zwischen Omaha und Bohemian Grove gab, schien Sutton zumindest zu jener Zeit noch nicht klar zu sein. »Seit Jahrzehnten zirkulierten vage Gerüchte über die Vorgänge in den abgelegeneren Teilen des Bohemian Grove …«, so notiert Sutton weiter und fährt fort: »Verläßliche Berichte sprechen von druidenhaften Ritualen, Druiden in Roben mit roten Kapuzen. Sie marschieren in einer Prozession und wenden sich in Sprechgesängen an die Große Eule (Moloch). Und dann der Begräbnis-Scheiterhaufen mit ›Leichnamen‹ – Scharen von Männern arbeiten als Bedienstete im Bohemian Grove, so ist diese Feier ziemlich gut belegt. Ein Artikel in einer örtlichen Zeitung, der »Santa Rosa Sun« vom Juli 1993 berichtete über den Kult von Kanaan und die Legende des Molochs am Ort des Bohemian Grove. Der Moloch-Heidenkult des Opfers ist ein Menschenopfer. Um die Mitte der achtziger Jahre gingen Gerüchte über Morde um, die in den entlegeneren Teilen des Besitzes stattfanden. Nachforschungen der lokalen Polizei führten nirgendwohin. Staatliche Untersuchungen über damit in Verbindung stehende kriminelle Aktivitäten gelangten nirgendwohin. Laut Angaben eines Beobachters und Beinahe-Opfers, das die inneren Verstecke des Bohemian Grove beschreiben kann, ebenso das verschlossene Heiligtum und sogar die Verzierungen an geheimen Örtlichkeiten, Plätzen, an die kein Außenstehender gelangen kann – und auch nicht

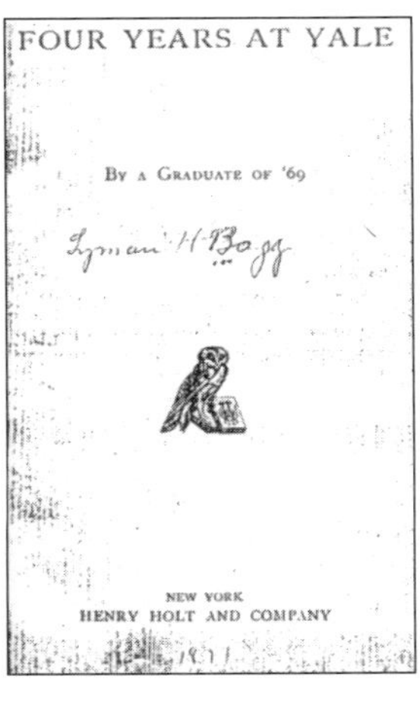

Abb. 39: »Vier Jahre auf Yale« – eine 1871 anonym veröffentlichte Schrift des Yale-Absolventen Lyman H. Bragg, in der er ausführlich über das Verbindungssysten an dieser Elite-Universität berichtet. Die weise Eule erscheint auch hier wieder.

Bedienstete – … [gemäß dieser Angaben] existiert ein UNTERGRUNDRAUM [im Originaltext: »UNDERGROUND lounge« – ausgesprochen: »U.N.der-ground, Anm. d. Verf.], ein Dunkelzimmer, ein Lederraum und ein Nekrophilie-Raum.«

Totenkult und Sex

Nach allem, was bisher ans Licht kam, sind diese Aussagen nicht mehr so unglaubhaft und abstrus, wie sie bei oberflächlicher Betrachtung erscheinen. Ein Nekrophilie-Raum! Was Paul A. Bonacci berichtete, fügt sich gut in dieses Bild. Die Schilderungen zeigen auch, daß die Querverbindung zwischen Bonaccis erschütterndem Tagebuch-Eintrag, in der von jenen großen Bäumen die Rede ist, und dem Bohemian Grove keineswegs nur vage ist. Was sagt Bonacci selbst dazu? Waren die Baumgiganten die einzige Besonderheit, an die er sich erinnerte?

Während eines Treffens in Santa Rosa erwähnte John DeCamp den Anwesenden gegenüber, er habe einige Äußerungen Bonaccis in seinem Buch weggelassen, da er annahm, sie würden den Leuten zu weit hergeholt erscheinen, um noch glaubwürdig zu sein. Der junge Mann hatte ihm erzählt, auf dem Gelände habe eine enorme, moosbedeckte Eule gestanden, und es gab einige Männer in roten Roben mit Kapuzen. Wie hieß es in dem Tagebuch: »Als wir über der Lichtung waren, ließen sie den Jungen hinunterfallen. Einer sagte, der Mann mit der Kapuze würde sich für sie um den Körper kümmern …«

DeCamp selbst wußte zu jener Zeit nichts von der riesigen Eulen-Skulptur im Bohemian Grove. Im Herbst 1992 zeigte man Bonacci ein Schwarz-Weiß-Foto jener gigantischen Statue, und sofort erkannte er sie. Hier war der bestialische Tötungsfilm mit ihm gedreht worden. Mitte Oktober 1992 wurde diese Zeugenaussage Beamten der Justiz zur Verfügung gestellt, doch jegliche Nachforschungen hinsichtlich Bohemian Grove blieben aus. Warum wohl?

Daß Kinder gegen ihren Willen für die verbrecherischen Vergnügungen hoher »Würdenträger« herhalten müssen, ist keine

Mär, sondern eine weitverbreitete Praxis. Auf einem Gipfeltreffen der *Asia Pacific Economic Corporation* (APEC) im *West Coast Vance Hotel* von Seattle im Jahr 1993 wurden beispielsweise einige der hochrangigen Gäste mit Jungen im Alter zwischen 15 und 17 »versorgt«. Laut Angaben, die das »Insight«-Magazin im September 1997 veröffentlichte, erklärte ein ehemaliger Wirtschaftsberater aus dem Stab von US-Präsident Bush, Sr.: »Der Sex? Das geschieht die ganze Zeit. Wenn ein ausländischer Diplomat eine Begleitung wünscht, sorgt das Außenministerium dafür. Es spielt keine Rolle, ob es ein Mann oder eine Frau ist. Sie haben einen speziellen Fundus dafür.« Und ein anderer, auf Anonymität bedachter Ex-Angehöriger des *National Security Council* (NSC) sagte dazu: »Andere Länder tun das auch. Man bot mir jeden sexuellen Gefallen, den Sie sich nur vorstellen können. Ich habe es immer wieder abgelehnt. Nach einiger Zeit ließen sie mich sein und stellten ihre Angebote ein.«

All diese Verbrechen sind demnach und laut zahlreicher anderer Aussagen sehr weit verbreitet, so daß sie bereits in die Kategorie der »Kavaliersdelikte« zu fallen scheinen.

Die Macht-Elite, die sich mehrfach als satanistisch und menschenverachtend erwiesen hat, deren Ziel einer Neuen Weltordnung nur durch absolute Skrupellosigkeit und eine absolute Kontrolle über das Individuum erreichbar scheint, genießt sehr offenbar jegliche Abhängigkeiten und erzwungene Unterwerfung bis in den Tod hinein. Das ist Satanismus in seiner klarsten Ausprägung. Das ist der ultimative Kick!

Überall dort, wo diese Gruppierung zusammentritt, finden geheime Riten statt, Kulthandlungen, Opfer – entweder simuliert oder real –, Sakrileg und Totenkult. Das manifestiert sich im Tomb der Bonesmen wie im Hain der Bohemians. Dabei wird die über allem stehende Idee zum Moloch, Gestalt geworden in Form des ewig bestehenden Totenschädels oder der in alle Ewigkeit weisen Eule.

Zwischen zwei Redwoods des Grove hängt ein großes, gebogenes Eingangsschild, in der Mitte gekrönt von einem Totenschädel. Der Geschmack der Bohemians weist bemerkenswerte Parallelen zu den Bonesmen auf. Und das ist kein Zufall. Ohnehin bewegen wir uns hier ständig in den düsteren Gefilden einer Elite, die in verschiedener Gestalt immer wieder in Erscheinung tritt. Dabei hat sich natürlich gezeigt, daß nicht alle dieser Personen gleichermaßen bedrohlich sind. Der erste verzeichnete Bonesman, Samuel Henshaw Bates, blieb wie schon erwähnt sein gesamtes Leben lang ein einfacher Mann, jemand, von dem – zumindest soweit sich herausfinden ließ – nie irgendeine Bedrohung ausging. Lediglich sein Name erinnert an das gespenstische Hotel des Norman Bates aus Alfred Hitchcocks Klassiker »Psycho«. Das vielleicht einzig Bemerkenswerte ist noch, daß Samuel H. Bates ausgerechnet nach Santa Rosa in Kalifornien zog, nur wenig von den Redwoods des Bohemian Grove entfernt.

Die Region muß nicht zuletzt auch auf den berühmten Hollywood-Altmeister des Grusels eine unwiderstehliche, magische Anziehungskraft ausgeübt haben, drehte er doch seinen Streifen »Die Vögel« in der nur wenige Meilen vom Grove entfernten Bodega Bay.

Wahrhaft, eine unheimliche Gegend.

Im Zentrum – *Skull & Bones*

Wenn man schon bei den Mitgliedern des Ordens deutliche Unterschiede in der Hierarchie der Mitglieder feststellen kann, dann natürlich noch wesentlich mehr bei den weit zahlreicheren Bohemians. Auch hier gibt es verschiedene Kategorien. Auch hier muß es einen »harten Kern« geben, der die Philosophie beeinflußt, ohne selbst allzu exponiert zu sein. Interessanterweise zeigt sich, daß rund ein Viertel der Bohemians Absolventen der Universität von Kalifornien sind und ein Viertel seinen Abschluß an der Stanford-Universität machte. Beide Hochschulen gerieten schnell unter den Einfluß von Bonesmen.

Der erste Präsident der *University of California* war Daniel Coit Gilman, der eine Schlüsselrolle im (Ver-)Bildungsfeldzug von *Skull and Bones* spielte. Die Infiltration nahm von hier stetig ihren Lauf. Die Stanford-Universität, benannt zu Ehren des Magnaten Leland Amanas Stanford, wurde ihrerseits über das 1946 gegründete *Stanford Research Institute* (SRI) schon bald massiv von der CIA unterwandert, die ihrerseits ein einziges Nest der Bonesmen wurde. Am SRI wurden CIA-Mind-Control-Experimente durchgeführt, das Institut wurde zudem zu einem der bedeutendsten Vertragspartner des US-Militärs und einiger mächtiger Privatkonzerne, die seit langem in enger Verbindung mit Regierung, Militär und Geheimdiensten standen.

Auch Jesse Hobson, der erste Präsident von SRI, stammte aus einer Familie, von der zwei Mitglieder zu den Bonesmen rechneten. Einer der bedeutendsten Privatkunden des SRI ist die *Bechtel Corporation*, deren Vorsitzender Stephen D. Bechtel, Jr., Mitglied im *Bohemian Club* ist. Sein Vater war eng mit Allan Dulles, dem ersten Direktor der CIA, befreundet, ebenso stand er in guter Verbindung zu den »Agency-Chefs« William Casey und Richard Helms. Die Firma *Bechtel* war so stark mit der CIA verknüpft, daß sie noch in Ländern Geschäfte machen konnte, die für andere Firmen politisch einen viel zu gefährlichen Boden darstellten. Als Gegenleistung fanden CIA-Agenten immer Unterschlupf und Deckung bei *Bechtel*. 1943 wurde das Unternehmen auch von Rockefellers *Standard Oil* zum Bau einer Pipeline durch Saudi-Arabien unter Vertrag genommen. Das *Stanford-Forschungsinstitut* SRI geriet wegen seiner CIA- wie auch Pentagon-Projekte schließlich unter heftigen Beschuß von Studenten der Stanford-Uni, nachdem erste konkrete Informationen über die verdeckten Operationen des Institutes durchgesickert waren. SRI hatte mittlerweile die Universität an Größe wie auch Zahl der Mitarbeiter überboten und koppelte sich letztlich von ihr ab, um eine völlig eigenständige Gruppe zu bilden.

Heute beschäftigt SRI weit über 3000 Personen und hat in den vergangenen Jahrzehnten mehr als 1000 Patente angemeldet. Ursprünglich war das SRI an die universitäre *Hoover Institution* gebunden, benannt nach dem 31. Präsidenten der USA, Herbert C. Hoover – einem bedeutenden *Bohemian-Club*-Mitglied. Nebenbei bemerkt, Hoover ernannte den Bonesman Henry Stimson zu seinem Außenminister.

Die *Hoover Institution* wurde 1919 als Bibliothek der *Stanford*

University gegründet und entwickelte sich im Verlauf der 1960er Jahre zu einer weitgehend unabhängigen eigenen Organisation. Sie stellt innerhalb des *Bohemian Clubs* das umfangreichste Kontingent dar. Ab 1971 bestand ihre Führungsspitze aus der obersten US-Elite. Über 55 Prozent der Hoover-Direktoren waren entweder Mitglieder oder Gäste im *Bohemian Club*. Auch in der internationalen Politik spielt die *Hoover Institution* eine bedeutende Rolle, die vor allem unter Ronald Reagan (Bohemian) und George H. W. Bush (Bohemian, *Skull and Bones*) noch wuchs. Das *Hoover-Institut* wird durch einzelne Repräsentanten in zahlreichen Camps des Grove vertreten, wobei Herbert C. Hoover selbst bei *Cave Man's* zu finden war. Andere bedeutende und teils von den Bonesmen infiltrierte oder gegründete Institutionen sind oft ebenfalls über eine ganze Reihe an Camps vertreten. So die Denkfabrik der *Brookings Institution*, das *Business Council*, die *Chamber of Commerce*, *Conference Board*, *Council on Foreign Relations* oder auch die *Trilaterale Kommission*.

Die Verflechtungen also sind vielfältig und kaum entwirrbar. Die Handschrift der Bonesmen ist auch im *Bohemian Club* unübersehbar, vor allem im Grove. Beide Gruppierungen sind hoch

Abb. 40: Makabre Spiele im Grove – »The Hangmann Equals Death« …

elitär ausgerichtet, beide treten im Geheimen zusammen, beide beten einen »Moloch« an, beide folgen bizarren, festen Ritualen, beide umgeben sich mit düsterer Symbolik, statten ihre Welt mit Henkerszenarien, Mumien, Grabsteinen und Totenschädeln aus. Beide besitzen in engem Bezug stehende akademische Wurzeln, beide streben die totale Kontrolle an, beide weisen eine menschenverachtende Philosophie auf, die ausgeprägte satanistische Elemente aufweist und im Bohemian Grove sogar in bestialischem Ritualmord gipfelt.

Skull and Bones trägt den Satanismus bereits in seinem Emblem. Fotografien der einzelnen Jahrgänge, wie sie auch im Tomb ausgestellt sind, belegen eindeutig, daß sich zunächst einmal alles um diese Symbolik konzentriert. Fünfzehn Mitglieder sind um einen Tisch gruppiert, auf dem das Samtkissen mit den gekreuzten Knochen und dem über allem thronenden Schädel ruht. Auch das herabhängende dunkle Tischtuch trägt das magische Ornament. Dabei sitzen zwei der Mitglieder links und rechts des Tisches, dreizehn stehen. Die Dreizehn gilt als eine der machtvollsten Zahlen des Okkulten. Im Hintergrund droht eine wuchtige Standuhr, wohl anstelle der Sanduhr, die der Tod sonst immer in Händen hält. Das makabre Heiligtum der Bonesmen, ein Schädel und darunter die gekreuzten Knochen, ist auch eine Trophäe. Sie wurde einem toten Individuum abgeluchst, von Grabräubern oder Kopfjägern, wie auch immer man die Leute des »Ordens« nennen will. Der Tote ist seiner Ruhe beraubt worden, denn das Leben zählt nichts. Wer mächtig ist, der schreckt vor nichts zurück, Skrupel sind ein Gebrechen. Für die Macht-Elite sind Schädel und Knochen symbolhafte Gegenstände. Sie zeigen den Menschen, wie er ist, blank bis auf die Knochen gewissermaßen. Dergestalt entfleischt, wird sein individueller Charakter verhöhnt, er löst sich in Luft auf wie alle Sorgen, welche die Bohemians in der »Cremation of Care« verbrennen, um frei nach ihren Prinzipien handeln zu können.

Im Grunde lösen diese Bilder und Riten die »Eingeweihten« von den allerletzten übrig gebliebenen Resten ihrer ohnehin schon verkümmerten Moral. Altes wird dem Feuer überantwortet – oder stirbt in einer Grabstätte den Tod des Barbaren, der

Abb. 41: Wieder eine Szene, die sich um den Tod dreht. Ein rituelles Scheinbegräbnis. Der Hang zum Okkulten, Kryptischen und Makabren ist unübersehbar. Ebenso die Gestalten in den Kutten. Auch dieses Bild entstand bereits kurz nach Wende des vorigen Jahrhunderts im Grove.

dann als ein neuer Mensch mit neuen Idealen und Zielen aus dem Ritus hervorgeht. Anthony Sutton zitiert eine interessante Interpretation der Künstlerin Elizabeth Stucki: »Das Gegenteil der Maske ist der Schädel. Das Gesicht einer Person ist die fleischige Haut, die zwischen beiden getragen wird. Leute, welche die Person als direkt nach dem Bilde Gottes geschaffen verleugnen sowie auch die Individualität, wie sie von IHM geschaffen und geliebt ist, werden einen jener beiden Wege aus dem wahren Menschsein suchen – die Maske, welche den sterblichen Menschen bedeckt, oder den Schädel, der übrig bleibt, nachdem der sterbliche Mensch verschieden ist. Primitive Geister, die Gott noch nicht gefunden haben, und spitzfindige, die IHN zurückgewiesen haben, verlangen nach Maske und Schädel.«

Sowohl der Satanismus, der als okkulte Instanz der schonungslosen Mind-Control nicht schlecht in das Raster der

Bonesmen paßt, als auch die immer wieder auftretende Zahlenmystik gehen beide noch deutlich auf die Quellen und Lehren Adam Weishaupts zurück. Sie finden sich fast allerorten, wo die »Neue Weltordnung« propagiert wird, wie sie US-Präsident George H. W. Bush erstmals ganz offen während einer Ansprache am 11. September 1990 ausrief.

»Novus Ordo Seclorum«, eigentlich die Neuordnung der Jahrhunderte oder Neuordnung der Zeiten, sie wird bekanntlich auf jeder US-Dollarnote verherrlicht, die mit okkulter Symbolik geradezu überfrachtet ist. Die Zahl Dreizehn verbirgt sich vielfach in den gestalterischen Elementen, sie findet sich in den Stufen der unvollendeten Pyramide; der abgebildete Adler hält einen Olivenzweig mit 13 Beeren sowie 13 Pfeile, sein Schild ist mit 13 Streifen besetzt, über ihm ordnen sich 13 pentagrammförmige Sterne zu einem Hexagramm an, und so weiter. Und unter der Pyramide findet sich die römische Zahl MDCCLXXVI – das Jahr 1776, in dem nicht nur die Unabhängigkeitserklärung unterschrieben, sondern auch der Orden in Deutschland gegründet wurde.

Wer den Satanismus vor allem als okkult verbrämte Methode zur Kontrolle von Menschen begreift, hat bereits eine Waffe gegen ihn in der Hand. Wer seinen freien Willen für meist eher fragwürdige oder nicht einmal vorhandene Geheimnisse aufgibt, verschenkt sein Leben an andere. Unter der Suggestion, selbst Macht zu erlangen, wird er zum gehirngewaschenen Zombie von Personen, deren einziges Ziel reine Ausbeutung ist, um die eigene Macht zu stärken und nicht das Geringste davon abzugeben. Deren einzige außergewöhnliche Fähigkeit besteht darin, sich anderen gegenüber beeindruckend zu zeigen, ohne jedoch über die geringsten okkulten Fähigkeiten zu verfügen. Das Satanische am Satanisten ist sicherlich nicht der Teufel oder übersinnliche Fähigkeiten, sondern sein Ehrgeiz, den Willen anderer vollständig zu brechen. Seine »Schüler« werden alles Erdenkliche tun, nur um von ihrem »Meister« auf das vermeintlich nächsthöhere Treppchen der Macht gestellt zu werden. So werden ihnen nach und nach immer bizarrere Aufgaben gestellt bis hin zu widerlichsten Ekelprüfungen. Daß sie selbst dabei keine Macht gewinnen, sondern im Gegenteil jeglichen eigenen Willen verlieren, wird ihnen nicht mehr bewußt. Jede bestandene Probe bringt nicht sie, sondern ihren Meister wieder ein Stück weiter, jede Probe ist für ihn ein Test, wie weit sein Unternehmen schon von Erfolg gekrönt ist. Am Ende steht sein Triumph, während seine Schüler zu seelischen Ruinen geworden sind. Ein wahrhaft satanisches Spiel mit dem Leben. Ein Spiel, das sehr ähnliche Züge trägt wie jene teuflischen Charaden, mit denen die Bonesmen unsere Welt zu lenken und in ihre knochige Krallenhand zu bekommen versuchen.

Kapitel 8

Verdeckte Aktionen

Kennedys vertauschtes Gehirn

Die Bilder gehen noch heute um die Welt – Schüsse auf John Fitzgerald Kennedy, Attentat auf den Präsidenten der Vereinigten Staaten! Amerika war traumatisiert, als »JFK« am 22. November 1963 ermordet wurde. Eine Bluttat, die von vielen Ungereimtheiten begleitet wurde. Und von Fragen, unzähligen bohrenden Fragen.

Abb. 42: John F. Kennedy, 35. Präsident der USA. Das auf ihn verübte Attentat vom 22. November 1963 geht höchstwahrscheinlich auf die Bonesmen *zurück.*

Wer war Lee Harvey Oswald? Wer waren seine Auftraggeber, oder hatte er ganz eigenständig gehandelt? Mit mächtiger Verspätung legte die *Warren-Kommission* am 24. September 1964 einen 888 Seiten langen Bericht über die Ereignisse vor. Diese mit der Untersuchung des Präsidenten-Mordes beauftragte Gruppe wurde vom ehemaligen kalifornischen Gouverneur Earl Warren geleitet, einem bedeutenden Bohemian. Die Kommission stellte fest: Oswald war der einzige Täter. Im Hintergrund gab es niemanden. Er war es, der sich ganz aus eigenem Antrieb im sechsten Stock des Texas-Schulbuchlagers, in dem er arbeitete, verschanzte und auf die präsidentielle Fahrzeugkolonne wartete. Drei Schüsse fielen von dort aus, so erklärte die Kommission: Einer ging daneben, ein weiterer traf den Präsidenten in den Nacken und noch einer in den Kopf. Nur, was für ein Motiv sollte jener einfache Lagerist gehabt haben? Oswald war ein einsamer, geistig zurückgebliebener und verwirrter Mann. Die USA waren ihm verhaßt, hingegen entwickelte er eine Zuneigung zur Sowjetunion, die er als Teil von sich betrachtete. Die Kommission hielt daher fest: »Hinweise auf Oswalds Motivation können aus einer Studie der Ereignisse, der Beziehungen und Einflüsse abgeleitet werden, welche bedeutsam in der Formung seines Charakters gewesen zu sein scheinen sowie in seiner Führung. Vielleicht die herausragendste Schlußfolgerung einer solchen Studie ist, daß Oswald der Welt, in welcher er lebte, maßgeblich entfremdet war. Sein Leben war durch Isolation, Frustration und Versagen charakterisiert. Wenn überhaupt, so hatte er nur sehr wenige enge Beziehungen zu anderen Personen, und er scheint große Schwierigkeiten gehabt zu haben, einen sinnvollen Platz in der Welt zu finden.«

Ende 1959 ging Oswald in die Sowjetunion und hoffte, dort mit offenen Armen aufgenommen zu werden, was jedoch nicht geschah. Nach einem Selbstmordversuch wurde ihm gestattet zu bleiben. Oswald unternahm Anstrengungen, seine US-Staatsbürgerschaft aufzukündigen, doch hätte er dazu erst einmal Formulare in den USA ausfüllen müssen. Nach längerem Aufenthalt in der Sowjetunion schwand sein anfänglicher Enthusiasmus, desillusioniert kehrte er im Juni 1962 wieder in die Staaten zurück. Nach vergeblichen Versuchen, ein Visum für Kuba zu bekommen, nahm er den Lageristenjob in Dallas an. Und vielleicht noch einen anderen?

Seine ungewöhnlichen Aktionen und Ausbrüche ins feindliche, nein, besser: »feindliche« Lager waren aufgefallen, Oswalds Lebenslinie und sein gesamter Charakter paßten hervorragend zu einer Person, die auch auf ganz andere Weise aus ihrem Leben ausbrechen würde, nur um dem verkorksten Dasein endlich einen Sinn zu geben, und sei es durch einen mörderischen Anschlag auf das Staatsoberhaupt der USA. Von daher paßte alles wunderbar. Doch trotzdem stimmte vieles nicht. Bekanntlich wurde Oswald nur zwei Tage nach dem Kennedy-Attentat selbst Opfer eines Anschlags. Im Getümmel des Polizei-Hauptquartiers wurde er von Jack Ruby erschossen. Sollte Oswald zum Schweigen gebracht werden? Eine alte, ewige Frage!

Die Öffentlichkeit stellte den Warren-Report immer stärker in Zweifel, unabhängige Untersucher fanden zahlreiche Ungereimtheiten, befragten wichtige Zeugen, die von der Kommission aus unerfindlichen Gründen nicht gehört worden waren. Schließlich zeigten auch originale Filmaufnahmen jener entscheidenden Momente sowie ballistische Untersuchungen, daß Oswald nicht der Todesschütze gewesen sein kann. Und weitere Todesfälle im engeren Umfeld schürten zunehmend Spekulationen über eine Verschwörung. 30 Jahre nach dem Attentat glaubten über 70 Prozent der US-Bevölkerung an eine solche Vertuschung der wahren Hintergründe.

Im November 1998 gab es eine neue sensationelle Enthüllung: »Kennedys Gehirn«, das nach dem Attentat obduziert wurde, war überhaupt nicht Kennedys Gehirn! Offenbar befinden sich in Washingtons Nationalarchiv nicht Aufnahmen von Kennedys Gehirn, sondern dem einer anderen Person. Der US-Kongreß hatte ein Team von fünf Experten eingesetzt, das möglichst viele Informationen über den Kennedy-Mord und die nachfolgenden Untersuchungen zur Veröffentlichung bereitstellen sollte. Damit wollte der Kongreß den Gerüchten über eine Vertuschung des Falles entgegentreten. Die Kommission war nicht einberufen worden, um neue Analysen durchzuführen, sondern lediglich um alle Unterlagen zu sichten und zu publizieren. Während ihrer Arbeit stieß die Gruppe auf eine verblüffende Tatsache. Die Ärzte, die eine Autopsie an John F. Kennedy durchgeführt hatten, müssen wohl zwei verschiedene Gehirne untersucht haben. Simple Logik sagt, daß nur eines davon auch wirklich von Kennedy stammen konnte.

Kurz nachdem John F. Kennedy am 22. November 1963 in das *Parkland Hospital* gebracht worden war, hatten die dortigen Ärzte den Reportern erklärt, daß man den Präsidenten ihrer Meinung nach von vorne erschossen hatte. Ein Großteil seines Gehirns war dadurch völlig zerstört worden. Die Bilder in den *National Archives* von Washington allerdings zeigen ein weitaus intakteres Organ, das offenbar von hinten getroffen worden war!

Der ehemalige FBI-Agent Frank X. O'Neill, Jr., war bei der ersten Autopsie Kennedys anwesend, die am Tag des Attentats im *Bethesda-Marine-Hospital* durchgeführt wurde. Wohl am Morgen des 25. November machte dann der Marine-Fotograf John T. Stringer während einer zusätzlichen Untersuchung am Gehirn Kennedys eine Reihe von Aufnahmen.

Beide Zeugen werden vom *Assassinations Records Review Board*, jener Untersuchungsgruppe erwähnt. Agent O'Neill erklärte seinerseits, er habe gesehen, daß von Kennedys Gehirn »nicht viel übrig geblieben war«, als es dem Schädel entnommen und in ein weißes Glas gelegt wurde. »Mehr als die Hälfte des Gehirns fehlte«, so stellt O'Neill fest. Die Bilder in den Archiven stimmen mit diesen Beobachtungen nicht überein. »Der einzige Bereich des Gehirns, der fehlt, ist dieser kleine Abschnitt hier« meinte der Ex-FBI-Mann, als er eine der Aufnahmen begutachtete. »Das hier schaut fast wie ein vollständiges Gehirn aus.« Mit diesen Aussagen stimmt auch Stringer überein.

Abb. 43: Das Enblem des Assassination Records Review Bord, *das bei seinen Bemühungen, Material zur Kennedy-Ermordung zu sichten, auf eine Vertuschung stieß.*

Als die Mediziner J. Thornton Boswell und James Humes nur wenige Tage nach dem Attentat eine weitere eingehende Analyse durchführten, geschah das ebenfalls an einem weitgehend zerstörten Gehirn. Die Bilder in den Archiven zeigten nicht das Original. Dort fehlten auch die Aufnahmen, die Stringer von Querschnitten des Präparates angefertigt hatte. Einige Bilder, die er damals während der Untersuchung aufgenommen hatte, waren nie wieder aufgetaucht.

Der Fotograf erinnert sich, sämtliches Material an Humes übergeben zu haben, der die Unterlagen seinerseits komplett an den Leibarzt Kennedys weiterreichte, Admiral George Burkley. Humes selbst konnte bereits 1998 aufgrund seiner gesundheitlichen Situation keine Aussagen mehr machen – oder er wollte nicht. Jedenfalls ist die Sprache der anderen Zeugen eindeutig.

Kennedys Gehirn war etwa zur Hälfte zerstört und wurde von vorne getroffen. Die medizinischen Aufnahmen in den *National Archives* geben etwas anderes wieder. So schreibt der Leiter der Kommission, Douglas Horne: »Ich bin mir zu 90 bis 95 Prozent sicher, daß die Fotografien im Archiv nicht Kennedys Gehirn zeigen. Wenn sie das nicht sind, kann das nur eine Bedeutung haben – daß es ein Cover-Up der medizinischen Beweise gab.« Die Einberufung der Kommission war also ein Eigentor gewesen. Sie sollte durch Offenheit demonstrieren, daß es keine Vertuschung gegeben hatte, und stieß auf Fakten, die genau eine solche Vertuschung bestätigen.

Der Feind in den eigenen Reihen

Wer konnte ein Interesse an Kennedys Tod haben? Sicherlich war es ein Mehrzweck-Mord, zumindest kam eine Reihe von Gruppierungen dafür in Frage, was sich in der Zahl der Hypothesen und Spekulationen zu den Hintergründen widerspiegelte. Da war die Rede von Fanatikern aus dem rechten Flügel, Kräften aus Kuba, sowjetischen Attentätern, dem Organisierten Verbrechen oder dem Feind in den eigenen Reihen: der CIA.

Der Feind in den eigenen Reihen! Schlagartig erinnert uns das an die Bonesmen, denen die USA ebensoviel bedeuten wie der Rest der Welt. Ihnen geht es um die Neue Weltordnung und globale Einflußnahme, sie bilden den zentralen Motor für die Organisationen einer Schattenregierung, wie sie sich in verschiedensten elitären Zirkeln manifestiert. Die komplett von ihnen unterwanderte CIA, sollte sie etwas mit dem Kennedy-Mord zu tun haben?

Kennedy hatte sich tatsächlich nicht gerade Freunde bei der Agency gemacht. Nachdem die Kuba-Invasion in der »Bay of Pigs« 1961 als kompletter Mißerfolg in die Geschichte eingegangen war, wollte Kennedy den Auslandsgeheimdienst in tausend Teile zerstreuen. »Operation Zapata«, so der Name der geplanten Kuba-Invasion, war für Kennedy auch der Anlaß, drei hochrangige CIA-Leute »auszumustern«: Allan Dulles, Richard Bissell und Charles P. Cabell. Keiner von ihnen war Mitglied des Ordens, doch standen sie ihm ohne Ausnahme sehr nahe.

Man muß sich bei allem vor Augen halten, daß die Bonesmen eine extrem kleine Gruppe bilden, die auf Infiltration spezialisiert ist. So treten sie zwar verstärkt in den verschwörerischen Machenschaften auf, doch sind sie die Puppenspieler, die zahlreiche bedeutsame Personen für sich tätig werden lassen, ohne daß diese Leute automatisch zur Gruppe rechnen müssen. Richard Bissell, Yale-Absolvent, hatte 1931 übrigens das *Bones*-Tapping abgelehnt, was er später allerdings bedauerte. Auch im Orden selbst herrscht nicht immer komplette Übereinstimmung zu allen Angelegenheiten, letztlich aber zeigt sich beim Aufbau von *Skull and Bones* das alte Zwiebelschalen-Muster. Einige Mitglieder bleiben inaktiv, andere sitzen in wichtigen Positionen und helfen sich untereinander. Und ein harter Kern, der gelegentlich als die *Jason-Society* oder die *Jason-Scholars* bezeichnet wird – nach der Geschichte von Jason und dem Goldenen Vließ –, hält die Fäden groß angelegter Welt-Manipulationen in der Hand.

Die Familie Bush zählt zu den wichtigsten *Bones*-Familien, nun schon in dritter Generation. Ex-Präsident George H. W. Bush schloß 1948 an der Yale-Universität in Wirtschafts-Wissenschaften ab und wurde damals in den Kreis der Bonesmen aufgenommen. 1953 bezog er Startkapital von *Brown Brothers Harriman*, um zusammen mit Hugh und Bill Liedtke die *Zapata-Petroleum* zu gründen. Zapata, ein seltsamer Name, der offenbar niemand anderen ehrte als Emiliano Zapata, einen Guerilla-Kämpfer und Mörder.

Später kaufte Bush die Tochtergesellschaft *Zapata Off-Shore* und führte Bohrungen an den Inseln der Cay Sal Bank im östlichen Golf von Mexiko durch. Die Inseln waren kurz zuvor an den Piloten, Filmemacher und CIA-Kontraktor Howard Hughes verpachtet worden. Bald nutzte die CIA das Terrain als Ausgangspunkt für Aktionen gegen Kuba. Schon damals, rund zehn Jahre nach seinem Tapping als Bonesman, war Bush ganz offen-

Abb. 44: Dieser Cartoon zeigt George H. W. Bush bei seiner Initiation im Tomb. Er und seine in Kutten gehüllten Freunde üben ein satanisches Ritual aus. Bush »Senior« wurde 1948 Bonesman.

sichtlich eng mit der CIA und ihren Aktionen verbunden. Davon will er selbst freilich nichts mehr wissen. Sein offizieller Eintritt in die CIA – als deren Direktor – fällt auf das Jahr 1976. Als Bush 1981 Vize-Präsident unter Ronald Reagan wurde, verschwanden plötzlich alle wesentlicheren Unterlagen zu seiner Tätigkeit bei *Zapata Oil* …

Abb. 45: Emiliano Zapata, ein Guerilla und Mörder. Bush benannte seine Ölgesellschaft nach ihm.

Nach Bildunterlagen des Aktivisten Dick Gregory und weiteren unabhängigen Informationen befanden sich drei CIA-Leute in unmittelbarer Umgebung des Ortes, an dem Kennedy ermordet wurde. Und sie waren nicht dort, um ihn zu schützen. Zwei wurden als E. Howard Hunt und Frank Sturgis identifziert. Auch Bonesman Bush spielte eine Rolle im Hintergrund des Geschehens. Auf der renommierten

Philipps-Akademie von Andover, an der Yale-Uni und im Krieg stand er in Verbindung mit einem Edward Gordon Hooker, der auf Andover sogar Bushs Zimmergenosse gewesen war. Hooker arbeitete selbst bei *Zapata* mit. Sein Stiefvater war Dimitri DeMohrenschild, der enge Verbindungen zur CIA und Allen Dulles unterhielt. Auch Dimitris Bruder George zählte zu diesem Kreis. Er war der Mann, der als Kontroll-Agent auf Lee Harvey Oswald angesetzt war. Interessant: Das *Texas Theater*, jenes Kino, in das sich Oswald nach dem Anschlag flüchtete und in dem er auch aufgegriffen wurde, war mit hoher Sicherheit ein verdeckter CIA-Treffpunkt. Es war in den 1930er Jahren von Howard Hughes errichtet worden.

Die *Rockefeller-Kommission*, die später eingesetzt worden war, um unter anderem zu ergründen, ob ein Zusammenhang zwischen CIA-Aktivitäten und dem Kennedy-Mord bestand, beendete ihre Nachforschungen im Juni 1975 mit der Feststellung, daß es für eine solche Verbindung keinerlei glaubwürdige Hinweise gebe. Wen, der auch nur eine geringe Vorstellung vom verborgenen Netzwerk besitzt sowie der Rolle des superreichen Clans in ihm, wen wundert das alles!

Doch bleiben die ungewöhnlichen Aussagen und Beobachtungen, die Fakten und Fotografien davon unangetastet. Sie deuten auf eben jene Verbindung hin, in deren Hintergrund dezent der Bonesman Bush steht. Es sieht zumindest so aus, als ob sich hier ein Kreis schließt. George H. W. Bush, der später sehr schnell CIA-Direktor wurde, Gouverneur und sogar US-Präsident, erscheint im engen Umfeld des Attentats auf Kennedy. JFK wollte ein bedeutendes Organ aus dem Leib der *Skull and Bones* herausreißen. Ist es da erstaunlich, wenn der Orden präventiv »geeignete Gegenmaßnahmen« ergriff?

Königsmord

Der Autor James Shelby Downard geht noch etwas weiter und behauptet, daß jenes Präsidenten-Attentat dem Muster eines Ritualmordes folgt. Wenn man die okkulten Neigungen der

Macht-Elite kennt, wie sie bei den Bonesmen und ihren Ablegern – wie vor allem den Bohemians – bis in den Exzeß hinein praktiziert werden, nun, dann erscheint die These von Downard gar nicht mehr so weit hergeholt. Er beschreibt einen Ritualmord als Symbol des Mordes an Hiram Abif, dem Architekten des Tempels von Salomon. Abif starb durch die Hand von drei Unwürdigen, Jubela, Jubelo und Jubelum, die von drei »Elus«, »Gewählten«, bis in die Höhle Benakar verfolgt und getötet wurden. Diese Höhle soll ein Hort des Verbrechens sein oder auch das »Grab, aus dem das Licht der Wahrheit geboren wurde«. In der Tat, ein interessantes Grab …

Der ritulle Mord dient als Strafe oder auch als Warnung an andere, so Downard, gipfelnd im Ritual des Königsmords. Auf dem Dealey Plaza, wo die Lebenslinie des 35. Präsidenten der Vereinigten Staaten von Amerika endete, steht ein vierzehnstufiger Obelisk, an dessen Spitze die »Flamme der Weisheit« lodert. Ein von freimaurerischen Symbolen ohnehin vielfältig dominierter Ort.

Downards umfangreiche Ausführungen erscheinen in einiger Hinsicht überzogen und abwegig, auch wenn er schreibt, daß der irische Name Kennedy auf gälisch »Cennaideach« lautet, was »übler« oder »verwundeter Kopf« bedeutet. Konnte man wirklich alle Gegebenheiten so perfekt aufeinander abstimmen, daß sogar die Todesart dem Namen entsprach? Gleich wie, ganz unrelativiert scheinen die Umstände des Mordes nicht zu sein. Und auf das Ergebnis kommt es an. Denn wie lehrt *The Order*: »Der Zweck heiligt die Mittel.« In diesem Falle gab es mehrere Gründe, Kennedy zu beseitigen. Man kann davon ausgehen, daß für die Bonesmen ein wesentlicher Grund allein schon darin bestand, ihre Exekutive in Form der CIA vor destruktiven Aktivitäten des Präsidenten zu schützen. Er hatte bereits drei CIA-Persönlichkeiten aus der Agency entfernt – Dulles, Bissell und Cabell. Und er starb durch drei Schüsse. Ob hier eine kausale Verbindung besteht, bleibt unbeantwortet. Wahrscheinlich geht diese Korrelation zu weit, ebenso, wie zu behaupten, daß in Dallas Rache für Dulles geübt wurde. Doch ganz ungeachtet der Wirksamkeit okkulter Prinzipien ist deren Anwendung in der

Elite nicht mehr bestreitbar. Und was bedeutet »okkult«? Nicht viel anderes als »verborgen« und »geheim«!

In diesem fahlen Licht betrachtet, ist so manches Unmögliche möglich. Im Sinne einer rituellen Bestrafung, einer mörderischen rituellen Handlung, dem »Königsmord«, wären unter Umständen weiterreichende Absichten an diese Tat geknüpft.

Downard geht davon aus, daß die Ermordung ein Massentrauma bei der Bevölkerung erzeugen sollte. Durch die tödlichen Schüsse auf den Präsidenten wurden Volk und Nation ebenfalls getroffen, mitten in ihre Seele. Jürgen Heideking, Professor für anglo-amerikanische Geschichte, schreibt zur Wirkung der Person Kennedys wie auch zur Wirkung des Attentats vom 22. November: »Das Weiße Haus, in das er mit seiner sympathischen Familie und mit dem Brain Trust der intellektuellen Berater frischen Wind brachte, umgab bald die romantische Aura des Camelot aus der Artus-Sage. Die Hauptstadt Washington wurde nun auch äußerlich zum Zentrum einer Supermacht, die Verantwortung für die ›freie Welt‹, für ein globales informelles Empire trug. Der Hang zur Idolisierung des ›Führers der freien Welt‹ wurde unwiderstehlich, als Kennedy nach nur zwei Jahren und zehn Monaten Präsidentschaft einem Attentat zum Opfer fiel, das die Nation – und darüber hinaus viele Europäer – in Schock und Trauer versetzte. Ähnlich wie nach der Ermordung Lincolns begann das Image des persönlichen Opfers für höhere, universale Werte die geschichtliche Wirklichkeit zu überlagern und zu verklären. In der breiten Öffentlichkeit ist dieser ›Kennedy-Mythos‹ bis heute wirksam ...«

Interessante Feststellungen. Das »persönliche Opfer für höhere, universale Werte« – ist es nicht genau das, was die Bonesmen im Hegelschen Sinne erwarten? Doch ob der Mord allein so zu verstehen ist, daß uns dieses Ideal durch Kennedys Ende vorgelebt, besser gesagt »vorgestorben« wurde, bleibt eine weitere Frage.

Das Trauma bestand wohl vor allem in dem schlagartigen Bewußtsein der kollektiven Verletzlichkeit.

Wenn ein Symbol fällt, wenn der Häuptling eines Stammes

durch die Waffen des Feindes niedergestreckt wird, dann sind meist auch die übrigen Krieger in die Flucht geschlagen und der Sieg errungen.

Doch wen sollte Amerika nach dem Attentat auf Kennedy fürchten? Etwa einen verwirrten Lageristen, dessen Leben aus Frustration und Zerrüttung bestanden hatte? Ein Mann, der bald als »armer Irrer« abgekanzelt war, doch mit diesem Ruf nicht lange leben mußte, wurde er doch zwei Tage nach der Bluttat selbst umgebracht! Bestimmt war das kein Grund für tiefgreifende Ängste. Da blieben andererseits aber diese gewissen, nagenden Zweifel, diese Unsicherheit, ob denn Oswald auch wirklich der Schuldige gewesen ist.

Nicht umsonst ist der Kennedy-Mord eines der größten Geheimnisse der jüngeren Geschichte. Das Bild, das mit der Zeit entstand, war gezeichnet von einem gefährlichen Phantom im Hintergrund. Irgend etwas wirkte da. Es wirkte verdeckt und schien unendlich raffiniert in seiner Vorgehensweise, es ließ Opfer zu Tätern und Täter zu Opfern werden, es ließ die Wirklichkeit verschwimmen und spielte mit ihr. Dieses Phantom war es, das wirklich Angst machte. Wer auch immer der wahre Attentäter war, er genoß offenbar den Schutz einer mächtigen Gruppe und operierte wohl mit ihr zusammen aus einer geradezu makabren Überlegenheit heraus. Die Welt schien zum Gespött dieser verborgenen Übermacht zu werden. Und der Anschlag auf den Präsidenten, er war ein psychischer Anschlag auf die gesamte Nation. Etwas, was mächtiger war als alles andere und als jede bekannte Institution inklusive der des Präsidenten, hatte aus dem Hinterhalt zugeschlagen. Selbst Insider, selbst die komplette Sicherheits-Maschinerie zum Schutz des Präsidenten, hatte das Attentat nicht verhindern können. Das war pure Demonstration einer unsichtbaren Macht. Und diese Macht war es, die Amerika traumatisierte!

Erinnert uns das nicht »schlagartig« an ein sehr viel jüngeres Ereignis? Daß sich die Geschichte wiederholt, ist eine altbekannte Tatsache, dabei sollte jedem bewußt sein, daß die Geschichte wiederholt *wird*! Die »Traumatisierung von Amerika« wurde unfraglich am 11. September 2001 wiederholt.

Amerika im Krieg

Als die Türme des World Trade Center fielen, war die westliche Welt gelähmt. Wiederum eine »Mehrzweck-Katastrophe«, wie sich herausstellen sollte. Nachdem der mächtige Schock jener Tage ein wenig abgeklungen war, tauchten ungewöhnliche Bilder aus Rauch und Asche auf. Und als die mächtige Rußwolke verschwunden war, deren Spuren sogar vom Weltraum aus registriert werden konnten, als das Entsetzen einer ausgesprochenen und unaussprechlichen Wut wich, machte sich bei einigen Beobachtern des Geschehens Skepsis breit. Wieder einmal paßte, wie bei vielen einschneidenden und meist sehr negativen Ereignissen der Weltgeschichte, so manches in den »Details« nicht. Über das Thema WTC – 9/11 wurden in den vergangenen Jahren etliche Bücher geschrieben, ebenso wie umfangreiche Berichte.

An dieser Stelle soll es nun nicht darum gehen, das Geschehen noch einmal in all seinen umfangreich diskutierten Einzelheiten zu rekonstruieren oder alle Unstimmigkeiten in der offiziellen Story hervorzuheben. Ein erinnernder Überblick und einige vielleicht doch weniger bekannte Faktoren werden aber zeigen, daß auch die WTC-Katastrophe ebenso wie zahlreiche nachfolgende Ereignisse die deutliche Handschrift des *Order* aufweisen. Wieder begegnen uns dabei okkulte Zusammenhänge.

Das Datum, zu dem der Anschlag ausgeführt wurde, besitzt solche Anklänge. Der 11. September, der 111 Tage vom Jahresende entfernt liegt, war Jahrestag mehrerer bedeutender Ereignisse, die auf geradezu absonderliche Weise mit dem Anschlag in Verbindung stehen. Auf den Tag genau elf Jahre zuvor hielt Bonesman Bush Senior eine ergreifende Rede, in der er erstmals in aller Öffentlichkeit und Deutlichkeit die »Neue Weltordnung« ausrief. Was er damit meinte, war zwar selbst Fachleuten nicht klar, aber das lag wohl vor allem daran, daß derartige Hintergründe an den Mainstream-Universitäten keinem Studenten beigebracht werden.

Nun war die WTC-Katastrophe nicht das einzige Unglück, das jener Tag brachte. Über dem Fall der beiden Giganten, die

Abb. 46: Die Neue Weltordnung. Bush nimmt die Welt für sich – oder die Bonesmen – in Besitz.

als standhafte Symbole der USA galten, vergißt man schnell die kleinere P-Katastrophe. Bei ihr flog ja »nur« ein Flugzeug ins Pentagon! Auch damit sind manche Merkwürdigkeiten verbunden. Der Vertrag für den Bau dieser riesigen Verteidigungszentrale wurde am 11. August 1941 abgeschlossen. Genau einen Monat später fand die Grundsteinlegung statt: am 11. September 1941! Der Anschlag auf das Pentagon fand also genau zu dessen 60. Jahrestag statt! Kann es ein makabereres Zeichen der Verletzbarkeit einer Supermacht geben – der einzigen verbliebenen

Abb. 47: Das pentagonförmige amerikanische Verteidigungsministerium in Washington. Im Hintergrund der riesige Obelisk des »Washington Monument«.

Supermacht –, als ihrem gewaltigen, mit einer eigenen Luftabwehr gesicherten Verteidigungsministerium massiven Schaden zuzufügen und große Teile komplett zu zerstören? Dazu noch an einem solchen Jubiläum!

Die nächste Frage ist natürlich: Raste überhaupt ein Flugzeug ins Pentagon? Immerhin haben Zeugen einen Linienjet gesehen, doch was tatsächlich geschah, wird zumindest von mancher Seite ganz anders geschildert. Denn Satellitenbilder wie auch Luftaufnahmen zeigen nicht die geringste Spur eines Flugzeuges. Eine Linienmaschine wie eine Boeing 757, die in eine Gebäudefront rast, würde nicht nur Zerstörungen im Paterre bewirken, so die Argumentation, sondern über die gesamte Höhe des Gebäudes Verwüstungen anrichten – in diesem Fall rund 25 Meter. Überwachungskameras, die im Dauerbetrieb auf das Gebäude und auch auf die betroffene Front gerichtet waren, sollen zu keinem Zeitpunkt gezeigt haben, daß ein Flugzeug hineinrast.

Ed Plaugher, Chef der zuständigen Feuerwehr von Arlington County, wurde von einem Journalisten gefragt, ob überhaupt irgend etwas von dem Flugzeug übrig geblieben sei. Nun, es

Abb. 48: FBI-Agenten und verschiedene Bergungsteams im Einsatz am 11. September. Was geschah an jenem Tag wirklich?

Abb. 49: Bush und Rumsfeld besichtigen die Verwüstungen am Pentagon.

gebe ein paar kleine Stükke von einem Flugzeug, die man von innen sehen könne, so die Antwort, »aber keine großen Teile. Mit anderen Worten, es gibt keine Rumpfabschnitte und diese Art von Dingen. Sie wissen, ich sollte das besser nicht kommentieren. Wir haben eine Menge an Augenzeugen, die Ihnen bessere Informationen darüber geben können, was mit dem Flugzeug tatsächlich passierte, als es sich näherte. Demnach wissen wir es nicht. Ich weiß es nicht.« Der Journalist hakte noch nach, wo denn der Treibstoff geblieben sei, worauf der ohnehin verwirrte Feuerwehrmann erwiderte: »Wir haben hier etwas, was wir für eine Pfütze halten, genau dort, die das – was wir als die Nase des Flugzeugs ansehen. So.« Ein wenig überrumpelt wirkte der Feuerwehrchef schon.

Associated Press hatte wohl ebenfalls zunächst eine andere Erklärung für die Explosion im Pentagon angegeben, nämlich daß ein mit einer versteckten Sprengladung ausgerüsteter Lastwagen in das Gebäude hineingerast sei. Sprecher des Pentagon dementierten diese Darstellung sofort.

Das Pentagon schien für jene Maschine ein Bermuda-Dreieck geworden zu sein. Können diese zweifelnden Aussagen aufrecht erhalten werden? Nicht so ganz. Abgesehen davon, daß der Weg der Maschine per Radar verfolgt wurde, gibt es auch Filmsequenzen, die das Flugzeug in seinen letzten Momenten direkt auf dem Kurs ins Pentagon zeigen. Die Größe des Gebäudes ist dabei nicht zu unterschätzen, auch nicht seine Festigkeit. Nach dem Oklahoma City Bombing wurde ein Gebäudeabschnitt extrem verstärkt. In diesen Bereich, »Wedge One«, flog auch *American-Airlines*-Flight 077 hinein, mit 64 Personen an Bord. Das *Air Forces Institute of Pathology* (AFIP) in Washington, D. C., war mit der Identifizierung der Leichname des Anschlags betraut worden, sowohl der Opfer im Pentagon als auch in der Maschine. Da eine militäreigene Gendatenbank existiert, war die Identifikation von betroffenen Angehörigen der Streitkräfte deutlich einfacher als bei den Zivilisten an Bord von Flug 77. Bis auf eine Person gelang aber dennoch die Identifizierung. Das AFIP veröffentlichte im Band 159, Nr. 5 des »AFIP Letter« vom Oktober 2001 umfangreichere Informationen über seine Arbeit im Zusammenhang mit dem Pentagon-Crash. Leider war der Vorfall also deutlich ernster, als teils angenommen wird. Die Boeing 757 flog ins das Gebäude, es gab tatsächlich zahlreiche Opfer zu beklagen.

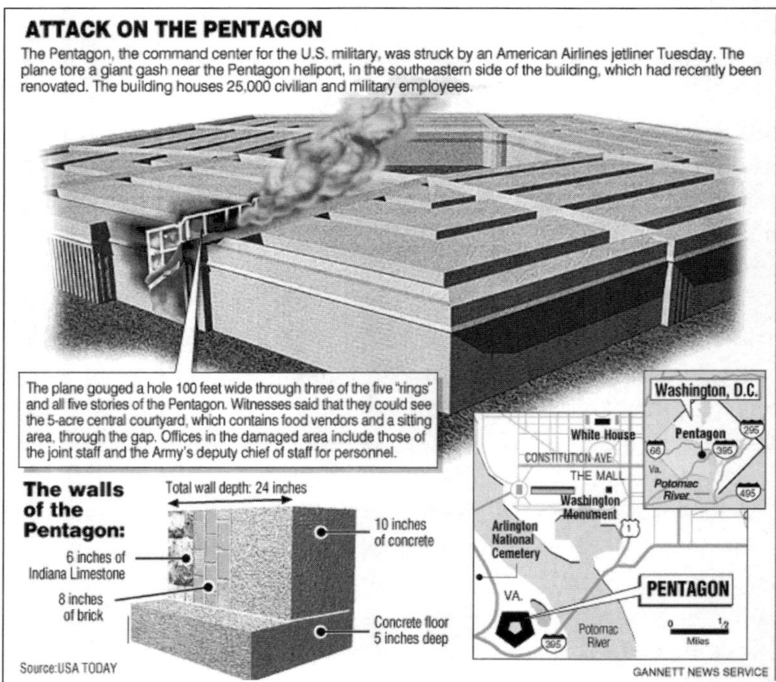

Abb. 50: »USA Today« illustrierte, wo und wie der Pentagon-Crash geschah.

Sehr bemerkenswert sind aber andere Fakten. Nicht bestreitbar scheint, daß der Vorfall stattgefunden hat. Nicht zu bestreiten ist aber auch, daß die insgesamt vier in das Geschehen vom 11. September involvierten Flugzeuge ungewöhnlich wenig Passagiere an Bord mitführten. Die beiden Maschinen UA 175 und AA 011, die jeweils einen WTC-Turm trafen, waren nur zu 20 beziehungsweise 25 Prozent ausgelastet, mit 65 beziehungsweise 92 Passagieren. Die dritte Maschine, UA 093, die in Pennsylvania niederging, hatte 45 Personen an Bord, AA 077, die ins Pentagon stürzte, führte 64 Menschen mit sich. Alle Flugzeuge waren für einen Langstreckenflug vorbereitet und vollgetankt. Um heftige Detonationen bewirken zu können, war dieser Umstand eine Voraussetzung für die Attentäter. Allerdings konnte es kein Zufall sein, daß sämtliche Maschinen extrem unterbesetzt waren. Die Frage danach, welche Terrororganisation in der Lage dazu ist, eine solche Situation herbeizuführen und zudem eine äußerst koordinierte, parallele Vierfach-Entführung von Linienmaschinen durchzuführen, erscheint durchaus angebracht.

Die gesamte Schreckensaktion mußte von einer ganz anderen Gruppe geplant und vorbereitet worden sein, mit dem Wissen höchster Kreise, Kreise, die nirgendwo anders zu finden sind als in den USA selbst. All jene »Fakten«, die in Richtung Islam deuteten, sie schienen einfach zu auffallend, um noch glaubwürdig zu sein. Terroristen, die unter Klarnamen operieren, zurückverfolgbare Spuren zu Flugschulen und deren verdächtigen Kursteilnehmern, jene dubiosen Koffer in Boston, in denen der Koran, ein arabisches Flugzeug-Handbuch und ein Abschiedsbrief gefunden wurden, die überraschende Informiertheit des FBI, und, und, und! Alles sehr, sehr seltsam!

Innerhalb weniger Tage war klar, wer den Anschlag verübt hatte, plötzlich schienen Bundespolizei und Geheimdienste aufgewacht zu sein aus einem Dornröschenschlaf. Zuvor aber schien es nicht die geringsten Anzeichen gegeben zu haben, daß der gewaltigste Terroranschlag aller Zeiten geplant war. Niemand fing Botschaften ab, nirgends landeten verdächtige Telefonate oder E-Mails im globalen Super-Überwachungssystem des technischen Geheimdienstes der *National Security Agency* (NSA), in deren Netz jeder schon geriet, der auch nur einmal ein Auslandsgespräch führte.

Die Flugabwehr über dem gesperrten Luftraum von New

York City lag ebenfalls im Dämmerzustand. Und auch die Sicherheitssysteme im Pentagon scheinen wie bei einem allmächtigen EMP außer Betrieb gewesen zu sein. Dabei war das Flugzeug rund eine Stunde vor dem Crash bereits von seinem vorgesehenen Kurs abgewichen. Über eine Stunde nach dem ersten Attentat auf das World Trade Center.

Präsident George W. Bush, Junior, wie sein Vater ein Bonesman, sprach aber bereits eine halbe Stunde nachdem der erste Wolkenkratzer getroffen worden war, von einem »Krieg gegen Amerika«, kurz darauf schon von islamischen Terroristen.

Mit dem 11. September wuchs dieser Präsident plötzlich über sich selbst hinaus. Der vorher fahle Charakter wurde nunmehr zu einer beinahe charismatischen Persönlichkeit, so scheint es. George W. »Dubya« Bush hatte nun seinen persönlichen Krieg und sein persönliches Leitmotiv gefunden: den »War On Terrorism«, jenen »Krieg gegen den Terror«, den er seitdem als wirkungsvolle Rechtfertigung für jede noch so unrechte Aktion vorschiebt.

Die Gewinner

Die Katastrophe grub sich wahrhaft schlagartig in die tiefste Seele eines jeden, der die schrecklichen Bilder sah. Und wer sah sie nicht?

In den beiden Bürotürmen hielten sich normalerweise rund 50 000 Menschen auf. Wer nun verfolgte, wie die brennenden Türme einstürzten, ging von einem noch gewaltigeren Ausmaß der Katastrophe aus. Doch tatsächlich befanden sich zu jener Stunde in beiden Türmen »nur« knapp 3000 Personen. Eine Unzahl in Anbetracht der Schicksale, doch weitaus weniger als es die Regel war. Wenn nun aber Terroristen ein Attentat dieses Ausmaßes planen, zielten sie nicht darauf ab, möglichst wenige Menschen zu treffen. Vor allem befanden sich zahlreiche Führungskräfte noch nicht in den Büros, die mächtigen Chefs großer Konzerne, das versammelte, personalisierte westliche Kapital also! Genau dieser Kreis wäre es wohl gewesen, den ein

Abb. 51: Drastisch: das Emblem des Marine Corps Warfighting Laboratory *in Quantico bei Washington. Ein Drache verschlingt das World Trade Center.*

Terror-Akt hätte treffen sollen! Für Terroristen aus dem Orient hätte es auch überhaupt keinen schlechteren Moment gegeben, Amerika in eine Märtyrerrolle zu manövrieren, nachdem im Ausland ohnehin schon deutlichere Opposition gegen die Machtbestrebungen der USA erkennbar wurde.

Alle Fakten zum 11. September zeigen, daß der Zeitpunkt von Seiten einer terroristischen Organisation absolut schlecht gewählt gewesen wäre. Und sie zeigen auch, wie perfekt die kleinsten zeitlichen Details abgestimmt waren. Das paßte alles hinten und vorne nicht – machte aber genau dann einen Sinn, wenn der Feind aus den eigenen Reihen stammte. Zumindest mußten von hier alle Türen geöffnet worden sein, um jenes Attentat wahr werden zu lassen.

Die Vorteile aus dem Massenmord vom 11. September sind für einige Personengruppen gar nicht zu übersehen. Und wer sich auch nur kurz daran erinnert, daß Machthaber dieser Erde das Leben von Millionen von Soldaten wissentlich für ihre Interessen opferten, wird wohl auch erkennen, daß der Tod von 3000 Individuen in den Augen der Hintermänner solcher Verschwörungen keineswegs ein Hindernis für eine glatt durchgezogene Realisation ist.

Wieder spielt die CIA zusammen mit den Zielen der Bonesmen eine wesentliche Rolle in diesem Theater des Grauens. Nur vordergründig sind es die USA, die offenbar ständig einen neuen Gegner benötigen, im Hintergrund aber sind es vielmehr die Bonesmen, die nach dem Hegelschen Kontrastprogramm von These und Antithese, von Gut und Böse, die Welt nach ihrem persönlichen Programm unaufhörlich vorantreiben möchten. Durch WTC blühte Bonesman Bush Nummer 2, wie schon erwähnt, förmlich auf in seinem heiligen Krieg gegen den Terror.

Die Bevölkerung stellte sich in Anbetracht der entsetzlichen Ereignisse größtenteils völlig selbstverständlich auf die Seite ihres Präsidenten. Ein »äußerer Feind« wirkt sehr einigend.

Hier hatte eine feige Macht einen unvergeßlichen, traumatischen Anschlag auf die bisher sichere Bastion USA ausgeübt, hier mußte nun so besonnen wie entschieden gehandelt werden. Die USA befinden sich seitdem im Kriegszustand. Seit jenem Tag besteht für Bush jeglicher Handlungsspielraum, sich mit aller Macht gegen die teuflischen Kräfte im orientalischen Raum zu wenden.

Bald nach dem 11. September wurde kurzzeitig über merkwürdige Transaktionen an der Börse berichtet. Die CIA hatte noch vor jenem neuerlichen amerikanischen Trauma plötzlich ihre Airline-Aktien abgestoßen, es gab auch Spekulationen auf fallende Kurse, mit entsprechenden Gewinnen danach. Einige »Leute« mußten also gewußt haben, was bevorsteht. Es gab auch Warnungen – späteren Berichten zufolge warnte der israelische Geheimdienst *Mossad* die USA, daß Anschläge einer ungeahnten Dimension bevorstünden; auch von der Investmentbank *Goldman-Sachs* und einem in Israel ansässigen Informationsdienst namens *Odigo* gingen Nachrichten aus, die speziell als Warnungen an Mitarbeiter des WTC gerichtet waren. Doch keine dieser Warnungen kam an.

Es gab auch eine ganze Reihe seltsamer Gerüchte um den neuen Pächter des WTC-Komplexes, Larry Silverstein. Er hatte die Gebäude nur sechs Monate vor der Katastrophe für 99 Jahre von den Rockefellers übernommen, bei einer Zahlung von 3,2 Milliarden Dollar. Beim Bau der Türme war noch Asbest verarbeitet worden, ein Umstand, der Silverstein bei seinem Geschäft offenbar schon bekannt war. Abrißarbeiten wären unverhältnismäßig teuer gekommen, doch dieses Problem löste sich schließlich auf makabre Weise von selbst. Jedenfalls hatte der steinreiche und clevere Geschäftsmann auch für wirklich alle Eventualitäten vorgesorgt. So schloß er damals eine Zusatzversicherung gegen terroristische Anschläge ab. Je Schadensereignis stehen ihm demnach 3,55 Milliarden US-Dollar zu. Selbst wenn die Rechtssprechung die Zerstörung der beiden

Türme als ein einziges Attentat auffassen würde, so hätte Silverstein bei der Zerstörung des WTC einen Gewinn von 350 Millionen Dollar zu verbuchen, ohne überhaupt nur den kleinen Finger dabei zu krümmen. Ein Schelm freilich, wer Böses dabei denkt.

Eine der Firmen, die es sich ähnlich wie ehedem *J. P. Morgan* zur profitablen Aufgabe gemacht haben, dem großen Geld und der Macht-Elite zu dienen, ist *Fiduciary Trust*. Diese Investment-Bank beschäftigte damals 645 Mitarbeiter, ab dem 90. Stockwerk verteilt über fünf Etagen im World Trade Center. Am 11. September kamen 87 Mitglieder des Trust ums Leben. Die Chefin des Unternehmens, Anne McNiff Tatlock, war allerdings bereits am frühen Abend zu einer Wohltätigkeits-Veranstaltung nach Nebraska gefahren. Sie traf sich ausgerechnet auf der *Offutt Air Force Base* mit einer kleinen Gruppe von führenden Geschäftsleuten. Gastgeber war der Milliardär Warren Buffet, bekannt als das »Orakel von Omaha« und einer der fünf reichsten Männer der Welt.

Wie kam es dazu, daß diese Gruppe mächtiger Personen sich ausgerechnet zur fraglichen Zeit auf dieser berüchtigten Air Force Base trafen? Wieder ein Zufall, wahrscheinlich. Wie so viele andere Zufälle eben auch.

Nun ist die *Offutt Base* nicht nur wegen Michael Aquino berüchtigt, sondern auch bekannt als Heimstätte des *Strategic Air Command Center*, SACC. Es befindet sich in zwei weitflächigen Untergrundstockwerken der Basis, ist direkt mit dem *National Military Command Center* im Pentagon verbunden und steht mit weiteren Kommandozentralen in ständiger Verbindung. CINCSTRAT, der *Commander in Chief of the Strategic Air Command*, kann über dieses Netz, das *Joint Chiefs of Staff Alerting Network*, unmittelbar Kontakt zu allen Führungspersonen der Regierung aufnehmen, inklusive des Präsidenten. Wichtige Daten lassen sich in Sekundenschnelle auf den riesigen Wand-Bildschirmen darstellen, Kommunikation mit Flugzeugen ist weltweit möglich.

Allein von hier aus wäre man in der Lage gewesen, den abweichenden, ungewöhnlichen Kurs der Flugzeuge sehr schnell zu registrieren und Gegenmaßnahmen zu ergreifen. Ungewöhnlich auch das Zusammentreffen der Geschäftsleute zu einer »Wohltätigkeitsveranstaltung« am frühen Morgen! Auf *Offutt* befand man sich in der ersten Reihe, wenn es darum ging, Informationen von den Schauplätzen Manhattan und Washington zu erhalten.

Am Nachmittag stieß dann auch George W. Bush zu der Versammlung auf der *Offutt Air Force Base*. Die Macht-Elite war wieder unter sich, man hatte sich von den Ereignissen abgekoppelt und war trotzdem live dabei. Der *Fiduciary Trust* zählt, nun einmal ungeachtet der herben Verluste an Menschenleben, in rein finanzieller Hinsicht ebenfalls zu den »Gewinnern« des 11. September. Unter anderem durch Versicherungen konnte der Trust knapp 30 Millionen US-Dollar aus dem katastrophalen Ereignis einstreichen.

Einer der großen »Gewinner« jenes schicksalhaften Tages ist vor allem auch die *Carlyle-Group*, ein Rüstungskonzern mit Sitz im Regierungsviertel von Washington. Wieder einmal rein zufällig hielt diese Gruppe ihre Jahreshauptversammlung am 11. September ab, im Washingtoner *Ritz-Carlton-Hotel*. Die Familie Bush sowie zahlreiche hochrangige Regierungsleute von einst und jetzt finden sich ganz oben, an der Spitze dieses Konzerns. Über ihn bestanden sogar geschäftliche Verbindungen zwischen dem Bush- und dem Bin-Laden-Clan. Im Prinzip ist das eine Fortsetzung der *Bones*-Prinzipien, die zur Finanzierung der Nazis wie auch der Sowjets geführt haben.

Mit im Geschäft nicht zuletzt die im engen CIA-Dunstkreis stehende *BioPort Corporation*, die einzige Firma mit der Lizenz, einen Impfstoff gegen Anthrax zu produzieren. Ein wichtiger *BioPort*-Teilhaber ist nebenbei bemerkt *Carlyle*.

Pandoras Kühltruhe

Anthrax! Ein weiteres elektrisierendes Stichwort im Fahrwasser der WTC-Ereignisse und im Krieg (der Bonesmen) gegen den Terror. Man sprach davon, daß die Terroristen biochemische

Attacken starten könnten, und plötzlich tauchten schon die ersten Fälle auf, bei denen Menschen mit jenen lebensgefährlichen Erregern des Milzbrands infiziert wurden und starben. Der fast unsichtbare Feind, der eher schemenhaft in der Person des Osama bin Laden in Erscheinung trat, hatte offenbar wieder zugeschlagen.

Diesmal forderte die Attacke nur fünf Menschenleben, doch in Anbetracht des nie dagewesenen und nie erahnten Terrors, wie er nun durch WTC tief im Bewußtsein der Bevölkerung verankert war, in Anbetracht dieses Ungetüms also mußte man jederzeit mit allem rechnen. Eine Bioattacke in der New Yorker Metro oder sonst irgendwo in einem dicht besiedelten Gebiet könnte wieder Tausende von ahnungslosen Menschen schlagartig dahinraffen. Wenn die explosive Vernichtung des WTC wie ein unheilvoller glühender Kometenkern über den Vereinigten Staaten drohte, dann zog sich nun der Anthrax-Schrecken als dessen ausgedehnter Schweif über das ganze Firmament von »Stars and Stripes«.

Wie viele Gegenden des amerikanischen Westens ist auch der Bundesstaat Utah in weiten Teilen ein ausgesprochen desolates Terrain. Stundenlang geht es über einsame Highways in gottverlassene Gegenden, in denen nur ab und an kleinste Ansiedlungen zu finden sind. Und selbst in ihnen sind die staubigen Straßen oft verlassen, keine Menschenseele ist zu sehen. Wer von der Metropole Salt Lake City gen Westen fährt, gerät genau in solch abgelegene Ecken. Die Orte werden immer kleiner, bestehen schließlich nur noch aus ein, zwei Häusern.

Willow Springs heißt ein winziges Nest in Utah. Von Tooele kommend windet sich die Straße einen Paß entlang in einen Bergrücken hinein, verengt sich und führt von Willow Springs wieder ins nächste Tal. Die Ebene weitet sich aus und gibt den Blick auf die nächste Einsamkeit frei.

Hier ist es teils schon beunruhigend ruhig. Das sicherlich auch, weil diese Ruhe trügerisch ist. Von den Anhöhen aus bietet sich der freie Blick auf einen größeren Teil des *Dugway Proving Ground*, allerdings kaum auf seine inneren Anlagen. »Dugway«, das ist eine top-geheime militärische Versuchanlage. Sie unter-

Abb. 52: Einfahrt zum Dugway Proving Ground *in Utah, USA.*

steht der Armee. Und diese testet hier Waffen – biologische und chemische Waffen.

Zwischen 1951 und 1969 fanden Hunderte von Tests statt, bei denen gefährliche Keime in die Atmosphäre gerieten. Menschen wurden freiwillig, aber auch unfreiwillig zu Versuchszielen der Experimente. Ebenso erforschte man die Wirkung von Keimen und Giften auch an Tieren. Schafe wurden Nervengas ausgesetzt und gingen qualvoll ein.

Allein, um die Tierexperimente zuzugeben, bedurfte es von militärischer Seite drei Jahrzehnte. Nun ist natürlich alles anders. Es ist wieder sauber im Staate Utah. Man arbeite aus der Defensive heraus, wird berichtet. Das heißt, auf Dugway werden Gegenmaßen entwickelt, um den Kampf gegen biochemische Terroraktionen aufnehmen zu können.

Dugway ist die Zentrale für solche Forschungen. Daß das Gelände ziemlich genau 322 000 Hektar umfaßt und damit die magische »Boneszahl« 322 in sich trägt, dürfte vielleicht wirklich noch als Zufall durchgehen. Man rechnet in den USA ohnehin nach Acre, wobei ein Acre etwas mehr als 0,4 Hektar sind. Die Umrechnung gibt jedenfalls keine genaue Zahl. Anders sieht es schon aus, wenn der ABC-News-Korrespondent Howard L. Rosenberg im Jahr 1999 folgendes berichtete: »Laut Aussagen des ehemaligen Militäranalytikers Patrick Eddington könnte die auf 60 Millionen US-Dollar Gegenwert geschätzte Menge an Anthrax-Impfstoff, wie er von *BioPort* innerhalb der nächsten fünf Jahre für das Verteidigungsministerium hergestellt werden soll, nur den Anfang darstellen. Das Pentagon hat ein 322-Millionen-Dollar-Programm für zehn Jahre aufgestellt, das dazu dienen soll, mindestens drei, vielleicht aber auch bis zu einem Dutzend zusätzlicher Impfstoffe für den biologischen Krieg herzustellen ...« Dieses Zitat habe ich bereits in »Die unsichtbare Macht« vorgestellt, an dieser Stelle und im aktuellen Zusammenhang aber ist es unbedingt notwendig, noch einmal an diese Worte zu erinnern.

322 Millionen! Warum ausgerechnet diese Zahl? *The Order 322* – wieder nur ein Zufall? Natürlich, wie alle anderen Zufälle auch!

Das Okkulte und die Spiele mit den Zahlen, sie finden sich immer wieder im Umfeld der Bonesmen. Sie besitzen eine Art innere Magie für die »Eingeweihten«, ganz gleich, wie real die Kraft dahinter nun wirklich ist. Doch sind sie ein Signal, ein Symbol. »Wir sind hier, es ist unser Werk.«

Abb. 53: Das Dugway-Logo. Auf dem geheimen Gelände werden biochemische Waffen entwickelt, entgegen aller Behauptungen. Von hier kamen auch die Anthrax-Erreger, die fünf Menschen töteten.

Was geschieht auf Dugway nun aber wirklich?

Zur Zeit untersucht eine Abteilung des FBI eine Verbindung zwischen Dugway und den Anthrax-Bakterien, die fünf Amerikaner getötet haben. Nun zeigen sich kaum mehr von der Hand zu weisende Indizien dafür, daß auch in diesem Fall der Feind aus den eigenen Reihen kam, in alter *Bones*-Manier, eben um Konflikte und Ängste vor einem Feind zu schüren.

FBI-Agenten befanden sich auf Dugway, um mit den Wissenschaftlern der Army über ihre Anthrax-Erreger und deren Verstecke zu sprechen. Auf der Basis gibt es Kühlräume, bekannt als »Pandoras Gefriertruhe«, in denen die gefährlichsten Arten von Erregern aufbewahrt werden. Nach Informationen des Militär-Beobachters Steve Erickson aus Salt Lake City gibt es dort ein echtes Schreckenskabinett: »Anthrax? Ja. Schwarze Pest? Ja, und viele andere. Fieber, eine Menge Fieber.« Als Erickson bei Dugways Commander Colonel Gary Harter bezüglich der Natur und Sicherheit von Anthrax-Tests in den dortigen Labors nachfragte, erhielt er als Antwort die Empfehlung, er solle sich doch beim FBI erkundigen. Immerhin mußte die Army zugeben, daß man entgegen der früheren Behauptungen tatsächlich noch waffenfähiges Anthrax herstelle – nach reiner Defensive klingt das also weniger.

Doch es kommt noch schlechter.

Wie sich herausstellte, wird dort ein feines Anthrax-Puder produziert, das ganz offenbar mit demjenigen identisch ist, welches in »Briefchen« an Kongreßmitglieder versandt worden war. Ein Vergleich zeigt, daß die Bakterien in 50 von 50 Genmarkern identisch sind! Das Material ging von Dugway auch an zahlreiche andere Labors in den Staaten, in denen ein Zugriff für diverse Personen möglich war. Und die Situation um biologische Waffen in den USA wird immer unübersichtlicher. Die Bush-Regierung plant die Zahl von Labors der Biogefahrenstufen 3 und 4 (»Biohazard Safety Level«, BSL3 und BSL4) zu erhöhen. Alles natürlich für den »Krieg gegen den Terror«. BSL3-Labors arbeiten mit Anthrax, Botulinus und Beulenpest, BSL4 forscht an Pocken und Ebola-Viren. Die US-Atomenergie-Behörde DOE plant die Einrichtung von mikrobiologischen Laboratorien der Stufen 3 und 4 in nuklearen Foschungsstätten: in den *Los-Alamos-National-Laboratorien* (LANL) von New Mexico und in den *Lawrence-Livermore-National-Laboratorien* (LLNL) nahe San Francisco. LLNL soll auch Partner für ein der Universität von Kalifornien (!) angegliedertes neues Zentrum sein, das *Western National Center for Biodefense and Emerging Diseases*. Seltsam, da werden Biowaffen-Labors mit Atom-Labors verquickt!

Die Taktik dahinter ist, daß eine Untersuchung der so eingegliederten Biolabors automatisch auch eine Gefährdung geheimer Informationen über nukleare und andere Projekte bedeuten würde. Umgekehrt erschwert dies jeden Versuch, eine Prüfung durchzusetzen, da die Nationale Sicherheit in mehrfacher Hinsicht auf dem Spiel steht.

Schon seit Frühjahr 2000 arbeitet man an 25 verschiedenen Anthrax-Stämmen in den Labors, wenn nicht an noch mehr. Kurz vor Ausbruch des Irak-Krieges schrieb die Autorin Kellia Ramares: »Während die Bush-Gang mit Krieg droht, um das irakische Regime zu zwingen, alles in Verbindung mit seinem angeblichen Waffenprogramm offenzulegen, stellt sich die Frage, welche biologischen Schrecken die US-Regierung insgeheim in ihren eigenen Labors auskocht!«

Dugway schottet seit dem 11. September immer stärker ab. Kameraleute des *I-Teams* von KLAS-TV, Las Vegas, wurden bei Videoaufnahmen des Geländes zweimal festgehalten. Das Militär drohte bei weiteren Aufnahmen mit Verhaftung. Natürlich kein Wunder, wenn man an den gewaltigen Anschlag und seine Folgen denkt und an drohende Terroraktionen. Nur, wenn viele Spuren ins eigene Lager führen, sowohl was 9/11 betrifft als auch die Anthrax-Gefahr, wenn man sieht, welche dunklen Kräfte hinter allem stehen, um die Geschicke der Welt zu beeinflussen und wahrhaft schlagkräftige Argumente für ein hartes Vorgehen gegen den Feind vorzubringen, wenn man bedenkt, mit welch sinistren Methoden also eine elitäre und verborgene Gruppe vorgeht, um die geschichtliche Entwicklung nach ihren Vorstellungen zu modellieren, dann wird man viele Ereignisse doch mit ganz anderen Augen betrachten.

Das Chaos in der Welt, ständig lodernde Krisenherde und ausbrechende Konflikte, sie sind gewiß nicht alle ein Werk der Bonesmen. Doch wird die Beweislast über die Jahrzehnte erdrückend, daß sie an vielen wesentlichen Entwicklungen der Welt, die scheinbar zufällig und unvermeidbar stattgefunden haben, tatkräftig als lenkende Kraft und effektiver Katalysator mitgewirkt haben. Chaos kann sehr konstruktiv werden. Für Außenstehende ist es ein Haufen von Ungereimtheiten; wer allerdings die im Grunde simple Philosophie dahinter verstanden hat und ernst nimmt, kann sich plötzlich auf zahlreiche Paradoxien einen Reim machen. Die amerikanischen Autoren Paul Goldstein und Jeffrey Steinberg stellen fest, daß die Bonesmen eine Verwirrungstaktik mit der Welt betreiben, die als Double-Cross-System bekannt ist. Paradoxe, widersprüchliche Botschaften und eine Kooperation mit dem Feind, Hegels Ideen von Krieg und Fortschritt, diese Elemente sind demnach in dem Überkreuz-System enthalten – symbolisiert durch die beiden gekreuzten Knochen im Emblem des Order.

Kapitel 9

Eine schrecklich nette Familie

Bush-Zahl 322

Der Krieg gegen den Irak begann am 20. März 2003. Ein verdeckt in Bagdad operierender CIA-Mann lieferte möglichst genaue Hintergrundinformationen über den augenblicklichen Aufenthaltsort von Saddam Hussein. An jenem Tag schien der günstigste Zeitpunkt gekommen, den Diktator und sein Land anzugreifen. Darüber berichtete am 26. April 2003 auch »The Daily Telegraph« und fügte hinzu, daß damit der Irak-Krieg genau 48 Stunden früher ausbrach als ursprünglich geplant. Tatsächlich sollte der große Angriff erst am 22. März 2003 beginnen. Warum hatte man zunächst dieses Datum gewählt? In amerikanischer Schreibweise ist es »March 22, 2003«, also 3-22-2003.

Hier tritt die magische Boneszahl 322 wieder in Erscheinung! Auch wieder Zufall? Die Zufälle häufen sich in auffallender Weise.

Kann es sein, daß die Wahl eines Kriegsdatums im 21. Jahrhundert auf okkulten Hintergründen basiert? Wenn diese sicherlich berechtigte Frage gestellt wird, dann dürfte jeder, der noch nie etwas von *Skull and Bones* und den Riten der Macht-Elite gehört hat, sofort und verständlicherweise verneinen. Doch haben wir schon mehrfach gesehen, wie unfaßbar eng die Aktionen jener verborgenen Gruppierung an rituelle Handlungen und eine okkulte Magie geknüpft sind. Von daher nimmt es kaum mehr Wunder, wenn vor allem die 322 als mächtiges Symbol in diverse Entscheidungen einfließt.

Die 322 ist die Zahl des *Order*, und sie ist eine Zahl der

Familie Bush, die seit drei Generationen engstens mit ihm verbunden ist. So wird auch verständlich, wenn George W. Bush am 19. März 2003 mit sich rang, ob er zugunsten der aktuellen Situation im Irak, wie sie ihm von CIA-Leuten übermittelt wurde, von dem bedeutungsvollen Datum abrücken und den Kriegsbeginn vorverlegen sollte.

Die Mitglieder von »322« sind seit ihren ersten Tagen im Tomb konditioniert, sie haben feste Regeln und Riten, sie lernen, wie sie sich gegenüber den »Barbaren« zu verhalten haben und selbst, auf welche Weise sie das Tomb genau zu betreten oder zu verlassen haben. Diese Elite ist zu einem gewissen Grade zum Sklaven ihres eigenen Systems geworden und wird davon beherrscht. Kein normaler Sterblicher, der einigermaßen klar im Kopf ist, wird sich nach okkulten Daten richten. Doch auch die »Barbaren« kennen Fest- und Feiertage, nicht nur die offiziellen, sondern auch diejenigen, die zu ihren ganz persönlichen geworden sind. Besondere Ereignisse prägen sich ein und sind an besondere Daten gebunden. Und hat nicht beispielsweise der 11. September heute für uns alle eine besondere, tiefgreifende Bedeutung erlangt?

Doch, Zahlen besitzen eine Magie, und mag es nur in Form von selbsterfüllenden Mechanismen sein. Bush Junior kämpfte am 19. März seinen eigenen persönlichen Kampf, rang mit sich, was zu tun sei – und wenn die Presse von den schwierigen Entscheidungen berichtete, die der Präsident an jenem Tag zu treffen hatte, dann waren es nicht nur die militärischen Erwägungen zum unmittelbar bevorstehenden Schlag.

Bereits für George W. Bushs Großvater Prescott Sheldon Bush besaß die »322« eine lebenslange Bedeutung. Geboren am 15. Mai 1895 als Sohn von Samuel Prescott Bush und Flora Sheldon Bush, ging er zunächst in Newport, Rhode Island, zur Schule, um anschließend die Yale-Universität zu besuchen. 1917 wurde er dort von den Bonesmen »getapped« und zog gleich nach seinem Abschluß in den Krieg. Er diente als Captain im *322. Field Regiment of the U. S. Army Field Artillery*. Schon erstaunlich, daß es ausgerechnet daß 322. Regiment war.

Prescott Bush kam 1926 in das schon erwähnte, von *Skulls*

durchsetzte Bankunternehmen der Harrimans, das bald den Namen *Brown Brothers Harriman* trug. Dort blieb er die restlichen Jahrzehnte seines Lebens.

Als Prescott initiiert wurde, mußte er nicht nur den düsteren Ritualen im Tomb folgen, sondern auch einer seit langem gepflegten Tradition des *Order 322*. Er mußte etwas stehlen, oder umgänglicher formuliert: für *The Order* in Besitz bringen. Die Vorliebe der Bonesmen für Makabres ist sattsam bekannt. Sie umgeben sich seit ihren ersten Tagen mit düsteren Devotionalien des Todes. Als das Tomb im Jahr 1903 großzügig umgebaut und seine Räumlichkeiten verdoppelt wurden, gab es wieder eine Menge Platz, um neue Kultgegenstände anzuschaffen. Das Tomb ist seitdem mit noch mehr Überresten des menschlichen Daseins angefüllt, darunter eine Mumie, Knochengerüste, einzelne Knochen und Schädel. 1918 sollte eine ganz besondere Trophäe hinzukommen.

Der Schädel von Fort Sill

Geronimo war ein Apachen-Häuptling, der mit unerschütterlichem Willen gegen die Weißen kämpfte. Er galt als der »Grausame«, der 49 Skalps weißer Gegner gesammelt hatte. 1876, es war genau das Jahr, als *The Order of the File and Claw* in die Gruft der Bonesmen eindrang, führte Geronimo wieder einen Angriff auf die Weißen durch, nachdem Apachen in das San-Carlos-Reservat in Arizona gebracht worden waren. Bis in die 1880er Jahre hinein zog er mehrfach gegen die US-Macht zu Felde. 1909 starb er im Alter von 79 Jahren; man begrub Geronimo, den berühmten Apachenführer, auf Fort Sill in Oklahoma.

*Abb. 54: Apachenhäuptling Geronimo: Bonesman Prescott Bush (*The Order*, 1917) raubte seinen Schädel.*

Zeitsprung: Herbst 1983, mehr als sieben Jahrzehnte später. Der Chef einer Apachengruppe in Arizona äußert sein Interesse daran, die sterblichen Überreste von Geronimo wieder in die Obhut des Stammes führen zu können. Auch Ned Anderson, der Vorsitzende des *San Carlos Apache Tribe*, schaltet sich ein und erklärt, daß Geronimos Leichnam ebenso seinem eigenen Stamm wie den anderen Apachen-Gruppen gehöre. Plötzlich entstand also einiger Wirbel um den unbeugsamen Häuptling. Schließlich trafen sich indianische Delegierte auf Fort Sill, um die Frage zu diskutieren. Diese Zusammenkunft wurde schnell publik, vor allem geriet dabei Ned Anderson als Apachen-Aktivist in die Schlagzeilen. Sein Bekanntheitsgrad stieg in jenen Tagen deutlich an, und bald nahm ein ungewöhnlicher Informant Kontakt zu ihm auf. Er hatte wahrhaft Erstaunliches zu berichten. Die Überreste des Apachen-Häuptlings seien bereits vor langer Zeit gestohlen worden. Vom Vater des damaligen Reagan-Vizepräsidenten George H. W. Bush. Im Mai 1918 hatte Offizier Prescott Sheldon Bush mit fünf anderen Offizieren das Grab von Geronimo auf Fort Sill entweiht. Während ihrer geheimen Aktion raubten sie den Schädel des Häuptlings, andere Knochenteile und Grabbeigaben. Sie alle wanderten in eine Glasvirtrine im Tomb der Bonesmen.

Anderson war wie vor den Kopf gestoßen, als ihm der Informant diese Eröffnung machte. Dieser Mann legte ihm noch weiteres Material vor: Fotografien der Überreste und einen Abdruck des betreffenden Tagebuchs von *Skull and Bones*, in dem der Grabraub verzeichnet worden war. Der mysteriöse, anonyme Informant wußte über die Vorgänge Bescheid, da er selbst zu der geheimen Gruppe gehörte. Immer wieder gibt es hier doch auch solche Mitglieder, die mit den Aktionen des Order nicht glücklich werden. Ein Lichtblick!

Der Informant erklärte Anderson, daß der Schädel und die anderen geraubten Gegenstände in den nächtlichen Ritualen der Bonesmen verwendet würden. Das knöcherne Haupt Geronimos würde dabei auf einem Tisch vor ihnen aufgebahrt. Ein Foto zeigte den Wandschrank mit den makabren Trophäen und direkt neben ihnen: ein Foto von Geronimo zu Lebzeiten.

In einer *Bones*-Schrift mit dem Titel »Fortsetzung der Geschichte unseres Ordens für die Jahrhundertfeier, 17. Juni 1933« sind die heimlichen Vorgänge auf Fort Sill festgehalten: »Den Kriegstagen entsprang auch eine verrückte Expedition der *School of Fire* auf Fort Sill, Oklahoma, die dem T[omb] sein spektakulärstes ›krummes Ding‹ einbrachte, den Schädel von Geronimo, dem Schrecklichen ... Eine Expedition gegen Ende Mai 1918, ausgeführt von Mitgliedern aus vier [Abschlußjahrgängen der Gesellschaft], Xit D.114, Barebones, Caliban und Dingbat, D.115, S'Mike D.116 und Hellbender D.117, war mit großer Umsicht geplant worden, denn mit den Worten eines von ihnen: ›Sechs Army-Captains, die ein Grab plündern, würden sich in den Zeitungen nicht gut machen.‹« – Die Namen sind die intern gewählten oder vergebenen für die Bonesmen, gefolgt vom Code ihres Jahrgangs. Den Höhepunkt der Aktion notierte »Hellbender« im »Schwarzen Buch« der Bonesmen: »... Ein Beil brach die Eisentür der Gruft auf, und Pat[riarch] Bush ging hinein, um mit dem Graben zu beginnen. Wir wechselten uns bei dieser Arbeit ab, wobei jeder, der gerade frei war, auf der Straße Wache hielt ... Schließlich stieß Pat[riarch] Ellery James auf ein Zaumzeug, bald folgten ein Sattelknauf und verrottetes Leder, dann Holz und dann, genau am Boden des kleinen runden Loches, grub Pat[riarch] James tief und errang die Trophäe selbst ... Wir schlossen das Grab schnell, machten die Türe zu und beeilten uns, zurück in Pat[riarch] Mallons Zimmer zu kommen, wo wir die Knochen reinigten. Pat[riarch] Mallon saß auf dem Boden und wandte ziemlich großzügig Karbolsäure an. Der Schädel war ziemlich sauber, nur innen war noch etwas Fleisch und noch ein wenig Haar darauf. Ich nahm eine Dusche und ging in die Falle ... ein glücklicher Mann ...«

Womit sich die aufstrebende Welt-Elite am Anfang ihrer Karriere befaßt! Neil Mallon war es übrigens, der Prescott Bushs Sohn George – dem ersten Bush-Präsidenten der USA – einen Job zu Beginn seiner Karriere verschaffte. So wusch eine Knochenhand die andere. Aus Dankbarkeit benannte George Bush Senior einen seiner Söhne nach dem Karbolverschwender – Neil Mallon Bush.

Doch zurück zum »Fall Geronimo«.

Ned Anderson versuchte nun, ernste Schritte zu unternehmen. Über eine Anwalt bat er das FBI, in den Fall einzusteigen. Die Antwort: Wenn er der Behörde jeden Fetzen an Beweis übergäbe und sich selbst vollständig aus dem Fall zurückzöge, dann würden die Agenten sich in die Angelegenheit einschalten. Dann und nur dann.

Dieses Angebot roch faul, fast, als ob man vorhatte, sämtliche vorhandenen Beweise auf Nimmerwiedersehen einzukassieren. So entschloß sich Anderson, nicht auf den Vorschlag einzugehen, der ohnehin nicht zur Preisgabe von Geronimos sterblichen Überresten führen würde. Doch so schnell gab der Stammesvertreter sein Vorhaben nicht auf. Zusammen mit seinem Anwalt fuhr er nach Fort Sill und stellte dort fest, daß das Grab tatsächlich ausgeraubt worden war. Sie beide fuhren auch nach New Haven, um sich mit einem Bonesman zu treffen, jenem Mann, der Anderson anfangs über die Vorfälle von 1918 unterrichtet hatte. Schnell stellte sich heraus, wie besorgt dieser Informant war. Er hielt sich während einer »gemeinsamen« Besichtigung des Yale-Campus meterweit von Anderson und seinem Anwalt entfernt. Unterwegs gab er nur ab und an kleine Zeichen.

Es gelang Anderson auch, Kontakt zu Jonathan Bush aufzunehmen, dem jüngeren Bruder des Vizepräsidenten George H. W. Bush. Anderson konnte für September 1986 ein Treffen arrangieren, wobei Jonathan Bush ihm erklärte, ihm zu helfen, die gesuchten Gegenstände zu erhalten. Schon die ersten Versicherungen von Bush wirkten ziemlich vage und unglaubwürdig auf Anderson. Das nächste Treffen war bereits für den folgenden Tag ausgemacht, doch Jonathan Bush zögerte die Angelegenheit hin. Wie sollte es auch anders sein. Er war ebenfalls Yale-Absolvent und 1953 in den Kreis der Bonesmen aufgenommen worden.

Als Anderson mehrfach versuchte, ihn am vereinbarten Tag anzurufen, hatte er keinen Erfolg. Schließlich erfuhr er, daß sein Gesprächspartner in spe zum nachmittäglichen Golfen gegangen war. Anderson interpretierte die Verzögerungen verständlicherweise als Hinhaltetaktik, die dazu dienen sollte, die gestohlenen Knochen in Sicherheit zu bringen – sofern sie das nicht ohnehin dort schon waren, wo sie sich augenblicklich befanden.

Anderson hatte in ein Nest der Bonesmen gestochen, wie sich bald herausstellte. Da waren zum einen die Brüder Jonathan und George aus dem Bush-Clan, und da war ebenso der Anwalt *Endicott Peabody Davison*, der die Familie Bush im »Fall Geronimo« vertrat.

Davison war 1945, also drei Jahre vor Bush, seinerseits »getapped« worden. Er stammte aus einer nicht weniger *Bones*-durchsetzten Familie wie seine Klienten. Im Gegenteil, mindestens fünf Mitglieder aus dem Hause Davison zählten zu jener innersten Yale-Elite, beginnend im Jahr 1918. Endicott Peabodys Vater war F. Trubee Davison, Personalchef der CIA.

Die Tage vergingen und Anderson hörte nichts. Dann, fast zwei Wochen nach dem ersten Treffen mit Jonathan Bush, fand eine erneute Begegnung statt. Was ihm nun präsentiert wurde, erwies sich gleich in mehrfacher Hinsicht als pure Schande.

Das Treffen fand in New York statt, diesmal kam Endicott Davison sowie ein junger *Bones*-Knight, ein »Ritter« also, der sich im ersten Jahr seiner Mitgliedschaft befand. Als das Gespräch begann, versuchte der *Bones*-Neuling sich kurz für Anderson einzusetzen und wurde sofort von Davison abgeblockt. Von diesem Moment an sprach nur noch er, der *Bones*-Patriarch.

Der lange gesuchte Schädel befinde sich nun direkt hier, mitten auf dem Konferenztisch. In der Tat präsentierte der Bush-Anwalt einen Glaskasten, der demjenigen auf den Aufnahmen des Informanten genau glich. Mit dabei auch Teile von Zaumzeug und Steigbügel. Die »Haupttrophäe« aber sah deutlich anders aus als auf dem Foto. Und Davison wollte sich wohl nichts vorwerfen lassen, denn während er mit einer nervösen Handbewegung auf den Schädel deutete, erklärte er augenblicklich: »Wir haben ihn untersuchen lassen. Wir haben herausgefunden, daß es nicht Geronimos Schädel ist, sondern der Schädel eines zehn Jahre alten Jungen.«

Anderson fehlten die Worte. Wäre ihm der Schädel eines Erwachsenen präsentiert worden, hätte es wohl mehr Unsicherheit und eine Verzögerung der Angelegenheit gegeben. Untersuchungen wären gefolgt, die sich auf andere Weise gut vermeiden ließen, indem man ihm nämlich den Schädel eines Kindes präsentierte! Davison schob nun ein Dokument über den Tisch, das der Stammesvertreter unterzeichnen sollte. Damit hätte er akzeptiert, daß die Geheim-Gesellschaft sich nicht im Besitz des gesuchten Schädels befindet, er hätte den Glaskasten samt Inhalt mitgenommen und damit auch garantiert, über die ganze Angelegenheit nie wieder ein Wort zu verlieren. Die Lesart war, es sei »unangemessen für Sie, mich [Jonathan Bush] oder irgend jemand anderen in Beziehung zu uns, eine Veröffentlichung in Verbindung mit dieser Transaktion zu machen oder zu genehmigen«.

Anderson versuchte noch, den Fall sowohl dem Kongreßabgeordneten Morris Udall als auch dem Senator John McCain III vorzustellen. McCain bemühte sich, ein Treffen mit George Bush zu arrangieren, doch lehnte der Vize-Präsident jede Begegnung mit Anderson ab. So verebbte die Angelegenheit schließlich. Der Stammesvorsitzende gab sich geschlagen, und auch in der Öffentlichkeit war nicht mehr viel über Prescott Bush und Geronimos Schädel zu hören.

Dafür waren die Bonesmen zwischenzeitlich wieder in Verruf gekommen. Denn 1987, ein Jahr bevor die »Washington Post« noch einmal über den »Fall Geronimo« berichtete, wurde dem *Order 322* vorgeworfen, einem amerikanischen Soldaten in den 1920er Jahren 25 000 Dollar dafür gezahlt zu haben, einen anderen Schädel zu stehlen. Diesmal ging es um den 1923 umgebrachten mexikanischen Revolutionär Francisco »Pancho« Villa. Damit könnten sich einige merkwürdige und bis heute nicht aufgeklärte Zusammenhänge verbinden. Wenn die Geschichte stimmen sollte, was allerdings nie bewiesen wurde, welches Interesse sollten die Bonesmen an Villa besessen haben? Irgend etwas scheint hier noch im »Busche« zu sein, denn wir erinnern uns, George H. W. Bush gab seiner Öl-Gesellschaft den Namen *Zapata*. Emiliano Zapata aber stand mit Pancho Villa in Verbindung.

Der Weltordner

George Herbert Walker Bush wurde im Jahr 1948 getapped. Wie schon sein Vater Prescott, der Räuber von Geronimos Schädel, betrat er andächtig die »heiligen Hallen« des Tomb. Mittlerweile war auch das neue, deutlich erweiterte Gebäude wieder mit zahlreichen Relikten angefüllt. Die Stimmung war nun schauriger, der Ort beeindruckender als in den ersten Tagen. In der Aufgangshalle ruht eine Mumie, aufgebahrt auf einem Sockel. Die Wände sind mit Skeletten und Skelett-Teilen von Menschen und Tieren gleichermaßen »verziert«. Ebenso aber auch mit Porträts bedeutender Bonesmen. Später sollte in diese illustre Ahnenreihe an sehr exponierter Stelle auch George H. W. Bush selbst eingereiht werden.

Der Eintritt zum Inneren Tempel, dem Raum 322, ist durch eine schwere, verschlossene Eisentüre extra gesichert, direkt vor ihr hatte man im Boden die magische Zahl 322 eingelassen. Sie ist für die Bonesmen wirklich allgegenwärtig, ihre Bedeutung für sie kann gar nicht überschätzt werden. Sie wird auch im späteren Leben von ihnen in vielfacher Hinsicht genutzt, als verdecktes Zeichen, als Anspielung, als Erkennungsmerkmal. Innerhalb der »Gesellschaft« unterschrieb man Briefe mit »Yours in 322«, man benutzte die »322« als Durchwahlnummer oder ließ sie in Memorabilien aller Art gravieren. Immer wieder erscheint sie natürlich unter dem Symbol von *Skull and Crossbones*, sie findet sich auch auf den Meilensteinen an den kleinen Wegen von Deer Island. Ein angeblich nicht mit den Bonesmen verbundener anonymer und sehr wohlhabender Spender soll dem Orden im Jahr 1967 aus schierer Bewunderung eine Summe von 322 000 US-Dollar vermacht haben.

Wir sollten also die Augen doppelt aufmachen, wenn die »322« irgendwo erscheint. Keine Frage, sie kommt immer noch häufiger in harmlosen Zusammenhängen vor, und der Grat zwischen Unachtsamkeit und Paranoia erweist sich manchmal als recht schmal, aber Tatsachen sind die Zahlenmystik der Bonesmen und die zentrale Rolle der 322. Sie spiegelt offenbar nicht allein das Jahr 1832 wieder, sondern auch das Todesjahr des griechischen Redners Demosthenes: 322 vor Christus. In jungen Jahren litt er an einer Sprachstörung, und seine erste öffentliche Rede geriet zum echten Desaster. Trotzig übte er mit Steinen im Mund und versuchte dabei klar zu sprechen; er stärkte seine Stimme, indem er gegen die Brandung sprach. Geradezu besessen ging er als der bedeutendste griechische Redner in die Geschichte ein. In seiner berühmtesten Ansprache forderte er die Krone für sich. Ob die Bonesmen an ihm den Machtanspruch und die Fähigkeit bewundern, alles zu erreichen und zu manipulieren? Sein Name jedenfalls ist in griechischen Buchstaben an der Wand gegenüber der »322« angebracht. Oder faszinierte sie nur das Todesjahr? Immerhin gibt es sogar eine eigene Zeitrechnung des *Order*, die mit genau jenem Jahr beginnt. So wird das Gründungsjahr der zweiten Sektion, 1832, zum Jahr 2154.

Sobald die Eisentüre den Weg in Raum 322 freigibt, öffnet sich der Blick in ein eigenes kleines Gruselkabinett. Unter dem zentralen Oberlicht der gewölbten, blau bemalten Decke steht ein Kartentisch mit Schädelemblem und Sanduhr, unter verschiedenen Andenken und Zierstücken befindet sich auch eine kleine Statue von Demosthenes. Ein wuchtiger Behälter birgt das Skelett einer Frau, von den Bonesmen »The Madame« genannt. Es sollen angeblich die sterblichen Überreste der mächtigen Madame Pompadur sein. Über der Sargtruhe, so wird berichtet, verziert noch ein von der Decke herabhängendes Kinderskelett den Raum. Ob ihm, zumindest zeitweilig, der Kopf fehlte?

Wenn man sich diese Szenarien noch einmal vors geistige Auge führt, erscheint es wirklich mehr als befremdlich, daß aus der Gruft bereits wiederholt Präsidenten der Vereinigten Staaten hervorgingen.

George H. W. Bush wurde nach Bonesrechnung im Jahr 2270 in den Orden aufgenommen. Das war der Freibrief für eine glänzende Karriere in der Elite. Die Bruderschaft des Todes öffnete ihm Tür und Tor in die Geschäftswelt und Politik. Nur sie konnte ihm eine Blitzkarriere ermöglichen, ganz nach dem Motto »Leichter leben mit *Skull and Bones*«.

Nicht, daß es keine Niederlagen gab. Wiederholt geschah es, daß G. H. W. Bush die gesetzten Ziele nicht erreichte. Doch während andere in ähnlichen Situationen unten blieben, war Bush schnell wieder bei der Sache. Seine mächtigen Freunde halfen ihm jedesmal auf die Beine. Schon *Zapata* war durch das Aushandeln von günstigen Verträgen mit großen Ölkonzernen immer höher aufgestiegen und beschäftigte innerhalb von 30 Jahren nach der Gründung bereits um die 7000 Angestellte. 1963 wurde Bush dann Vorsitzender der Republikaner in Texas und kandidierte für das Senatoren-Amt. Es klappte nicht, Bush unterlag, es fehlten 300 000 Stimmen. Also mußte »Verstärkung« her. Sein mächtiger Vater, der einflußreiche Bonesman und Senator Prescott Bush, sprach mit seinem Freund, dem Republikaner James A. Bertron, dessen Familie mit Samuel Reading Bertron 1885 ebefalls in den Kreis der *Skull and Bones* gelangt war. »Jimmy«, so meinte Vater Bush, »wann wirst Du George einbringen?« – »Senator, ich versuche es. Wir alle versuchen es.«

1966 gelangte George Bush in den Kongreß und erhielt sehr schnell einen Sitz im *»Mittel und Wege«-Komitee*. Interessanterweise war dies offenbar unter dem Druck beider Parteien geschehen. Sowohl der Republikaner Jerry Ford als auch der Demokrat Wilbur Daigh Mills setzten sich für Bush ein. Wilbur Mills war seinerzeit einer der mächtigsten Männer im Kongreß und 1974 in einen dubiosen Autounfall verwickelt, als er nachts betrunken mit der Stripperin Annabell Battistella unterwegs war, genannt »Argentine Firecracker«.

George Bush, der sich sehr darum bemühte, eine Geburtenkontrolle bei den »niedrigeren Klassen« (!) einzuführen und sich damit im Kongreß den Spitznamen »Gummi« einhandelte, stürmte nun weiter nach vorne. Mit dem Erfolg, ins Komitee eingetreten zu sein, hatte er gewissermaßen Blut geleckt. Jetzt mußte es schnell weitergehen. Aus dem kleinen Bush wurde bald ein Bäumchen. Ein echtes Gummi-Bäumchen sogar. Für ihn als Elitisten galt jenes Edikt freilich nicht, und kurioserweise hatte George Bush Senior in seiner Bonesmen-Klasse den Decknamen »Magog« erhalten, der den sexuell aktivsten Mitgliedern eines *Bones*-Jahrgangs vorbehalten ist. Nachdem George damals schon drei Jahre lang mit Barbara Pierce verheiratet war, gab man ihm jenen Namen.

Sein zweiter Versuch, in den Senat zu gelangen, war absolut unsinnig und verfrüht. In dieser Angelegenheit konnte und wollte wohl auch niemand Bush wirklich helfen. Doch erhielt er statt dessen 1971 den begehrten Posten eines US-Botschafters der Vereinten Nationen, weitere Ämter folgten unerwartet schnell, Ämter, für deren Erfüllung die politische Hintergrunderfahrung Bushs nach Aussagen von Fachleuten keineswegs ausreichte. Dabei läßt sich schwer auseinanderhalten, ob sein von Paradoxien gekennzeichnetes Handeln ziellos erfolgte, oder ob er hier bereits die Crossbones-Methode eines konstruktiven Chaos auszuführen versuchte. Für ein Jahr wurde er US-Botschafter in China, und einige sagen, dies wiederum geschah letztlich nur, um den Drogenschmuggel in jener Region zu überwachen.

Abb. 55: Prescotts Sohn George Herbert Walker Bush und seine Frau Barbara in China. Bush soll hier für die Überwachung des Opium-Schmuggels zuständig gewesen sein.

1976 fand man George urplötzlich und ohne Vorwarnung an der Spitze der CIA. Zuvor hatte er nie etwas mit geheimdienstlichen Angelegenheiten zu tun gehabt. So zumindest schien es bei Betrachtung der offiziellen Biografie. Doch *Zapata* belehrt uns wohl eines Besseren. Bushs Aufstieg jedenfalls war durch nichts mehr zu bremsen. Er wurde Vize-Präsident in der Reagan-Administration, und schließlich gelangte er selbst in den Besitz der »Krone«.

Die Elite war immer mit ihm. Seine Politik blieb oft unklar, eine echte eigene Vision schien mit ihr offenbar nicht verbunden zu sein. Bis auf eine klare Ausnahme: Die Neue Weltordnung, die er am 11. September 1990 verkündete.

»Dubya«

Nach Bush kam der Demokrat William »Bill« Jefferson Clinton ins Weiße Haus, ein Mann aus einer der Elite verhaßten Schicht, die als »White Trash« bekannt ist, »weißer Müll«. Um Clinton gab es einige Skandale, die zum Teil wahrhaft düstere Wurzeln hatten, andererseits auch künstlich hochgepuscht wurden. Monika Lewinsky war bei allem der harmloseste Teil der Geschichte. Und »Bill« konnte sich immer gut rausreden, er blieb der nette, aber aalglatte »Slick Willie«, dem keiner etwas anhaben konnte.

Nach zwei Amtsperioden, an deren Ende das Land in mancher Beziehung nicht unbedingt schlecht dastand, ging es bereits in den nächsten Präsidentschafts-Wahlkampf – Clintons Vize-Präsident Al Gore gegen George Walker Bush, von dem man bisher nicht unbedingt viel gehört hatte. Faszinierend: Hier ging der Sohn eines Ex-US-Präsidenten ins Rennen, um selbst für das höchste Amt der Nation und der Welt zu kandidieren. Der Name war beinahe völlig identisch, nur »Herbert« fiel unter den Tisch. Unter selbigen pflegte George II. sich auch des öfteren zu trinken. Doch davon war jetzt nicht die Rede. Der große Unbekannte besaß jedenfalls einen ebenso großen Namen und war dadurch von einer geradezu mystischen Aura umgeben, die sich allerdings mit einer ausgeprägten texanischen Cowboy-Manier und noch so manchen Eigenheiten mischte. Bush, ein »Ur-Amerikaner«. Auch George W. Bush ist ein Bonesman. Er wurde 1968 in den Orden aufgenommen, nunmehr in dritter Generation der Familie. So

*Abb. 56: Bonesman George H. W. Bush und Barbara Bush mit ihrem Erstgeborenen – dem späteren 43. US-Präsidenten und Bonesman George Walker Bush (***The Order***, 1968).*

konnte man The Tomb bald als die »Familiengruft« des Bush-Clans bezeichnen.

Nach der mittleren Initiale nennen Freunde den Sohn von George H. W. auch »Dubya«, im texanischen Dialekt das »W« oder »Dabbelju«. Während der Präsidentschaftskandidatur sah man »Dubya« immer wieder mit siegessicherer Miene und ausgestreckter rechter Hand, deren Zeigefinger und kleiner Finger gespreizt waren. Sie sollten das »W« symbolisieren. Nur diese Initiale oder auch noch etwas anderes? Der nach außen hin so religiöse Bush, der später als Präsident jede Kabinettssitzung mit einem Gebet beginnen sollte, benutzt mit dieser Geste gleichzeitig und letztlich unverhohlen ein altes satanistisches Symbol. So wie sein Vater und sein Großvater vor ihm, genauso erscheint G. W. B. ebenfalls als doppelköpfiger Janus, dessen scheinbar blüteweiße Politikerpersönlichkeit stets von einer pechschwarzen Zweitexistenz begleitet wird, die sehr gut mit der Satanssymbolik »kann«. *Skull and Bones*, auch von George »Junior« wurde diese Existenz unterschwellig in die Öffentlichkeit getragen. Ein bezeichnender Zufall will es, daß das »W« zu alledem auch noch der 23. Buchstabe des Alphabets ist, eine wesentliche Zahl im okkulten Denken der Weishauptschen Lehre – die bekanntlich im *Orden 322* weiterbesteht. Manche behaupten sogar, es sei ebenfalls kein Zufall, daß auch die Namen der beiden Bush-Präsidenten die Zahl des Teufels in sich tragen. George Walker Bush Sr. und George Walker Bush Jr., beide Namen ergeben mit den Ergänzungen »Sr.« und »Jr.« jeweils drei Teile mit je sechs Buchstaben, also 6 – 6 – 6. Das sei als Kuriosum am Rande erwähnt. Fest steht aber, daß beide Namen in den Mitgliedslisten des Ordens zu finden sind.

Abb. 57: George »Dubya« Bush und der Teufel. **Skull and Bones** *lassen grüßen!*

Im »Stern«, Nummer 14 vom 27. März 2003, schreibt Jan-Christoph Wiechmann unter dem Titel »Gottes ergebener Krieger« über George W. Bush, den 43. Präsidenten der USA: »Vom

Trunkenbold zum Kriegsherrn. Vom Kneipengänger zum Kreuzritter. Eine Neufassung des American Dream. Ein Präsident, der warmherzig dreinblickt und eiskalt zuschlagen kann. Der als ehrliche Haut gilt und die Wahrheit – wie im Fall der UN-Resolution – verbiegt, bis sie ihm paßt. Der die Stimme Gottes über alles stellt und die Stimme der Kirchen gerne überhört. Ein langjähriger Versager, der ohne die guten Kontakte seines Vaters und einiger dubioser Millionengeschäfte nie Präsident geworden wäre.« Die Geschichte wiederholt sich eben! Und Bush Junior zeigt sich als Musterbeispiel jener doppelzüngigen Philosophie der Bonesmen, wie sie sich immer wieder zeigt – man braucht nur an Henry Stimson und seine »Bomben-Argumentation« zu Japan denken!

George W. Bush wuchs in jener Stadt auf, in der sein Vater die erste Million machte: Midland. Was der Jukon seinerzeit in Alaska versprach, löste Midland in Texas weitaus deutlicher ein. Glücksritter auf der Suche nach Gold. Hier war es eben nicht das honiggelbe Metall, sondern das Schwarze Gold, dem einsatzfreudige Unternehmer nachjagten. Einer davon war Prescotts Sohn.

»Schwarz«, diese Farbe beherrschte die Familie Bush von da an noch mehr, das Rohöl war so undurchsichtig und finster wie der ganze Clan. Midland wurde im Öl-Boom zur Millionärsstadt, und mitten darin die Bushs. Sie sind von dort nicht wegzudenken und alles andere als unbeliebt. Sie sind die Helden der Stadt. Macht-»Ölite« gewissermaßen!

Knochige Tricks

Hineingeboren in dieses sichere Nest der »oberen Zehntausend«, konnte der junge Bush-Sohn es sich durchaus gut gehen lassen. Doch zog es ihn auch ins Geschäft, im Gefolge seines mächtigen Vaters. »Bushtail« nannten ihn daher die einen, »The Lip« die anderen, denn zurückhaltend mit dem Wort war er kaum gewesen, obwohl er die Sprache nie sonderlich beherrschte. 1975 startete der Jungunternehmer einen ersten Versuch, mit Hilfe des *Order*. Bush gründete die Firma *Arbusto Energy*. Wieder mexikanische Anklänge, wie bei *Zapata*? Dafür bestand offenbar eine gewisse Vorliebe in der Familie. »Arbusto« jedenfalls bedeutet auf Spanisch »Busch«. Doch der trug nicht viel Früchte.

Arbusto floppte, das Geschäftsleben lag Bush irgendwie nicht. Ein zweiter Versuch ging ebenfalls in die vorpräsidentielle Hose. Lehrjahre eines Bonesman. Die Biografien von Vater und Sohn lesen sich stellenweise ähnlich. – Doch Rettung nahte. Im richtigen Moment meldete sich aus New York eine offenbar zahlungskräftige Firma, *Harken Energy*. In deren Vorstand trat nun Bush Junior ein, bei einem Jahresgehalt von 100 000 Dollar. Für den Anfang erträglich.

Die mageren Jahre sollten für den jungen Bush aber bald vorbei sein. *Harken* hingegen ging es gar nicht so gut. Die Firma stand vor dem Konkurs. Noch kurz davor verkaufte Bush Junior seine Anteile und machte Gewinne. Vom Zusammenbruch der Firma habe er nicht gewußt, meinte er später zu der ganzen Angelegenheit.

Der nächste und wesentlichste Schritt zum Erfolg, der stets von den hervorragenden Familienbeziehungen bestimmt wurde, war kurioserweise der Bau eines Baseball-Stadions. Bill DeWitt, der *Arbusto* aufgekauft und dann an *Harken Energy* weiterveräußert hatte, vermittelte dem Präsidentensohn zunächst die fantastische Möglichkeit, sich am Kauf der Texas Rangers zu beteiligen. Das Geschäft lief über die Gelder aus *Harken*.

Mit einer ganzen Reihe Mauscheleien entstand ein riesiges neues Stadion für die Rangers, bezahlt aus den Mitteln der Stadt, wobei Bush »Verkäufer« dieser Idee war. Der Wert der Anteile stieg damit gewaltig an. Aus einer anfänglichen Investition von 600 000 Dollar waren nun 15 Millionen geworden. Während für den Bau des Stadions Land enteignet wurde, scheffelte Bush kräftig. Er erhoffte sich aus seiner Verbindung zum Baseball-Team nun auch genügend Popularität, um für das Gouverneursamt gewählt zu werden. 1994 war es soweit, er hatte seinen Fuß in die Politik gesetzt. Und bald folgten weitere »dubyose« Machenschaften.

So investierte George W. einen Großteil seines Vermögens in einen, wie es heißt, »anonymen Trust« (!), um seine Rangers-

Anteile erst 1998 abzustoßen, als Tom Hicks die Mannschaft übernahm.

Hicks ist reich. Sehr reich sogar. Er zählt zu den finanzkräftigsten Männern von Texas, und das heißt schon etwas. Auch sein Reichtum gründet, wie auch in anderen Fällen so oft, auf zweifelhaftem Unternehmertum. Er zeigte sich auch dem neuen Gouverneur gegenüber von Anfang an sehr großzügig, entsprechend eng wurden die Bande.

Für Bonesman Bush Junior gab es nun bald auch keine Grenzen mehr. Hicks war kurz zuvor in den Verwaltungsrat der Universität von Texas ernannt worden. Der neue Gouverneur hatte das zu bestätigen, was natürlich auch geschah. Mehr noch, Bush gab Hicks nahezu völlig freie Hand beim Umgang mit den Geldern der Institution. 1996 rief Bush die *University of Texas Investment Management Company* (UTIMCO) ins Leben. Mit Hicks an der Spitze, verwaltete diese Organisation nun den »Permanent University Fund« (PUF) der Universität – stolze neun Milliarden Dollar.

Im Gegensatz zum universitären Verwaltungsrat konnte UTIMCO seine Tagungen unter Ausschluß der Öffentlichkeit abhalten. Wie sich aber später herausstellte, flossen von UTIMCO rund zehn Millionen US-Dollar in die geheimnisvolle *Carlyle-Group*, die eng mit der Bush-Familie in Verbindung steht. Bush Senior war Berater, Bush Junior saß im Vorstand von *Caterair*, einer *Carlyle*-Untergruppe. Nicht zu vergessen die *Carlyle*-Verbindungen zu *BioPort*, jenem Produzenten von Anthrax-Impfstoff! Überhaupt erschienen in *Carlyles* Führung zahlreiche Persönlichkeiten noch aus den alten Regierungen von Reagan und Bush. Die Macht-Elite war hier wieder unter sich. Ebenso erweist sich Bushs späteres Kabinett als Konglomerat von Repräsentanten der Öl-Industrie, die allesamt auf die eine oder anderes Weise auch in den verlängerten Armen der Bonesmen zu finden sind. Vize-Präsident Richard B. Cheney beispielsweise ist entfernt mit jenem Rudel aus neun Cheneys verwandt, das die Mitgliedslisten von *Skull and Bones* bevölkert. In den Organen der *Bones*-Peripherie bewegt sich auch die geheimnisvolle Condoleezza Rice, Sicherheitsberaterin des Präsidenten. Kaum ein Foto offizieller Präsidentschaftssitzungen, auf dem sie nicht irgendwo im Hintergrund zu sehen ist.

Rice steht in enger Verbindung mit der *Hoover Institution* und ebenso mit *Stanford*, als Professorin für Politikwissenschaften. Sie ist ebenso Mitglied im *Council on Foreign Relations* wie auch in *J. P. Morgan's Advisory Council.*

Am 20. Januar 2001 hatte es George W. Bush dann wirklich geschafft. Oder eher: Man hatte es ihn schaffen lassen. Er, der wie sein Vater die obskuren Riten der Initiation im Tomb von *The Order 322* erlebt hatte, sollte nun auch ebenso die feierliche Inauguration zum Präsidenten der Vereinigten Staaten erleben. Bekanntlich gelangte er auf sehr fragwürdige Weise in dieses höchste Amt.

Die Wahlen fanden am 7. November 2000 statt, beteiligt hatte sich die Hälfte der berechtigten Bevölkerung. Experten hatten schon im Vorfeld davon gesprochen, daß es zu einem Kopf-an-Kopf-Rennen kommen könnte. Nur mit dem, was dann folgte, rechnete wohl kaum jemand. Anfangs schien es so, als ob Al Gore die Nase deutlich vorne hätte. Wie sah es mit entscheidenden Ergebnissen in Florida aus? Auch von hier war bald zu hören, daß Gore die Triumphkarte in der Hand habe. Das war mit einem »Aus« für den republikanischen Kandidaten gleichzusetzen. Bush aber schien es besser zu wissen.

Entgegen den Gepflogenheiten, am Wahltag öffentlich nicht in den Medien aufzutreten, berief er eine offenbar improvisierte Pressekonferenz ein und erklärte in aller Ruhe, daß er auch in Florida gewinnen werde. Dabei hatte man in den Sendern hingegen Al Gore bereits den Zuschlag für diesen Bundesstaat gegeben. In Berichten ist die Rede davon, daß Bushs Wahl-Fachleute enormen Druck auf die Sender ausübten, jene Angaben über Al Gores Vorsprung zu revidieren. Hier war eine enorme Macht aktiv. Ungeachtet der tatsächlichen Zahlen ging es um den pychologischen Eindruck, Bush sei der Gewinner. In der Nacht gab es noch einiges Hin und Her, am Ende stand Chaos und ein langwieriges Auszählen von Stimmen. Wer wirklich gewonnen hatte, wußte am 8. November wohl niemand. Wenn die Wahl-Ergebnisse der Kontrahenten so ähnlich ausfallen, daß sie im Fehlerbereich der Maschinen liegen, welche für die Stimmenzählung verwendet werden, ist eine Handauszählung vorgeschrieben. Fünf Richter des Obersten Gerichtshofes verhinderten diese Aktion.

Geradezu tolldreist wurde es mit dem Kommentar des Richters Antonin »Nino« Scalia, dessen beiden Söhne als Anwälte für Firmen des Bush-Umfelds tätig waren. Er erklärte frei heraus, daß die Fortsetzung der »Handauszählungen einen Schatten auf das werfen kann, was der Antragsteller als die Legitimität seiner Wahl bezeichnet«. Der Antragsteller, das war natürlich George W. Bush. War denn damit nicht klar und deutlich gesagt, daß der Sieg von Bush auf Wahlbetrug basierte?

»Auf lange Frist gesehen wird kein Kapitalismus ohne Gewissen existieren – kein Wohlstand ohne Anstand. Daher fordere ich eine neue Ethik in der Geschäftswelt. Meine Regierung wird alles in ihrer Macht Stehende tun, um hart gegen Firmen durchzugreifen, welche die Bilanzen fälschen, die Wahrheit verschleiern und Gesetze brechen. Daher berufe ich heute eine Einsatzgruppe gegen Wirtschaftskriminalität ein. Zu ihren Aufgaben zählt die Aufdeckung von Bilanzfälschungen und kriminellen Aktivitäten.« Das erklärte George W. Bush auf einer Rede vor Wirtschaftsgrößen in New York. Ausgerechnet George Bush! Aber sein Vater hatte seinerzeit wiederum den Drogen den Kampf angesagt, obwohl er selbst mit der Drogenmafia in Verbindung stand und das Rauschgift-Problem unter seiner Amtszeit sogar zunahm.

Die Doppelzüngigkeit der Bonesmen und ihrer Handlanger ist Legion. Was aus diesem Dunstkreis kommt, kann man nur selten glauben. Senator Robert Byrd, der sämtliche CIA-Büros am liebsten in seine unmittelbare Nachbarschaft nach West Virginia verlegen wollte, griff eine Verschwörung gegen Präsident Carter, mit der die Wahl Reagans erreicht werden sollte, im Senat aufs schärfste an. Schärfere Worte hatte man zu jener geheimen Aktion, der »October Surprise«, nie vernommen. Und dennoch war er selbst einer der Hauptbeteiligten an jenem Komplott von 1980. Auch Bush, der Ältere, war als Vize-Präsident federführend mit von der Partie. Er war der Zahlmeister. Es ging darum, die Iraner durch Waffen und Bestechungsgelder gefügig zu machen, damit sie die damals in der Botschaft von Teheran als Geiseln festgehaltenen 52 US-Amerikaner erst befreiten, wenn Reagan Präsident wäre. Würde das schon unter Carter geschehen, so die Befürchtung, dann könnte er vielleicht wiedergewählt werden. Wahlbetrug und verschwörerische Manipulation in den USA gibt es ohnehin schon länger. Auch Woodrow Wilson wurde vom *Bones*-Kreis schließlich in sein Amt manövriert. Was soll man noch glauben? Etwa die starken Worte eben jenes Robert Byrd, der sich mit Ausbruch des Irak-Krieges im Senat wieder lautstark empörte und ausrief: »Daß Diplomatie ausgerechnet jetzt endet, wo die ganze Welt aufschreit!« Sollte man diesen Worten Ehrlichkeit beimessen?

Auf geheimen Treffen war der Irak-Krieg ohnehin schon längst beschlossene Sache. Zunächst wandte der 11. September den Zorn der westlichen Welt gegen den Islam. Bush gewann seitdem ein bisher nicht gekanntes Format. Er wuchs geradewegs aus den Trümmern des WTC zu einer entschlossenen Präsidenten-Persönlichkeit – ein Kommentator meinte einmal: »Seit WTC scheint Bush Junior erst richtig zu funktionieren.«

Angst-Präsident Bush

Der »Krieg gegen den Terror« wurde zur Maxime, zu Bushs persönlicher Vision, zu seiner Mission. Und Osama bin Laden zur Personifikation des Teufels. Nicht, daß er ein Unschuldslamm ist, ganz sicher nicht. Nicht, daß er unbeteiligt ist an den Vorgängen des 11. September. Ganz sicher ist er auch das nicht. Nur, wie sich eben zeigt, gibt es genauso den Feind aus den eigenen Reihen.

Mitte 2002 kam es dann zu einem seltsamen Wandel in der Berichterstattung. Ziemlich schlagartig war plötzlich bin Laden vom Tisch. Mit einem Male stürzte sich alles auf den Irak und Saddam Hussein. Auch er ein äußerst gefährlicher, brutaler, skrupelloser Diktator. Keine Frage. Auch keine Frage, daß er von den USA, besser gesagt der hinter ihnen stehenden Macht der Bonesmen, Jahrzehnte früher in seine Machtposition gerückt worden war. Doch was hatte sich ereignet, daß sich das Scheinwerferlicht von bin Laden nun ziemlich unvermittelt auf Saddam Hussein richtete? Eigentlich nicht viel. Man hörte vor allem davon, daß der Irak über biologische und chemische Massenvernichtungswaffen verfüge. Und daß es eine Verbindung zwischen Saddam Hussein und den Anschlägen vom 11. September gebe. Doch genau das konnte nie nachgewiesen werden.

Kurz bevor sich im Sommer 2002 wieder alle Aufmerksamkeit dem Irak zuwandte und über Osama bin Laden kaum mehr ein Wort verloren wurde, tagten die *Bilderberger*, jene weitere mächtige Gruppe in der Peripherie des *Order 322*. Man kam unter äußerster Geheimhaltung im *Westfields Marriott* in Chantilly bei Washington zusammen. Die internationale Macht-Elite hatte sich in den Tagen zwischen dem 30. Mai und dem 2. Juni 2002 in jenem Nobelhotel getroffen, um Fragen der Weltpolitik zu erörtern. Wie später durchsickerte, war eines der zentralen Themen, wie man die westliche Welt davon überzeugen könne, den Irak erneut anzugreifen! Man schob so manchen Grund vor, um den Krieg zu rechtfertigen. Da war vor allem die Rede davon, ein Land von seinem diktatorischen Regime zu befreien, wobei Bush seine pseudoreligiöse Haltung klar machte: »Freiheit ist kein Geschenk der Amerikaner an die Welt, sondern Gottes an die Menschheit!« so äußerte er sich. Eine zu berücksichtigende und selbstverständliche Faustregel bei dem Spiel ist allerdings: Die schon dauerhaft und zunehmend unter den Fittichen der Bonesmen stehenden USA kommen immer so lange bestens mit den meist von ihnen selbst in Szene gesetzten Dikatoren aus, bis sie ihnen aus irgendwelchen Gründen mißliebig werden oder ein Konflikt erforderlich wird. Die alten »Hegel-Regeln« werden auch heute noch befolgt.

Laut Professor Günter Meyer vom Mainzer *Zentrum für Forschungen zur arabischen Welt* ist auch die geplante Einführung einer Demokratie ein vorgeschobener Grund. Dieser Prozeß wird zu weiterem Chaos führen, in Anbetracht der völlig zersplitterten Opposition. Da will ein Prinz, bin Hussein, die alte Monarchie wieder einführen, und Ahmed Chalabi vom *Irakischen Nationalkongreß* scheint ebenfalls nur auf seine persönlichen Vorteile als potentieller Saddam-Hussein-Nachfolger aus zu sein. Unterstützt wird der Mann, der schon 200 Millionen US-Dollar unterschlagen haben soll, von niemand anderem als dem Präsidentenberater Richard Perle. Arbeitet man hier an einem Feind für kommende Tage? Allerdings sehen manche Beobachter jenen Chalabi als zu eigenständig an, um für die Macht-Elite der USA ein geeignetes Werkzeug zu sein. Und im Irak selbst dürfte er ebensowenig Chancen besitzen, denn für dortige Begriffe ist er wiederum zu US-hörig. Und das Öl? Sicher, das Öl ist wichtig, aber nicht der Hauptgrund. Es geht letztlich um eine »Neudefinition« der US-Rolle und um die weltweite Einflußnahme der *Bones*-Macht, die jeden Raum infiltrieren und formen will. Das ist aber nicht gleichbedeutend damit, daß sie eine Demokratie einführen möchte oder allein wegen des Öls in den Krieg zieht. Ihr System basiert auf Krieg als Motor. Nicht umsonst hat der amerikanische Dichter Sam Hamil den 43. Präsidenten der USA, den Bonesman Bush, als einen »Angst-Präsidenten« bezeichnet, einen Präsidenten, der zeigen will, daß es ohne ihn nicht geht. Seine Mission sei, »die Rolle der USA neu zu definieren«, so erklärte Bush selbst, »in Zeiten, da sich die Erdplatten der Weltordnung verschieben.« – Wieder reine *Bones*-Philosophie. Und Bush ist zu allem bereit. Als ihn CIA-Chef George Tenet darüber aufklärte, daß das Al-Quaida-Netzwerk in 60 Ländern agiere, meinte der Präsident: »Dann nehmen wir uns eben eins nach dem andern vor.« Dieser Bonesman ist ein Kriegs-Präsident. Und er gilt nicht unbedingt als das intelligenteste US-Staatsoberhaupt. Das aber läßt ihn noch gefährlicher werden.

Bush selbst ist sich seiner guten Sache absolut sicher. »Ich bin mit mir im Reinen« und »Wenn jemand ein gutes Gewissen hat, dann bin ich es«, so zitiert Jan-Christoph Wiechmann den US-Präsidenten im bereits erwähnten »Stern«-Bericht. Er kommentiert: »Bush zweifelt nie. Es gibt keine Entscheidung während seiner Präsidentschaft, die er bedauert, keine Albträume, die ihn verfolgen …« Die von einem Team vorbereiteten Texte für markige Ansprachen studiert er genau. Wiechmann: »In Anwesenheit seiner Sicherheitsberaterin Condoleezza Rice sitzt Bush manchmal stundenlang über diesen Reden und liest sie laut vor sich hin. Probt die Stimmlage, die Betonung und den Blick in die Kamera.« Ob er dabei ab und an wohl auch Steine im Mund hält?

Was aber hat es mit den Fakten zur Kriegsbegründung auf sich? Zunächst sollte man sich vielleicht noch einmal in Erinnerung rufen, daß Bush mit seinem Militärschlag einen Präventivkrieg begann, den ersten überhaupt – und damit die »Bush-Doktrin« zementierte: eine brutale Durchsetzung der eigenen Interessen, wobei diese Interessen nur mit einer kleinen Elite übereinstimmen, deutlich weniger als mit der Bevölkerung. Selbst die meisten Angehörigen der WTC-Opfer wollten keinen Krieg, und in New York machte sich langsam wieder Angst breit, unterschwellig, aber dennoch deutlich präsent. Die Doktrin verlangt nach einem Handeln, bevor die Provokation erfolgt, ob mit oder ohne den Rest der Welt. Nur, welche Fakten für eine bevorstehende Bedrohung gab es?

Es gab Behauptungen über eine mögliche Gefahr, nicht aber Beweise. Die UN-Waffen-Inspekteure hatten ihre Arbeit nicht abgeschlossen, gefunden hatte man nichts. Auf einer privaten humanitären Irak-Mission befand sich der Deutsche Hans Graf von Sponeck. Er schaute sich auch Anlagen an, die als Waffenproduktions-Stätten genannt worden waren und die er selbst bereits aus früheren Jahren kannte. Hier hatte sich nichts verändert. Geheimdienstberichten zufolge hatte das Regime einige Anlagen wieder aktiviert. Darauf fand von Sponeck nirgends Hinweise und meint: »Unser Besuch hat gezeigt, daß die Iraker transparent sein wollen.« Allerdings wolle er mit diesen Beobachtungen nicht beweisen, daß keine Gefahr bestehe. Doch wo war die? Immerhin wäre es irgendwann an der Zeit gewesen, daß die Geheimdienste an aufschlußreiche Informationen gelangen, die zumindest teilweise auch der Öffentlichkeit vorgetragen werden hätten können. In seiner Rede zur Lage der Nation erklärte George W. Bush seinem Volk am 28. Januar mit ernster, ehrbarer, verantwortungsbewußter, aufgesetzter Präsidentenmiene, daß Saddam Hussein versucht habe, Uran aus Niger zu beschaffen. Gerüchte darüber waren den Diensten aber bereits ein Jahr früher bekannt. Doch nichts geschah, und auch in den darauffolgenden 365 Tagen wurden aus den Gerüchten keine Beweise. Mitte 2003 erklärte dann ein bedeutender CIA-Mitarbeiter gegenüber der Nachrichten-Agentur *Associated Press*, es habe sich herausgestellt, daß die Berichte über die Uran-Transaktion gefälscht seien. Der anonyme Geheimdienstler erklärte, die Regierung habe die Unterlagen dennoch immer wieder in offiziellen Berichten erwähnen wollen, bis sogar Bush selbst seine Pläne gegen den Irak damit rechtfertigen wollte. CIA-Chef George Tenet übernahm dann später die Verantwortung dafür, daß die entsprechenden Passagen nicht aus Bushs Rede gestrichen wurden.

Also keine Beweise für Uran. Und für biochemische Waffen?

Das Todessyndrom

Am Freitag, dem 18. Juli 2003 meldete die britische Polizei den Fund einer männlichen Leiche in einem Waldstück bei Abingdon, Oxfordshire, England. Die Person hatte sich die linke Pulsader aufgeschnitten und war verblutet. Neben dem Toten lag ein Messer und eine Packung mit Tabletten.

Schon am selben Tag äußerte man die Vermutung, daß es sich um den 59-jährigen Wissenschaftler David Kelly handelte, der am Vortag von einem Spaziergang nicht mehr zurückgekehrt war. Die Familie zeigte sich sofort besorgt, da Kelly immer Bescheid gab, wenn er plante, über Nacht fortzubleiben. Er hatte aber lediglich einen Spaziergang vorgehabt. Die Polizei sprach sofort von »sehr heiklen Ermittlungen«. Für den nächsten Tag war die offizielle Obduktion angesetzt. Dabei stellte sich heraus, daß es sich bei dem Toten tatsächlich um Dr. Kelly handelte, einen Mikrobiologen und UN-Waffen-Inspekteur, der den Irak zwischen 1994 und 1997 insgesamt 37 Mal aufgesucht hatte und erklärte, daß das Thema »Saddam Hussein« schon seinen kompletten Lebensinhalt ausmachte. Der Experte war noch am Dienstag vor seinem Tod von einem Untersuchungs-Ausschuß des *House of Commons* zur Irak-Affäre befragt worden. Ein Mitglied dieser Kommission, Richard Ottaway, sprach nach dem

Todesfall über Kellys Aussagen und daß der Forscher auch erwähnt hatte, unter hohem Druck zu stehen. Kelly machte noch eine andere Feststellung: Er glaube nicht, die Hauptquelle für einen kritischen BBC-Bericht zum Irak-Thema gewesen zu sein. In diesem Bericht ging es darum, daß das Büro von Premier Tony Blair ein Dokument zur drohenden Irak-Gefahr künstlich aufgebauscht habe. Man habe geheimdienstliche Angaben verändert, um den Bericht »sexier« klingen zu lassen. Der Irak befinde sich in der Lage, innerhalb von nur 45 Minuten biologische und chemische Waffen einsetzen zu können, so hieß es darin. Der britische Verteidigungsminister Geoff Hoon sah David Kelly seinerseits durchaus als die Hauptquelle für den BBC-Beitrag an. Der Mikrobiologe hatte sich ja immerhin auch mit Andrew Gilligan getroffen, dem Autor dieses umstrittenen Berichtes.

Tony Blair befand sich gerade auf einem Flug von den USA nach Japan, als er von Kellys Tod erfuhr. Er sprach von einer »schrecklichen Tragödie« und daß eine genaue Untersuchung des Falles folgen würde. Die später an ihn gerichtete, ziemlich direkte Frage eines Reporters, ob er selbst Blut an den Händen habe, quittierte er mit Schweigen. Die »Sunday Times« berichtete davon, David Kelly habe erwähnt, von seinem Arbeitgeber unter unerträglichen Druck gesetzt worden zu sein. Sein Arbeitgeber, das war das britische Verteidigungsministerium. Wie es heißt, schickte Kelly noch am Tag seines Todes eine E-Mail an einen Journalisten und schrieb darin von »dunklen Gestalten, vielen dunklen Figuren, die ihre Spiele spielen« und die »etwas ausgeheckt« hätten. Doch offiziell war schon am nächsten Tag die Rede von Selbstmord ...

Mikrobiologen leben gefährlich. Sie gehen mit tödlichem Material um. Häufiger sind es aber offenbar keine Unfälle mit Viren und Bakterien, die den Forschern zum Verhängnis werden, sondern jene »dunklen Gestalten«, von denen Kelly sprach. Eine schattenhafte Agenda. Zwischen November 2001 und Juli 2003 starben weltweit 13 führende Mikrobiologen auf rätselhafte Weise. Das auch aus anderen Fällen altbekannte »Todessyndrom« geht unter ihnen um.

Von keiner Seite konnten bisher Beweise für die irakischen Massen-Vernichtungswaffen vorgelegt werden. Natürlich mögen sie noch irgendwo versteckt sein, tief verborgen in geschützten Bunkern des Saddam Hussein. Doch die Wahrscheinlichkeit dafür ist gering. So läßt sich der mörderische Irak-Krieg des George Walker Bush, Jr., nicht einmal im nachhinein »rechtfertigen« – wenn denn überhaupt ein Krieg zu rechtfertigen ist. Sicherlich, im Weltbild der Bonesmen ist er das allemal.

Kapitel 10

Agenten des Satans – ein Nachwort

Kurz bevor diese Zeilen entstanden, traf sich die Macht-Elite erneut. Zwischen dem 15. und 18. Mai 2003 versammelten sich wieder die *Bilderberger* zu ihrem alljährlichen Traditionstreffen unter Ausschluß der Öffentlichkeit. Diesmal reiste man nach Versailles und zog sich in das noble *Trianon-Park-Hotel* zurück. In der Teilnehmer-Liste dieses hochelitären Clubs finden sich einige Persönlichkeiten, die mitten hinein in die düstere Welt der Bonesmen führen. Weit oben rangiert Henry A. Kissinger, heute Vorsitzender von *Kissinger Associates* und Mitglied des *J. P. Morgan International Council*, zu dem auch David Rockefeller zählt. Er erschien ebenfalls auf dem Meeting. Als Repräsentant des *Council on Foreign Relations* war Thomas L. Friedman zugegen, Kolumnist für das CFR-Magazin »Foreign Affairs«. Auf der *Bilderberger*-Liste für 2003 ist auch Richard Perle zu finden, Berater des US-Präsidenten, sowie dessen stellvertretender Verteidigungsminister Paul Wolfowitz. Nicht zu vergessen schließlich Vernon Eulion Jordan, Jr. – Senior Managing Director der Investment-Firma *Lazard Freres & Co. L. L. C.* Schon beim Namen könnte man fast eine leichte Paranoia entwickeln und das alte Spielchen beginnen: Vernon Eulion Jordan, jeder Namensteil besteht aus sechs Buchstaben. Diesmal allerdings unter Weglassung des »Jr.«. Bei den Lazard Freres trifft das schon wieder zu, wenn man »& Co. L.L.C.« miteinbezieht. Aber man kann alles zu weit treiben. Viel bedeutsamer ist der Hintergrund, daß die Lazard Freres eine wichtige Verbindungsstelle im Netzwerk der Bonesmen sind. Sie stellen den Link zwischen *The Order* und Großbritannien dar.

Dort etablierte sich ebenfalls eine verschworene Elite, die an der Oxford-Universität gegründet und als *The Group* bekannt wurde. Genau wie der harte Kern des *Orders* besteht das Zentrum der *Group* aus rund 20 bis 30 elitären Familien. Interessante Übereinstimmungen. Nicht zu vergessen, daß die deutsche Sektion des Ordens ebenfalls an einer Universität gegründet wurde: der Uni von Ingolstadt.

Die Macht-Elite ist fein verwoben, das zeigt sich wiederholt. Und sie ist sehr aktiv. Ende Juli war es wieder soweit, daß »man« hinausfuhr in die Abgeschiedenheit des Bohemian Grove, um dort sein geheimes Sommerfest zu feiern. Wie der »San Francisco Chronicle« andeutete, sprach man nun auch von der Kandidatur des »Terminators« Arnold Schwarzenegger und zeigte sich zu seinen Absichten in den republikanischen Kreisen des ehemaligen Gouverneurs Pete Wilson gar nicht abgeneigt. Auch Karl Rove, das »Gehirn des Präsidenten«, erschien zwischen den Redwoods. Und man sprach im Hain auch über die bevorstehende US-Präsidentschaftswahl für November 2004 – ein Heimspiel von »Ordensleuten«: Senator John Kerry, Bonesman von 1966, gegen George W. Bush, Bonesman von 1968. Kriegspräsidenten unter sich? Agenten des Satans? Die Riten im Tomb und die verbrecherischen Aktionen einer Agenda, die sich alles erlauben kann, sprechen diesbezüglich deutliche Worte. Und nicht nur sie, auch die kriegerische Philosophie, wie sie George W. Bush mehr als jeder andere US-Präsident an den Tag gelegt hat. Sein drastisches Auftreten und Agieren offenbart selbst dem unbedarftesten Beobachter, wie menschenverachtend und arrogant die Gesellschaft ist, aus der auch seine Wurzeln ihren Saft beziehen. Und es soll noch extremer werden.

*Abb. 58: Senator John Kerry (***The Order***, 1966). Antritt 2004 bei den US-Präsidentschaftswahlen.*

Wenn es nach George Bush geht, sind bald wieder Nuklear-

to Define Their Dissimilarities

city's most prestigious address, helped repackage Kerry's image from the Senate's version of Robert Redford—dashing bachelor, squire to actresses Catherine Oxenberg and Morgan Fairchild, among others—to Boston's answer to Robert Young. A blizzard of photographs showing Kerry, his new wife (who still uses her late husband's surname), her three children and his two college-age daughters from a previous marriage did not hurt that effort.

Like his foe, the 54-year-old Kerry is to-the-manor-born. And his urge toward public life surfaced early. At prep school—St. Paul's in New Hampshire—he began signing his papers "J.F.K." (The "F" stands for Forbes, his mother's blueblood clan.) At Yale University, Kerry was invited to join Skull and Bones, the secret society whose previous members include George Bush.

Rather than taking the safe route directly to law school, however, Kerry enlisted in the Navy and went to Vietnam and manned a boat on the Mekong Delta. He was decorated with three Purple Hearts and a Silver Star, among other distinctions. His heroism in combat made it seem curious when he dodged a question about personal sacrifice during a televised debate with Weld, who has no military record.

But Boston real estate developer Paul Nace, a Kerry confidant, who served in Vietnam at the same time as the senator, cautioned, "Those of us who were in Vietnam are not quick to talk about it in virtually any context."

Kerry first vaulted onto the national political radarscope in 1971, when he mobilized thousands of fellow Vietnam veterans for a protest march in Washington. The following year, he ran for Congress from Lowell, north of Boston, and lost. He then rose

Associated Press

Sen. John Kerry are locked in close race for Kerry's seat.

Abb. 59: Bericht der »Los Angeles Times« über John Kerry und seinen Bones-*Hintergrund. Ausschnitt vom 10. Februar 1996*

Tests erlaubt. Die Bush-Regierung wirkte bereits auf den Kongreß ein, um die Weichen in diese Richtung zu stellen. 1992 wurden sämtliche unterirdische Atomwaffen-Tests gestoppt. Damit sollte das Anwachsen der nuklearen Arsenale endlich eingedämmt werden. Zumindest weniger starke Nuklearwaffen sollen nach dem Willen der US-Regierung aber doch bald wieder erprobt werden können. Wie *I-Team*-Reporter George Knapp berichtete, erklärte der seit 1958 an rund 30 nuklearen Tests maßgeblich beteiligte Kernwissenschaftler Troy Wade, die USA würden alles riskieren, wenn sie nicht in der Lage wären, ihr nukleares Waffenlager zu erproben: »Viele jener Kernwaffen haben ihre konstruktionsbedingte Lebensdauer um viele Jahre überschritten. Das Arsenal ist sehr alt, und das ist unsere Sorge …«, erklärt Wade und ergänzt: »Das Zuverlässigkeits-Level ist abgesunken. Es ist nicht 99 Prozent, wie es einmal war. Wir haben Belege, daß es Degenerationserscheinungen gibt.« Ja, und die wohl nicht allein im US-Waffenarsenal. Die Bush-Regierung versucht nun, das gesamte Programm wieder auf Vordermann zu bringen.

George Knapp kommentiert ironisch: »Tief unter der Oberfläche der Testsite von Nevada, in einem ins Erdreich getriebenen geheimen Wabennetz, versuchen Wissenschaftler, nukleare Tests zu simulieren. In Experimenten, die laut Gesetz unterkritisch sein müssen. Das heißt, sie müssen, kurz bevor eine Atom-Detonation stattfindet, zum Stillstand gebracht werden. Mit den Informationen werden dann Computer gefüttert, um zu bewerten, in welchem Zustand sich unser Arsenal befindet – das ist alles gut, aber nicht so gut wie in der Vergangenheit.«

Nach neueren Analysen würde es ungefähr drei Jahre dauern, um die Systeme für den Ernstfall scharf zu machen. Bush will die Vorbereitungszeit halbieren, auf 18 Monate. Die neuen Aktivitäten werden natürlich auch die Wirtschaft ankurbeln. Der 11. September 2001 führte zu einem militärischen Boom, Rüstungskonzerne wie *Carlyle* und andere konnten jubeln. Harry Reid, demokratischer Senator in Nevada, unterstützt die dortige Testsite. Doch selbst er meint: »Nur weil die Wiederaufnahme von Atomtests wirtschaftlich für den Staat von Vorteil ist, werde ich das nicht befürworten. Ich kann das nicht tun.«

George Bush schon. Die USA vermuten geheime Tests von Rußland und Frankreich. Indien und Pakistan setzen ihre Tests fort, und andere Nationen entwickeln Atomwaffen. Das Drohpotential muß aufrecht erhalten bleiben, doch was nützt es, den Teufel mit Beelzebub auszutreiben und eine neue Ära des Rüstungswettlaufs einzuläuten? Sollte nicht vielmehr alles getan werden, um Nuklearwaffen ein für alle mal von der Welt zu verbannen? Leicht gesagt und naiv gedacht, sicherlich. Nur, sämtliche Alternativen können in einen ausgedehnten Atomkrieg münden. Doch so, wie es aussieht, wünschen sich die Bonesmen über längere Frist offenbar nichts anderes. Und Bush besitzt ein reines Gewissen, denn er weiß, daß er immer das Richtige tut, immer das Richtige für seinen Moloch, für den *Orden 322*. Bush schläft gut, doch im Schlaf sind bekanntlich selbst die Schlimmsten brav. Bush ist religiös. Sicherlich, er hält sich an die Bibel, da es heißt: »Macht euch die Erde untertan!« – könnten er und seine Grabesfreunde da vielleicht etwas falsch verstanden haben?

Nein, es geht nicht darum, Amerika schlecht zu machen. Es geht nicht darum, die Amerikaner schlecht zu machen, und es geht nicht einmal darum, die US-Regierung als Ganzes schlecht zu machen. Von Anti-Amerikanismus kann keine Rede sein. Es geht darum, eine im verborgenen operierende Gruppe ins Licht zu rücken, deren Menschenverachtung grenzenlos ist und auch vor dem amerikanischen Volk keinen Halt macht. Nein, es geht auch nicht darum, wieder stupide nationale Mauern zu errichten und Grenzen hochzuziehen. Doch muß man sich einfach im Klaren darüber sein, daß man nicht alle Menschen im Wortsinne »uniformieren« und einen Superstaat darüberstellen kann. Das große »Kapital« dieser Erde besteht in einem weniger materiellen Sinne in Unterschieden und Individualität. Wir sollten uns darum kümmern, verschiedene Kulturen zu bewahren, ihre Identitäten aufrecht zu erhalten, Minderheiten zu schützen, anstatt sie mit Füßen zu treten oder zu versuchen, sie barbarisch auszurotten. Nur zu leicht haben »Staatsdenker und Staatslenker« den Menschen großartige Konzepte aufgezwungen, Weltbilder, die den Tod von Millionen mit sich brachten. Politische Systeme, Führer und Ver-Führer kamen und gingen und haben Abermillionen Individuen zu Nummern gemacht und ins Verderben geführt. Wie lange soll das noch so gehen? Die einen sind so gut oder schlecht wie die anderen. Der Unwert der sogenannten Macht-Elite stinkt über den Myriaden Leichnamen zum Himmel!

Die künstlichen Extreme dieser Welt! Es hat sich gezeigt, daß deren exponierteste Proponenten von einer verborgenen Gruppe gefördert wurden. Ob Kommunismus oder Faschismus, jedes dieser suspekten Systeme hat Menschen zu seinem willenlosen Werkzeug werden lassen. Ein Etwas, ein abstraktes Etwas namens »Staat« steht bei Hegel über allem, der Staat wird zum teuflischen Moloch. Er darf nicht zu einem Überstaat der Bonesmen werden, der zum globalen Aasfresser gerät.

Die Infiltration ist schon so weit fortgeschritten, daß wir sie nicht einmal bemerken, wo sie ganz offenbar ist. Die Neue Weltordnung, ein neues Zwangsprinzip der Gleichschaltung, hat Einzug gehalten in viele Bereiche des täglichen Lebens. Wer die Hintergründe kennt, wird genügend Beispiele dafür finden.

Nein, es geht nicht darum, ein übles Bild von Amerika zu zeichnen, das ebenso zum Opfer einer geheimen Gruppe geworden ist, so weit sogar bereits, daß sich die Identität erschreckend vermischt hat. Es geht einzig um *Skull and Bones* und deren Netzwerk. Viele der Bonesmen, wenn auch sicherlich nicht alle, sind gefährliche Multiplikatoren an den Schaltstellen der Macht. Ihre Riten und Lehren sprechen Bände. Sie erscheinen natürlich oft auch lächerlich. Vielleicht kann man behaupten, daß die Bonesmen fast so etwas wie große ungezogene Kinder sind. Gefährliche Kinder, deren Spielplatz die Welt ist. Sie spielen gerne, vor allem mit den Schicksalen anderer. Sie spielen auch das Spiel der Angst. Signalisieren immer wieder auch nach außen, daß es da eine verdeckte, omnipotente, gewaltige Macht gibt, die hinter den Kulissen agiert und niemandem zugänglich ist. Wie schon erwähnt: Wenn *The Order of Skull and Bones* in der Anwesenheit eines Bonesman angesprochen wird, hat dieser den Raum zu verlassen, um gar nicht erst in Diskussionen verwickelt zu werden. Allerdings ein ziemlich auffallendes Verhalten. Fast so, als ob man seine gefährliche Präsenz unausgesprochen kundtun möchte und durch Abwesenheit glänzt. Immer wieder sollen wir spüren, daß da »Etwas« ist, nur nie genau wissen, was es denn nun genau ist. Doch in der Tat verlaufen die meisten Aktionen vollständig im Verborgenen.

Nur wer Übles im Schilde führt, hat es nötig, dies unter strengstem Ausschluß der Öffentlichkeit zu tun. Die Bonesmen haben viele Gründe, sich zu verbergen. Die wahren Barbaren dieser Welt, das sind nicht die Milliarden Außenseiter, die Un-Eingeweihten. Nein, die wahren Barbaren dieses Planeten, das ist eine Handvoll »Auserwählter« – die Bonesmen.

Literatur

Dieses Verzeichnis beschränkt sich auf eine enge Auswahl wesentlicher Buchveröffentlichungen zum Thema und verwandten Bereichen. Es stellt jedoch keine systematische Referenz oder Wertung dar.

Alexander, John B.: »Future War – Non-Lethal Weapons in Twenty-First-Century Warfare«, St. Martin's Press, New York 1999.

Ballard, Robert: »Das Geheimnis der Lusitania«, Ullstein, Berlin – Frankfurt/Main 1995.

Brisard, J.-C./Dasquié: »Die verbotene Wahrheit – Die Verstrickungen der USA mit Osama bin Laden«, Pendo, Zürich 2002.

Coulter, Ann: »High Crimes and Misdemeanors – The case against Bill Clinton«, Regnery, Washington, D. C. 1998.

Drummey, James J.: »The Establishment's Man«, Western Islands, Appleton 1991.

Griffin, Des: »The Missing Dimension in World Affairs«, Emissary, South Pasadena 1981.

Hatfield, James H.: »Das Bush-Imperium – Wie George W. Bush zum Präsidenten gemacht wurde«, Atlantik, Bremen – Montreal 2002.

Heideking, Jürgen (Hrsg.): »Die amerikanischen Präsidenten«, C. H. Beck, München 1997.

Hübner, Emil: »Das politische System der USA«, C. H. Beck, München 1993.

Marrs, Jim: »Rule by Secrecy«, Perennial, New York 2001.

Matrisciana, Patrick (Hrsg.): »The Clinton Chronicles Book«, Jeremiah, Hemet 1994.

Menninger, Bonar: »Mortal Error – The Shot That Killed JFK«, St. Martin's Press, New York 1992.

Müller-Fahrenholz, Geiko: »In göttlicher Mission. Politik im Namen des Herrn – Warum George W. Bush die Welt erlösen will«, Knaur, München 2003.

Perloff, James: »The Shadows of Power«, Western Islands, Appleton 1988.

Phillips, Peter Martin: »A Relative Advantage: Sociology of the San Francisco Bohemian Club«, UC, Davis 1994.

Pohly, M./Durán, K.: »Osama bin Laden und der internationale Terrorismus«, Ullstein, München 2001.

Reed, T./Cummings J.: »Compromised – Clinton, Bush and the CIA«, Clandestine, Granite Bay 1995.

Robbins, Alexandra: »Secrets of the Tomb«, Little, Brown & Company, Boston – New York – London 2002.

Stein Conrad, C.: »Die geheime Weltmacht – Die schleichende Revolution gegen die Völker«, Hohenrain, Tübingen 2001.

Sutton, Anthony C.: »America's Secret Establishment – An Introduction To *The Order of Skull & Bones*«, Trine Day, Walterville 2002.

ders.: »Two Faces of George Bush«, Veritas, Bullsbrook 1988.

Thomas, K./Keith, J.: »The Octopus – Secret Government and the Death of Danny Casolaro«, Feral House, Portland 1996.

Tozzer, K./Kallinger, G.: »Todesfalle Politik – Vom OPEC-Überfall bis zum Sekyra-Selbstmord«, NP, Wien 1999.

Tyrrell, Jr., R. Emmett: »Boy Clinton – The Political Biography«, Regnery, Washington, D. C. 1996.

v. Bülow, Andreas: »Im Namen des Staates – CIA, BND und die kriminellen Machenschaften der Geheimdienste«, Piper, München – Zürich 1998.

v. Rétyi, Andreas: »Die unsichtbare Macht – Hinter den Kulissen der Geheimgesellschaften«, Kopp, Rottenburg 2002.

ders.: »Geheimbasis Area 51 – Die Rätsel von ›Dreamland‹«, Kopp, Rottenburg 1998.

ders.: »Streng geheim – Area 51 und die ›Schwarze Welt‹«, Kopp, Rottenburg 2001.

v. Rimscha, Robert: »George W. Bush – Präsident in Krisenzeiten«, Heyne, München 2001.

Weisberg, Jacob (Hrsg.): »Voll daneben, Mr. President – Wahre Worte von George H. Bush«, Rowohlt, Hamburg 2003.

Index

Dieser Index schließt solche Begriffe aus, die durch das gesamte Buch hindurch fast ausnahmslos erscheinen. Vor allem sind hier »*Skull and Bones*« sowie zahlreiche Synonyme davon nicht aufgeführt.

E

F

G